本书获南京晓庄学院《基于新商科建设的应用金融协同创新实践的政产学研》特色培育项目和南京市《应用金融产业学院（产教融合基地）》资助

U0728671

动产质押信息平台建设研究

桑小娟　著

Wuhan University Press
武汉大学出版社

图书在版编目（CIP）数据

动产质押信息平台建设研究/桑小娟著．—武汉：武汉大学出版社，
2022.1

ISBN 978-7-307-22762-0

Ⅰ．动…　Ⅱ．桑…　Ⅲ．动产－抵押－管理信息系统－研究－中国
Ⅳ．F20

中国版本图书馆CIP数据核字(2021)第248565号

责任编辑：黄朝昉　　　　　责任校对：牟　丹　　　　　版式设计：天　韵

出版发行：武汉大学出版社　　（430072　武昌　珞珈山）

（电子邮箱：cbs22@whu.edu.cn　网址：www.wdp.com.cn）

印刷：三河市京兰印务有限公司

开本：710×1000　1/16　　　印张：14.75　　　　字数：266千字

版次：2022年1月第1版　　　2023年1月第1次印刷

ISBN 978-7-307-22762-0　　　定价：58.00元

前　　言

　　动产质押模式由于融资成本低、可操作性强等优势，在解决中小企业融资难问题上逐渐被社会所接受。近年来，通过各方面的努力，动产质押得到了很快的发展，基于先进信息技术的信息平台也陆续建设起来，然而信息平台受到贷款风险能否得到有效控制的影响，平台的业务范围及规模未能顺利扩展。2014 年起，信息平台建设从高调谈论沦落到无人问津，严重影响了动产质押信息平台的发展。围绕动产质押信息平台建设问题，国内外学者进行了相关研究，在影响动产质押信息平台建设的诸多原因中，解决信息不对称问题是关键，信息平台的运营管理模式是钥匙。

　　基于动产质押信息不对称问题，风险管理尤为重要，风险识别和风险控制是主要工作，具体措施即对质押物的监管和对质押行为的监控。基于现有的技术，利用物联网技术是目前各信息平台采用的主要管理手段。因为物联网可实现人与物、物与物之间的即时交流，在解决信息不对称问题上效果显著。在动产融资业务上，物联网还可以为传统的信息不对称问题提供一种有效可行的方案，进行物联网技术改造升级后的动产质押监管，将质押物客观化和特定化，动产具有了不动产的部分属性，监管方和金融机构可以从时间、空间两个维度全面感知和监督质押物存续的状态和发生的变化。

　　当下正值"互联网＋"时代，各行各业都在探索如何把"互联网＋"落实到信息平台的建设上来，然而围绕"互联网＋"思维的动产平台又衍生出另外一个问题，即动产质押信息平台的运营管理模式问题。

　　本书践行"互联网＋"的理念，把系统性风险控制的理念与动产质押信息平台智能化紧密结合，以建设一个综合的动产质押信息系统为目标，依托物联网技术建立开放、透明、共享的数据系统，基于信息平台系统，推进垂直整合，为金融机构、融资企业、物流公司等各类主体提供更多选择，提升动产质押服务品质，充实"互联网＋"在动产质押中的应用，打造中国中小企业融资新模式。

　　本书的重点工作主要在于：

　　第一，罗列当前不同的动产质押信息平台，在综述的基础上，总结它们的成功之处，同时指出它们的不足。

第二，论证物联网技术为动产质押风险控制提供技术出路，从信息需求角度论证物联网技术符合信息系统要求。

第三，在综合考虑动产质押风险管理实践和信息技术可实现的基础上，研究影响动产质押信息不对称的要素，并把这些要素作为拟建的信息系统子系统，为动产质押信息系统的建设提供理论基础。

第四，遵循提高信息平台的系统效率和全面风险控制的管理理念，以满足需求和控制风险为目标，对信息平台的建设提出意见。

第五，围绕商业模式驱动力，运用生态学理论，按照动力需求和控制风险的需求，探析出几种基于物联网的动产质押信息平台的商业模式，并对这几种商业模式进行优、缺点比较分析。

目　　录

第一章　绪　　论

1.1　选题背景和意义

1.1.1　选题背景

（1）由于信息不对称使得动产质押事故频发，新冠肺炎疫情后企业融资更加困难

动产质押对于银行、仓储企业及融资企业三方而言，是一项新的业务形态。该业务在需求的拉动下发展较快，但目前尚未形成行业性的业务规范和标准，各方对动产质押的性质、特点、模式、风险的理解并不完全一致，在具体操作中，由于客户和质物的选择、信息共享、业务流程管理等方面尚不完善，动产质押业务的风险控制问题逐渐显现。2012 年前后，长三角区域如江苏省出现了很多钢材仓储公司再次质押、虚假开单的事件[1]。2014 年，以青岛港为辐射范围的区域出现了贸易融资骗局，融资企业联合仓储企业以重复质押的方式从银行获得贷款，后因房地产不景气，资金流断裂而东窗事发[2]。由于政策、法律和制度不健全，行业不规范，开展动产质押的物流企业实践经验不足，质押监管存在较大的风险。以中国外运长航集团有限公司内部统计为例，仅截至 2014 年 8 月，就发生质物实际短少、灭失等物流监管风险事件 200 多起，具体诸如法人逃逸、客户擅自将货物移库、质物严重短缺、客户强行提货、出质人故意欺诈虚假出质、重复质押等风险事件，涉及银行授信额度合计 80 多亿元，风险标的货值 50 多亿元，如果判外运方面责任，损失可能约 30 亿元。

疫情之后，世界经济形势严峻，许多企业面临资金链紧张问题，然而借贷成本较高，疫情之下中小企业的生存问题[3]引起了广泛关注。动产质押模式由于有着风险相对较小、融资成本低、可操作性比较强等优势，可以促进中小企业提高生存和发展的能力，正在被社会逐渐接受。然而，由于缺少适当的风险控制手段，有的监管企业甚至采取了收缩、退出的策略，导致银行业进退两难。

（2）物联网、信息平台等信息管理技术的不断发展，使解决信息不对称问题的技术基础日益成熟

①物联网的产生源于分布型自主计算网络及微电子系统之间的结合，这是对以往"客户机/服务器"模式的一种突破。其原则为平等及自主，把处在网络边缘地带的各类资源信息、存储等进行合理整合，最终以大规模协作网络与应用的形式出现。物联网给人们带来了无尽的遐想，并被认定为继计算机技术、互联网技术之后最重要的技术，并且将主导整个世界新一轮的经济增长。根据《福布斯》杂志的观点，相比目前的互联网，将来的物联网更具容量，市场潜力也是互联网、计算机与移动通信等所不能比拟的。物联网逐步变为众多国家的战略发展点，欧美国家以及韩国等国家最近几年以物联网运用与目前信息化服务体系相互结合，演变出新的商务模式。

2009 年至今，物联网得到了迅速发展，根据有关机构报道，2020 年底全球的物联网设备数量达到数百亿台。应用范围也逐步扩大，在很多方面展现其功能，如智能交通及医疗、工业化及信息化的结合等。"物联网"从成为"热词"到上升至国家战略层面，只用了七八年时间，被视为带动经济转型升级的重要引擎。物联网之所以这么被重视，是因为物联网在解决信息不对称方面具有一定的优势，它能够完成第一手信息的采集，并可以对原始数据进行必要的分析和整理，从而有效防止产生信息不对称问题。

②"互联网＋"信息平台开创了信息化管理的新时代。物联网作为一种打破信息不对称的技术，在动产质押的监管方面具有明显的优势，但由于通过物联网完成信息采集也需要一个过程，谁掌握了这些物联网采集的信息都可能导致新的信息不对称问题。运用信息平台的形式就可以解决这个问题，因为信息平台使得利益相关方都可见，这是进一步防止产生信息不对称问题的关键点。随着"互联网＋"的概念进入社会各领域，各行各业都在建设信息平台，社会反响比较大的例子包括互联网金融、滴滴打车、饿了么、百度医疗等信息平台，然而这些平台在给大家带来方便的同时，也带来了很多隐患，最近社会上陆续出现了互联网金融跑路、滴滴打车司机乱象、"饿了么"供给端卫生环境差、百度私自出卖患者信息赚钱等问题，由此引发了社会大众对"互联网＋"的一系列思考，即以信息工具出身的互联网如何在各行各业中登堂入室？互联网在各种业务中到底处于主要地位还是从属地位？"互联网＋"的商业模式在各行各业中如何操作？

2010 年至今，中国先后有好多动产质押信息平台纷纷建立起来，其中走在物流金融业前端的中国银行业监督管理委员会上海监管局在"互联网＋"

方面带了个头，2014 年上半年，其与金融办及银行同业协会等部门联合委托东方钢铁电子商务有限公司，建立起上海银行业动产质押数据系统，这是全国首创的运用物联网技术的动产质押信息平台，这一创新践行了"互联网＋"的理念，推动了银行业和仓储业加强合作的新尝试，开辟了动产质押业务风险管控的新路子，代表了动产质押业监管的新动向，也表明了动产质押管理的新方向，但该平台在应用中存在诸多问题，有待研究者进一步探索。

（3）金融发展的数字化要求，驱使动产质押信息化层次的提升

①巴塞尔新资本协议对数据提出新规范。巴塞尔委员会是目前事实上的银行监管国际标准制定者，其在 2004 年 6 月 26 日发布了《巴塞尔新资本协议》（Basel II，以下简称新协议），新协议以国际活跃银行的实践为基础，其中就数据质量与收集作了专门要求。按照规定，银行在落实新协议时，要依据计划，侧重数据范围与跨度要求及数据有效性要求，构建数据治理构架，健全数据治理体系，在平常业务活动中确定不同参与职员的具体业务职责。在对新协议中的监管政策进行分析之后能够发现，构建风险数据体系能够在很大程度上促使我国银行业金融机构合规有效地落实新协议。为提升数据的效用，中国银监会要求系统重要性银行从 2010 年底起，开始开展全方位风险管理达标业务，而对于其他非系统重要性银行机构来说，其达标截止时间为2016 年。我国商业银行已陆续开展新协议的实施工作，并投入大量资源建设与风险主题相关的数据库与数据模型，依靠领先的操作风险数据管理体系，完全依据新协议的要求，归集并记录内部损失信息。

②国家"十三五"规划对物联网应用于金融和服务业提出新期望。物流产业、金融与服务业是"十二五"规划期间的物联网技术发展的重点领域，其后的国家"十三五"规划沿袭这个思路。规划明确提出，要积极推动物联网发展，推进物联网感知设施规划布局，发展物联网开发应用。"十四五"规划期间，物联网的应用将更加深入具体。

③传统价值要素成本上升，企业经营模式的转变对信息化建设提出新需求。随着传统价值要素的成本上升，社会各组织和单位认识到，管理必须从粗放经营向精细化转变，信息化正是精细化管理的基础。2012 年，中华人民共和国商务部委托中国物资储运协会等单位编制了《动产质押监管服务规范》《质押监管企业评估指标》两项标准，这就标志着动产质押业务也开始通过提升信息化建设来适应社会发展的需要。信息化建设需要适合的高新技术的辅助，而新技术和新科技层出不穷，企业面对众多的选择时取舍困难，导致它们的信息化建设方向不确定。物联网作为成熟的信息技术，其影响首

先是从接受终端和传输网络开始，然后才逐步在内容生产、消费等环节中显现出来，不过当前许多企业对于新近出现的物联网应用反应还比较迟钝。

（4）对接中国的金融发展战略，动产质押发展迎来新的挑战

随着中国国际地位的提升，中国金融向国际化发展是重要战略，中国期货和现货交易市场逐渐扩大，配套的交割仓库也如雨后春笋般地建立起来，这些承接跨国大宗商品仓储的服务商能否把仓库里的存货管好，关系到金融市场的稳定和发展。而管理这些仓库里的货物问题和动产质押的货物管理问题类似，所以如果动产质押发展好了，在一定程度上也会对其他类似金融模式起到借鉴作用。

1.1.2　选题意义

本研究紧贴我国国情和动产质押发展的阶段特征，能够对我国物联网应用到动产质押的实践提供切实的理论指导，能对宏观的动产质押发展转型升级和微观的各参与主体的发展策略提供方向性指引。

（1）从政府层面来看

中小企业是我国经济发展最具活力的组成部分，但长期以来，我国中小企业融资中存在企业不讲信用、银行对中小企业"惧贷""惜贷"、信息不对称严重、银企关系恶化的现象与问题，融资难束缚了企业的发展[4]。2012年，国务院出台了《关于进一步支持小型微型企业健康发展的意见》，其中提出要求增强做好小型微型企业工作的信心，落实支持小型微型企业发展的各项金融政策等29条关于支持中小企业发展的具体意见和措施，并明确提出支持商业银行开发适合小型微型企业特点的各类金融产品和服务，积极发展供应链融资等融资方式。本研究就是基于解读政策精神，针对动产质押这一金融服务，提出改进方法，从一定程度上解决企业融资难问题，为中小企业的继续成长提供可能性。

物联网是目前全球新技术及经济增长的关键推动因素之一，其发展能够在很大程度上推动社会的进步及经济的增长。在"新一代宽带移动无线通信网"及《国家中长期科学与技术发展规划纲要（2006—2020年）》关键专项之中，物联网被列为重点研究领域，这表明了物联网的重要地位。为促进物联网的进一步发展，我国政府于《国务院关于加快培育和发展战略性新兴产业的决定》及《国民经济和社会发展第十二个五年规划纲要》这两个文件之中，把物联网纳入重点发展领域。这个规划具体到各个应用时，需要研究者论证物联网的适用性、经济性、可行性、可操作性等方面，还需要在实践工

作中具体实施和执行。本研究就是努力解决和解释一些物联网于动产质押层面的运用问题，为我国物联网的运用及壮大提供理论参考。

近年来政府倡导各行业应用"互联网＋"的理念解决信息不对称问题，寻求建立信息平台的方式，但银行、物流企业等动产质押主体单位往往局限于能力及自身利益角度，信息系统功能有限。本研究从系统的观点出发，结合先进技术的应用，以信息平台的视角解决它们面临的问题。动产质押涉及的面比较广，分属于不同的领域，但各参与单位都追求利益最大化，谁来建设信息平台是解决问题的突破口。从博弈角度来说，需要由政府牵头建立物联网实现全方位的覆盖管理，从质押货物源头，到质押货物流向销售市场，都在监管范围之内，以打消银行对货物和企业不信任的顾忌，把信息不对称的"瓶颈"问题真正打通，实现动产质押业务流程的流畅化，以解决中小企业通过动产质押模式的常态化。本研究论证了政府牵头应用物联网建设动产质押信息平台的必要性，为政府有关部门所做决策提供参考。

（2）从行业层面来看

随着宏观经济下行压力的增加，融资难更加制约了中国工商企业的发展。另外，由于市场竞争的压力增大，物流企业和银行也亟须提升服务水平，开发新的业务增长点。动产质押融合了银行业、物流业及融资需求企业等多个主体，其作为解决工商企业融资难、实现三方共赢的有效途径，却由于涉及利益关系复杂，发展至今，仍然在各行业的利益博弈中艰难前行，一遇到类似"上海钢贸案""青岛有色金属案"重复质押的事件，整个市场就呈现萎缩现象。笔者认为缺乏有效监管是硬伤，而治愈这块硬伤的良药则是物联网技术的应用。

①银行业。动产质押融资业务是银行业务转型的亮点。随着存款考核制度和利率市场化的推行，银行依靠存贷款的利差来赚取巨额利润已经越来越难，面临巨大的转型压力。借助开展动产质押业务，银行可以为众多中小企业提供急需的融资服务，这一方面可以扩大和稳固客户群，开辟新的利润来源，吸收由此业务引发的派生存款，确立自己的竞争优势；另一方面也可以树立履行社会责任和为广大普通客户提供金融服务的良好形象。

银行转型创新需要高度关注风险管理。花旗银行前董事长瑞斯顿曾经说过："所谓银行就是基于风险处理能力而营利的组织"，其一语道破了风险管理能力就是银行的核心能力[5]。目前银行贷款坏账风险较高，其更愿意投放低风险的贷款项目来降低风险。动产质押业务虽然可以为银行带来可观的利润，但也可能因信息不对称而产生巨大风险，如何减少信息不对称原因导致的风险是困扰银行业的一大难题。从本质上讲，银行的经营目的就是在可控的风险范围内获得最大的利润，如何积极地度量风险、管理风险，并通过合理地承受风险来获取与风险相匹配的回报，是银行业亟须解决的难题。

风险管理可以从新技术应用开始。当今，由于数据和信息的集中度增强，消费者掌握信息的能力明显提升，而非仅仅依赖代理人的营销。此外，新技术应用使消费者能够享受更快速、便捷的保险服务。目前在英、美等国，多家银行推出基于新技术的移动应用，在揽存、贷款、咨询等服务环节实现远程互动，提高服务效率，提升客户体验。一方面，科技进步倒逼银行业紧跟时代脚步；另一方面，技术手段的创新也为银行业拓展服务新领域创造增值提供了有力支撑。新技术与行业应用的融合创新，无疑将成为推动传统行业尤其是金融业转型变革的重要驱动力。应用物联网技术建设信息平台系统，有利于加快银行业与其他领域的融合，形成完善统一的技术标准和行业规范，实现规模效应的提升，从而降低融资成本。本书将从银行发展基于物联网技术的动产质押问题分析角度，剖析其存在的问题及努力的方向，为银行业的发展提供参考。

②物流业。动产质押为物流企业创造增值价值。首先，开展动产质押可以扩大物流企业业务范围。物流企业利用与银行合作为货主企业办理仓单质押贷款的优势，吸引更多的货主企业进驻，不断拓宽公司的客户范围，扩大经营规模，从而发挥规模经济优势，确保稳定的货物存储量，提高仓储资源利用率，提高企业的经济效益。其次，开展动产质押可以拓宽物流企业的增值业务。开展动产质押促使物流企业加强基础设施的建设，完善各项配套服务，提升仓储功能，促进配送、包装、流通加工等附加值的获得，提升企业利润率和竞争力，从而提升服务价值。最后，利用自身的特殊位置，物流企业可以更好地融入客户的商品产销供应链中，有利于物流企业的业务整合，开展其他增值服务，大大扩展生存和盈利空间。

物流企业是开展动产质押业务的必要一方，在整个业务过程中起着关键作用，作为银行和客户双方都信任的第三方，物流企业协助商业银行对出质人的质押物进行监管。但是，动产质押本质上属于物流金融，在物流企业与银行的合作过程中，二者的根本利益虽然一致，但在权责区分方面，双方意见却往往并不统一。行业背景决定了物流企业大多处于弱势地位，话语权不强，主要表现为监管收入低、额外责任多、承担风险大，以及退出机制不健全等。本书透析物流企业地位低的原因，分析其与银行之间的同盟关系，提出解决信息不对称问题的方法，为加强彼此信息共享，并进而为其扭转局面出谋划策。

③融资企业。动产质押降低了融资企业的融资难度。近年来，我国中小企业蓬勃发展，已成为推动我国经济持续、健康发展的重要生力军和最具活力的经济增长点，但在其蓬勃发展的背后，却面临着一个无法回避的难题：资金缺乏、融资困难。国有大银行一直掌控着贷款供给，将集中于大银行的金融资金以优惠利率输送给"宠儿"——国有大企业，金融体系中缺少为中小企业提供融资服务的中小银行和金融机构，使得这些经济实体的金融需求难以得到有效满足。

资金市场的嫌贫济富是资源配置不合理的明显表现，破解这一难题需要分别从资金市场的供给方和需求方进行深层次剖析。对于银行来说，由于隔行如隔山，其无法熟悉各行业的每一项专业，因此财务制度不健全或是经常需要左支右绌的中小企业自然难以获得银行的授信青睐。动产质押模式以存货作为担保品，可以弥补企业信用不足的短板。利用先进的信息平台技术，开展动产质押融资业务，可以拓宽企业融资渠道，盘活企业存货资产，加快企业资金周转。

（3）从理论创新的层面来看

本书提出应用物联网解决动产质押信息不对称问题，其实质是应用相关学科的理论解决实际问题，在理论探讨和实践结合的过程中，为物联网、经济学、信息平台等相关学科在动产质押业务领域的突破性发展提供有价值的探索方向。

首先是信息不对称问题。在物联网技术出现之前，由于质押物在物流企业监管控制范围内，银行实现质押物的价值依赖于物流企业的道德程度。所以信息不对称问题在动产质押领域的研究，聚焦于银行与物流企业及融资企业之间的代理关系。物联网技术与信息系统的作用能够推动信息走向透明化，过去信息不对称的格局有望得到很大改观，在此技术基础上信息不对称理论有望添加新内容。

其次是物联网应用到动产质押领域的问题。本书的分析将物联网运用作为导向，探讨怎样把物联网应用与目前动产质押数据化服务平台相结合，建立崭新的商业模式。

最后是信息平台的相关问题。信息平台是"互联网＋"理念的技术基础，平台的出现所带来的不仅仅是新的企业组织形态、新的产业结构形态，更是新的商业思维模式和新的经济哲学。

1.2 国内外研究综述

围绕动产质押问题的研究有很多，衍生出的关键词有如下类型，如动产质押监管、动产质押融资、动产质押风险、动产质押模式、动产质押登记、动产质押合同、动态动产质押、物联网动产质押、特殊动产质押、供应链动产质押、物流动产质押、区块链动产质押以及线上动产质押。本书围绕动产质押业务，以信息不对称问题为切入点，达到风险控制的管理目标。研究包括动产质押融资、动产融资信息不对称问题、动产质押风险管理问题及动产质押风险控制信息化相关问题，包括物联网技术和信息平台技术的应用。这些研究在学术界都有相关的研究，以下综述。

1.2.1 动产质押问题研究

动产质押的标的物即动产，指的是为保证债务的正常履约，借款人或第三人把其拥有的动产质押给贷款人，若借款人到期违约，或者出现双方约定的实现质权的状况，贷款人有就这一动产优先获得补偿的权利。从业务形态上看，动产质押研究涉及的内容很广，所以探讨业务模式是基本方向，Birnbaum（1948）[6]从经济学角度研究了存货可能存在的融资方式，以及存货质押融资的业务流程。Eisenstadt（1966）[7]总结了国外存货质押融资的业务模式、监控方式、仓储方式和流程。Lacroix 和 Varangis（1996）[8]把美国和其他发展转型国家的质押业务进行比较，阐明了动产质押这种融资创新在转型发展中国家有着重要的意义，并列举了其他相关的业务模式，同时还提出一些推进业务的发展措施。Mann（1997）[9]详细研究了以存货作为担保形式对参与各方收益和成本的影响。Wright（1998）[10]指出针对存货的监控需要很多成本，对银行来说监控难度也很大，所以建议有实力、有经验的第三方代为监管和评估，物流企业的参与非常有意义。Poe（1998）[11]介绍了基于资产的业务模式，指出存货与应收账款作为担保物可作为资产，这样零售商、分销商和批发商等都可以纳入融资对象。Gertzof（2000）[12]在基于资产融资的基础上，从分析该业务的优点出发，研究了银行利用这些优点扩大业务的必要性。商业融资协会（2001）[13]总结报告了质押业务的一些创新，其具体表现形式包括采购—现金流和循环质押两大类模式，并对这两大类模式分别做了介绍，且在此基础上预测了将来的发展趋势。方伟磊（2016）[14]基于我国2010年物流金融在传统模式上开辟了保兑仓、物流保理等新的业务模式，立足物流企业角度，探析盈利模式。

在研究业务模式的同时，该模式内部各主体的研究也逐渐完善，Barnett（1997）[15]研究了能够为融资企业提供存货质押融资的参与主体，关于它们之间的关系，法律界的研究比较多，在动产质押业务中，商业银行作为委托人，物流公司作为被委托人来负责管理货物，二者存在委托代理[16]关系。也有从不同主体角度的相关研究，从融资企业角度[17]来说，该模式比较适合于生产型企业[18]，研究的侧重点是该融资方式相较于其他融资方式的优势，如成本和可操作性。针对零售商的动产融资以 Siskin（1998）[19]的研究为代表，他分析了可能发生的风险，同时也推荐了一些必要的监控措施。从仓储企业角度[20]来说，研究的侧重点是动产质押监管业务，包括监管流程设计、模式创新。Diercks（2004）[21]认为动产融资业务必须严密监控，其介绍了一些实现有效监控的具体方法，引出第三方或仓储企业参与监控的必要性，其中存储质押物及质押物的仓库属性[22]也有所变化。石艳和周方明（2014）[23]从物流企业对特殊质押物的监管角度建立了易变质物品的库存模型，而针对仓库属性的变化，现在的研究方向追求动产质押物能够动态监控[24]。从银行角度[25]来说，研究的重点是风险管理，赵燕妮和冯志勇（2016）[26]研究了商业银行的风险，并基于风险防范提出策略。

随着物流金融业务的现代化转型，动产动态质押也衍生出来，动产动态质押是金融创新与物流创新相结合的产物，张金娜（2018）[27]罗列了实践中质押主体的几种新类型。往往质权银行通过监管协议，将保管、占有、核定质物等职责委托给物流等第三方管理企业，按照质物存放的地点可以分为监管人仓库、债务人仓库、第四方仓库等类型，不同类型下银行等质权人、贷款企业等出质人、物流等第三方管理企业的模式也在演进。孙鹏和邓达江（2019）[28]从物流金融业务的发展史角度阐述了动产质押的蜕变史，重点分析了动产动态质押的运作模式，指出动产动态质押是一种弥补我国非移转占有型动产担保制度缺憾的最优选择。同时随着金融模式的拓展，供应链金融也得到快速发展，而动产质押是供应链金融的基础[29]，动产质押也迎来新的挑战和机遇。汪晶（2018）[30]总结了动态质押的关键特征，指出质押期间质押人能动态替换对质押物进行"以货易货"，同时，为了质权人的债权，双方对"以货易货"的质押物价值做出约定，规定了最低价值临界值，因而，在动态质押设立期间，对监管质押物价值有更多的需求。梁远高（2020）[31]指出动态质押以第三人监管质押物的方式实现占有，但随着统一化的动产担保物权的公示，其方式亦应转变，应为声明登录制。监管人应承担保管、审查、监管义务，因监管人违反义务、主观过错的类型不同，承担不同的责任，监管人若承担补充责任后，有权向出质人追偿。

1.2.2 动产质押信息不对称问题研究

由于信息不对称问题（即在市场活动过程中，交易的其中一方处于信息劣势状态，这对其进行正确决策造成不利影响）的存在，使得市场运行低效率现象出现。1963 年，经济学大师肯尼斯·约瑟夫·阿罗（kenneth J. Arrow）率先提出并阐述了信息不对称（asymmetric information）问题。20世纪 70 年代，经济学家乔治·阿克尔洛夫（George Akerlof）在其《柠檬市场》（The Market for Lemons）[32]这一著作中对其作了深入分析。斯彭斯、阿克尔洛夫和斯蒂格利茨[33]因为对信息经济学及信息不对称问题的分析成果而在2001 年荣获诺贝尔经济学奖。根据 Credit Rationing in the Markets with Imperfect Information 这篇文章，Weiss 与 Stiglitz（1981）[34]利用 S－W 模型，分析出因为信息不对称问题造成的逆向选择从根本上致使贷款资源的配给。因为信息不对称现象的存在，商业银行不能较好地了解每个借款者的真实风险承受水平，要避免由于信息不对称问题造成的逆向选择，商业银行采取贷款资源配给的策略，设置一个较低的贷款利率水平，而不是以较高的利率水平创造更多的信贷以实现资金供给与需求的一致。张维迎（1997）[35]介绍了金融市场上长期存在的三种不同的不对称信息。林毅夫和孙希芳（2004）[36]从信息不对称出发，分析了我国中小型公司融资困难的问题，提出银行业金融机构和中小型公司二者融资失衡的重要根源在于信息不对称问题的存在。此外，吴敬琏（2004）[37]分析了担保行业及其顾客之间也具有信息不对称现象。

对于信息不对称，Piotroski 和 Roulstone（2004）[38]发现公司规模对信息披露行为具有显著的影响，大规模公司往往积极地披露信息。Majluf 与 Myers（1978）[39]在对长期金融市场的探讨之中利用信息不对称理论，提出非理想市场状态下的融资优序学说，并分析了内部融资成本与外部融资成本之间的不同，也就是信息不对称程度对于公司的资源约束程度具有正向影响。Bernnan 和 Kraus（1987）介绍了若筹资工具合适，市场投资者或许会零成本且更加快速地获得信息，这有利于信息不对称问题的解决。林毅夫和李永军（2001）[40]介绍了我国中小型公司多属于劳动密集型行业，这些公司的市场及科技较为成熟，因为自身条件的限制使得其不能负担直接金融市场中较高的融资成本，在以往筹资渠道中因为信息不对称问题的存在，中小型公司往往利用其信息中的优势地位对债权人的利益进行损害，这也贯穿了整个融资过程，使得道德风险与逆向选择出现。所以这就使得银行业金融机构更加倾向于贷款给大型公司，而不乐意为具有较强融资需求意愿的中小型公司开展融资业务，若经济体里金融行业特别是银行业呈现集中局面，中小型公司便会更难获得资金支持。根据范飞龙（2002）[41]的观点，公司信用程度较差使得信息不对称问题存在，进而造成道德风险及逆向选择，又根据信息不对称条件下中小型公司筹资信用信息传递模型，引出精炼的 Bayesian Nash equilibrium（贝叶斯·纳什均衡），这证实了公司的信用水平与公司的质量呈现正相关关系。Flannery（1986）[42]分析了信息不对称条件下风险债务的选择问题，得出交易成本的存在使得收益较高的公司能够向市场散发更为有效信息的结论。张纯和吕伟（2007）[43]从我国资本市场的数据出发，分析了市场关注度及信息披露度是如何影响公司融资约束的，得出结论：企业积极开展信息披露活动有助于信息不对称问题的解决，直接影响企业具有的融资约束。俞林和许余洁（2020）[44]提出发展供应链金融，可以有效克服单个中小微企业融资过程中的信息不对称问题，从而精准、有效畅通产业循环。

早先从信息不对称角度的研究主要有两个方面，第一个方面是关于质押物作为一种信号在表达融资企业违约风险概率上的作用，这个作用实际上是使银行因质押物的存在而减轻其面临的逆向选择问题。第二个方面是关于质押物规避融资企业信用或道德风险上的作用。最早研究这些方面内容的代表学者是Bester（1985）[45]，随后，Chan 和 Kanatas（1985）[46]以及 Boot、Thakor 和 Udell（1991）[47]也丰富了这一研究。伴随金融市场的逐步成长，大家一直在寻找解决动产质押信息不对称问题的方法，因为有实物进行抵押，相比其他一些融资方式，消减了一部分由于信息不对称造成的后果，但其信息不对称问题还是存在。郑金波、梅姝娥和仲伟俊（2003）[48]认为在动产质押业务处理过程中，货主企业、仓储企业、银行三方及时、有效的信息交换和传递是动产质押业务得以有效开展的保证。他们分析了参与动产质押处理的三方对信息系统的需求，讨论了动产质押信息系统的特点和实施的前提，提出了以仓库为中心，服务于动产质押业务的信息系统的总体构架，并对该构架的特点进行分析。叶飞与徐学军（2009）[49]将珠三角区域超过140家制造公司当作分析对象，设置供应链伙伴特征、伙伴关系和信息共享程度关系的模型，进行多元线性回归开展实证分析。结论显示，需尤为关注供应链条中上游公司与下游公司之间的良好关系，以实现信息及时沟通。林飞、闫景民和史运昌（2010）[50]介绍了第三方物流也就是商业银行的代理人，依据其在专业技能上的优势开展动产监管活动，能够为商业银行出具中小型公司的相关信息，此外第三方物流为中小型公司提供信用担保，同时中小型公司以其自身动产开展反担保活动，这有利于减弱信息不对称问题所造成的不良影响。于萍和徐渝（2010）[51]从信息不对称角度出发，运用激励理论，对比研究了收益分享和固定委托费用两种合同下银行的收益问题。马中华和朱道立（2011）[52]研究了在信息不对称情况下的物流企业监管决策问题，指出银行对物流企业的监管作用和物流企业的激励机制具有一定的等价关系。卢旭、刘名武和赵丹等（2014）[53]针对不同信息情况，探讨了存货质押融资的不同决策。洪杰（2020）[54]研究了信息不对称条件下传染要素对违约风险传染的机制。

1.2.3　动产质押风险管理问题研究

本书侧重于动产质押风险控制的管理角度。国内外关于动产质押风险管理最初以法律保障为基础。Friedman（1942）[55]、Raymand（1948）[56]、Albert（1948）[57]和 Dunham（1949）[58]等研究了国外应收账款融资业务和存货质押融资的法律问题。操作层面的研究主要围绕质押物监管，从银行角度以设置质押率最为传统，Stulz 和 Johnson（1985）[59]研究了质押物对担保债务定价的影响，Besanko 和 Thakor（1987）[60]以及 Chan 和 Thakor（1987）[61]都从信息经济学的角度对质押融资的利率指标进行了探讨，建议银行通过设计质押物和利率的组合来区分不同风险的融资企业，对高风险的融资企业提高利率，并提供低要求的担保物，而对低风险企业恰好相反。Jokivuolle 和 Peura（2003）[62]沿着这个思路——当企业违约概率和质押物价值存在相关性时——展开研究，建立了一个风险债务模型，研究表明通过限制贷款价值比率可以部分地控制违约的潜在损失，贷款价值比率随质押物价值波动率增大而减少。Cossin 和 Hricko（2003）[63]认为带着价格风险的质押物影响着信用风险的定价，他们建立了模型来分析在不同情形下的质押物所对应的信用风险估值，模型证明了设定折扣率限值是非常有用的。除了以上比较经典的研究，还有很多围绕质押率的研究，如陈景同（2013）[64]梳理了多种质押融资的研究文献。

实际上，造成融资企业违约的除了质押物价值本身，还有一些其他的相关因素，如公司的流动性问题等，都可能导致企业违约，正因如此，Cossin 和 Huang（2003）[65]从外生性角度研究了企业违约的概率，建立了一个质押物风险控制的一般性框架，分析了流动性风险、利率波动率和相关对手违约概率等对折扣率的影响。Buzacott 和 Zhang（2004）[66]定量研究了业务中的一些重要指标（如利率和贷款额度）的确定以及对业务风险的影响。围绕融资项目风险违约的研究以建立风险违约概率模型为主，如 KMV 模型、多元判别分析模型、信用风险附加模型和基于统计分析的回归模型等[67]。陈宝峰、冯耕中和李毅学 (2007)[68]对存货质押融资业务的风险进行度量。张云丰和王勇 (2014)[69]基于突变级数模型探讨了存货质押融资风险诊断方法；谢百帅和张卫国 (2013)[70]针对价格变化问题，研究了非线性价格情况下如何通过清算策略来控制风险。这些研究为风险管理提供了理论基础。

然而这些传统的以防范损失为主要内容的风险管理无法上升到战略管理阶段，Shearer 和 Diamond (1999)[71]指出，随着市场环境的变化和竞争的加剧，传统的融资风险评级的方法已无法满足商业融资的需要，特别在金融和物流整合的转型下，风险出现了新的要素，需要根据具体情况，针对物流金融的特点，注重于从担保品所涉及的贸易关系和供应链整体来进行动态风险控制[72]，采取更准确、更有针对性及更定量的风险度量方法。Barsky 和 Catanach (2005)[73]认为动产融资业务的管理和控制不同于传统的信用贷款，在实践中的业务控制应由主体准入为基础的风险控制转变为基于过程控制的风险管理理念。基于过程控制的可操作性，孙晓阳 (2019)[74]提出构建货物跟踪质押系统，跟踪货物质押的全过程的开放式托盘共用系统，以实现带板运输货物跟踪，并在其基础上开展动产质押业务服务。

整体风险管理理论（TRM）弥补了这个缺憾，标志着现代风险管理的成立。在此基础上，由于长期资本管理公司（LTCM）于 1998 年倒闭，整个金融界意识到不能只对单个业务的单个风险进行控制，而应集合管理整个系统的所有风险，就是在这种背景下全面风险管理理论应运而生。对应于全面风险管理理论的诞生及发展，我国金融机构的风险管理进入新的历程，特别是 2012 年 12 月 17 日国资委发布的消息，要求金融机构从 2013 年起实施全面风险管理，并派驻各中央企业监事会对金融机构管理提升情况进行监督和检查。

1.2.4　动产质押融资信息化管理问题研究

随着信息技术的加入，风险控制的家族又多了一个分支，即如何把信息技术与风险控制理论结合起来，早在 1949 年[75]，已经有研究通过信息化和封闭式的管理来监控订单所涉及的资金流和物流，保证了授信的"专款专用"，如今监控方式已从最初的静态质押形式转化成动态质押形式，而且随着网络的发展，封闭化的管理已经不能符合时代要求，需要更高层次的信息化，对动产质押融资风险控制比较有作用的两大前沿技术包括物联网、区块链及信息平台。

（1）物联网研究

陈畴镛（2004）的研究表明，将信息变成资源的必要条件首先是必须可以为人类创造财富和提供福利，其次是必须可以通过人类活动检测或被识别到[76]。1999年诞生的物联网，对质押物的识别和检测具有无法比拟的效果。其利用激光扫描仪、GPS、RFID（射频识别）等数据传感设施，依据相关合约，将任一物品和互联网联合起来，以实现数据的通信与交流，最终进行智能化定位、追踪、监管及辨识[77]。一个完整的物联网平台由应用层、信息处理层、信息感知层、运营层级信息集聚层组成[78]。在物联网领域具有六个核心运营技术，现阶段，感知与集聚技术作为物联网系统最基层的技术具有极其广泛的运用，促使系统结构逐步优化进步。

由于物联网得到越来越多的运用，跨领域、扩范围的应用需求逐渐增多，基于用户类型、应用功能及用户需求的细分，物联网的研究应用大致包括智能交通[79]、平安家居[80]、环境保护[81]、公共安全[82]、工业监测[83]、智能消防[84]、老人护理[85]、水系监测[86]、花卉栽培[87]、个人健康[88]等领域，特别是涉及公共服务的应用开始成为示范项目被重点开发，如研究将物联网服务能力融入现有的典型公共信息服务行业中[89]。物联网之所以能够在多领域生根发芽，得益于物联网的几个特性，即无标度性、安全性、健壮性、统计分布性、动态随机性、今后稳定性和小世界现象[90]。另外，最近几年针对物联网技术的学术研究也成为这些应用的支撑，具体的学术范围主要包括三大方面：首先是奠定物联网作为信息基础设施的理论，包括概念[91]、信息通信[92]、安全[93]及部署建模[94]；其次是物联网的技术基础层面的学术研究，包括通用支撑技术、基于场景或基于内容的自主联网[95]、自主服务提高[96]、自主通信的技术体系[97]；最后包括物联网灵活实现和部署过程中的一些技术，如网络功能虚拟化技术[98]、可编程联网技术、可缩放数据存储技术[99]、可缩放知识发现技术、可缩放计算技术、非线性动态复杂网络系统[100]、网络科学理论框架[101]、动力学同步与控制方法[102]、中间件技术[103]等。

另外，有关经济学领域物联网的研究也逐渐增多，其中以美国杰出趋势学家杰里米·里夫金（Jeremy Rifkin）（2014）[104]所著的《零边际成本社会》最为著名，他认为：物联网实现了人物互联，在很大程度上促进了社会生产率的提升，零成本社会正向我们走来。

与本文相关的物联网的应用首先从仓储系统开始，目前有很多学者在探索物联网技术在仓储管理中的运用：学者郑平标与侯海永（2005）[105]在仓储管理活动中运用射频识别技术，给出了设计系统软件的模型；章必成、刘宣旺和陈远知等（2009）[106]利用无线传感器网络及射频识别技术的优势，建立其科学的软件功能模块及硬件构架，使得仓库系统的智能化管理成为一种可能；张仁彬和李玉民（2011）[107]集成运用物联网技术实现仓储管理内容的互联，并从仓储管理的需求出发进行系统软件设置及硬件系统设立，设置出一个立足于物联网的智能化仓储管理平台，并对搭建仓储管理系统硬件平台提出了一些建议。李忠成（2011）[108]重点分析了系统的总体架构、工作流程及功能模块，进而分析了系统物联网中的 RFID 系统、无线传感器监控网络和业务系统的实现方法。仓储系统有利于以往仓储管理活动中出入库清点缺乏准确性及物流资料处理不及时等不良情况的解决。还有些特殊行业的学者结合本行业的仓储管理要求，结合物联网技术和其他技术对仓储管理系统进行改进，如董景全（2013）[109]在物联网的基础上，根据 Multi – Agent 技术的主要特点以及在仓储管理中的使用优势，设计实现了基于物联网和 Multi – Agent 的智能仓储管理系统。

物联网的代表技术以 RFID 为主（Welbourne et al.，2009）[110]，其在仓储系统的成功应用引起物流研究者的注意，他们把研究扩展到物流管理中。Reiner Jedermann（2006）[111]介绍了立足于智能嵌入式标签在物流系统里泛在计算的运用。余雷（2006）[112]提出了基于 RFID 电子标签的物联网物流管理系统。荆心（2010）[113]研究了基于物联网的物流信息系统体系结构。Thierry（1995）[114]、Lutz 和 Zong（1998）[115]介绍了将一个传感器置于商品中，来统计商品生命周期里的相关资料与信息，供物流决策使用。张艳娜（2014）[116]提出了物联网常见的几种技术类型，分析了各种技术在物流管理上的供应链管理、配送中心等方面的应用。王傅强（2012）[117]以射频识别技术为例，对基于物联网技术的供应链新型管理模式、具体环节中的应用价值和影响我国企业采纳射频识别技术的影响因素进行了全面、系统的研究。杨永清和潘红（2011）[118]从物流流程出发，利用物联网的优势对现有物流信息系统进行再造，提出新型物流信息系统的再造策略，以实现安全、高效、可追溯的物流系统。

物流网先进的技术在各行各业得到了具体实现，于是有针对性的应用研究也应运而生。王晓亮、宓奇和彭苏勉等（2010）[119]针对我国铁路运输管理中的问题，介绍了物联网能够用在我国铁路交通的仓储控制、车票辨识及辨伪、集装箱控制和监督及站车信息共享等方面。J. Antonio（2009）[120]创造出立足于物联网的医院智能信息平台，以测试过敏与相关的副作用，这些实践对于其他行业也有参考价值。王晶（2015）[121]针对物联网在动产质押的应用方面，探讨了其在工业园区企业的动产质押业务中的评估方法。习军和任建军

(2020)[122]从实践角度构建了运用物联网技术的动产质押监管平台的结构体系，并分析了基于物联网建设动产质押监管平台的优点，为动产质押监管工作提供了一套基于物联网的方案。

（2）信息平台研究

娄策群和桂学文（1998）[123]的研究表明，信息要成为资源的充分条件首先是通过有序化处理真实准确的信息；其次信息还需具备一定程度的富集度才能被当作资源开发利用，而信息平台正是满足了这种充分条件。

国内对平台与平台竞争的理论研究尚处于起步阶段，特别是自 Evans（2003）[124]、Caillaud 和 Jullion（2003）[125]、Rochet 和 Tirole（2004）[126]以及 Armstrong（2004）[127]等学者的论文发表以来，国内外理论界对平台的兴趣大大增加。

建立信息平台的理论基础是信息共享和信息披露，王宣喻和储小平（2002）[128]提出，如果把长期金融资产融资的执行费用及利息费用排除在外，则每一级别金融市场需要的信息披露制度能够在很大程度上关系到小型公司的融资决策。弯红地（2008）[129]探讨了应收账款融资方式的风险模型，结论是因为受到道德风险的影响，供应链金融依据的风险管理制度或许会出现失灵状况，要解决这一问题，需要供应链中核心公司在供应链条之中切实起到信息分享的作用，并积极规避风险。张云涛（2002）[130]在研究供应链金融的风险控制时提出供应链中的相关企业进行自主经营且在区域位置上呈现出分散性，因而达成供应链信息贡献的关键是设置一个完整的供应链信息共享系统。

各行各业都在尝试建设信息平台，相关的探讨及实践不断深入。鄢小平（2014）[131]立足于云架构的学分银行信息系统构造与我国学分银行机制模式择取及架构创造开展了探讨活动。王涛（2014）[132]基于云技术从总体实施策略、应用系统构建、数据中心构建和内容构建四个方面来构建档案信息资源共享云平台。孙玥、齐清文和党安荣等（2014）[133]对城市村庄规划业务的信息平台建设进行了系统的研究，包括从基础数据到村庄规划设计和编辑，到规划成果管理，再到成果汇总、审批、动态更新等的整个信息流程的探讨，还基于 Auto CAD 与 GIS 融合的智能化技术、业务资源汇商中心技术，以及不同服务模式的整合技术等设计城市村庄规划编制和管理业务中的信息化整合方案。张莉莉和梁明君（2014）[134]基于推动数据开放的目的，广泛应用大数据、移动互联网等新技术，对"政务云"统一的信息资源共享平台的建设提出了设计意见。在物流信息平台领域的探讨及实践逐步成熟，董千里（2002）[135]从区域物流信息系统出发，探讨工商企业、物流公司及政府监管机构等众多市场主体，根据其对地域物流资料与物流资源整合的需求，分析物流公司运用地域物流信息系统的相关功能与运转制度以优化物流资源的模式。蔡淑琴等学者（2003）[136]介绍了物流系统之中用户差异化的实际需求（包括信息需求与功能需求），建立起信息系统的整体构架与结构。根据其分析，物流信息系统的辅助系统表现为政府职能机构支撑信息系统及政府管理机构信息系统，政府负责统一管理并建立后台信息平台，在实践操作中仅仅需要为其建设与信息系统相联系的接口即可。李力（2006）[137]合理联系起数据采集技术及物流信息平台，建立了一个立足于数据采集技术的物流信息系统，在物流研究这一微观领域加入量化的宏观变量，并把其设定为一个关键要素，此外为对物流进行研究及预测，还把 VECM 模型算法应用到物流信息系统之中。

有关信息平台的建设技术问题随着计算机网络的发展变得越来越丰富，通过研究共用信息平台信息发布特点，针对信息发布途径、手段及其应用，分析比较了各种发布方式的优、缺点，并对专用短程通信（DSRC）技术在信息发布中的应用进行了研究[138]。章衡巍和秦林园（2014）[139]出于开发成本节约的角度，基于 EXTJS 技术探讨企业信息管理平台设计思路，搭建一个底层通用的信息管理平台的开发框架。

基于物联网技术的信息平台在很多领域也有所深入，卢冰原、吴义生和黄传峰（2012）[140]面向应急物流联合体的智能化多级协作，设计适用于物联网环境下的信息平台模型，并对该平台中各级系统的功能结构进行阐述，还在面向不同参与组织的信息平台建设方面，构建若干具有通用性的子系统，为机构成员按照自身在应急物流业务中担负的职责进行利用。吴振宇（2013）[141]针对物联网设备和平台异构性强、平台架构封闭化、耦合度高和扩展性差等问题，重点研究体系架构设计和其中关键技术，符合 REST 架构与网络技术标准在互联网中较好引入物联网中的众多设备资源，并以 Web 形式进行开放，这使得异构的物联网设备得以整合，有利于物联网运用的科技要求的降低，此外还确保了平台的松耦合、分布式与能够大规模部署的性质。从事计算机专业的胥斌（2010）[142]从技术角度探讨了基于物联网的信息共享平台设计，信息平台的建设涉及多个主体，也就是在平台建设时要注重多维度协调。

另外，有关信息平台经济的研究也有所斩获，Schiff（2003）[143]通过平台是否兼容来研究不同市场结构的均衡状态，结论表明，兼容性的平台使得用户接入基础扩大，竞争且兼容的市场结构具有最优的竞争效应，垄断平台竞争结构次之，而不兼容的双平台市场结构竞争效应最差。Wright（2005）[144]

从排他性均衡和竞争性"瓶颈"均衡两类市场结构入手，研究市场均衡，其表明平台提供排他性协议的不作为，导致竞争性均衡，从而多系统接入的用户不能得到交易活动的剩余价值，而单系统接入的用户可以以低于成本的支出取得服务。徐晋（2014）[145]在《大数据经济学》中认为，经济学角度的信息平台遵循离散经济的处理技术，利用离散化分析解析现实经济，发掘其中的数据关联，提取有价值的数据，从整体上进行重构。有关信息平台管理方面的研究也逐渐成熟，周扬（2013）[146]在《物联网环境下多维度协同物流管理研究》中提到的多维度管理的理念，兼顾系统的协同性。吴中岱、叶明海和李梅（2014）[147]以协同管理理论和信息技术为基础，以业务流程规范化、总部管控统一化为目标，构建了金融物流集中式标准化信息系统，作为开展金融物流业务的管理平台，有效满足业务操作和物流企业管理的需求。岳中刚和宋归月（2010）[148]基于网络经济学学说分析了互联网社区系统、服务集成系统与双边市场系统的特点以及具体商业模式与市场竞争手段。刘广启（2014）[149]确立了平台企业商业模式的价值实现、价值主张、价值制造、价值传播的构造模块，并明确了资源及水平、产品定位、客户价值、关键业务、价值网络、盈利模式、营销模式、财务管理八个要素模块，构建了"4-8"结构性维度。

（3）基于物联网技术建立动产质押信息平台研究

王冬春、李毅学和冯耕中（2009）[150]提出对于动产质押风险来说，有关业务管理技术的匮乏是其主要原因，所以能够利用业务管理信息平台进行处理，该研究提出了信息技术的重要性。虽然目前学术界还没有对该课题的专门研究，但物联网逐渐深入物流金融的今天，近年来涉及动产质押业务的银行和仓储企业都比较积极地应用物联网来解决实际问题，理论界的相关研究也在不断丰富。

有关物联网应用到动产监管的研究不断完善，徐洪军（2010）[151]针对动产质押中可操作性差的问题，提出利用物联网对动产质押风险进行监控，解决动产质押物的监管问题。许多顶（2012）[152]细化了物联网在动产质押金融业务的管理和服务中可发挥特殊功能的方面，包括质押物监管和定制服务、检查交易真实性、监控和管理受控人员以及保险业的实时监测服务等方面。黄光宇（2012）[153]基于RFID技术的特点，具体指明了设计动产质押信息系统时应解决的诸多状况，如大规模数据的收集、如何处理射频识别运用的技术问题、怎样运用射频识别较好地对物流情况进行追踪、怎样使得客户端查询及统计分析过程更具准确性及便捷性。郑平标和侯海永（2005）[154]在仓储管理活动中运用射频识别技术，并设计出相应的系统软件。章必成、刘宣旺和陈远知等学者（2009）[155] 利用射频视频与无线传感器网络的科技优势，建立其全面的软件模块及硬件架构，使得仓储平台的智能化运营成为可能。为了解物联网在动产质押监管方面的效果，王晶、屈挺和王宗忠等（2015）[156] 针对工业园区公共仓库金融物流高动态运作环境下的动产评估问题，运用层次分析方法（AHP）确定出指标权重，构造出为金融物流公司进行服务的综合性的动产质押资格评价指标，还利用物联网驱动下的智能物流全天候监控这一理念，应用物联网技术建立动产质押动态监管评估系统，为物联网信息平台的建立奠定了理论基础。

有关建设动产质押信息平台的信息系统建设也从多角度展开，焦芳敏（2010）[157] 在肯定物联网对动产质押监管作用的基础上，构建了信息系统框架。戴定一（2010）[158] 认为物联网时代的"智能"是基于网络的集中式数据处理和服务中心的网络平台，"数据中心"是网络经济社会的一个创新的经济主体。杨宇和汤齐（2007）[159] 基于仓单质押业务的运作流程机制，分析了实施此业务的三方对网络信息化的需求，提出了以仓库为核心，构架于仓库、银行与融资企业间业务的三层 B/S 结构的信息系统。刘婷（2012）[160] 分析了云南物流产业集团现存的物流金融模式，梳理其业务操作流程，确定了基于 Web Service 构建物流金融管理信息系统的整体架构，设计出物流金融业务管理信息系统。杨鹍（2013）[161] 提出了一种可以对复杂金融环境下的异构数据信息进行整合及处理的基于语义的大数据处理系统，大大提高数据整合和处理的效率。

近三年来，新的信息技术也陆续加入基于物联网的信息平台的队伍，区块链技术是比较热门的一种。区块链技术在票据交易、供应链金融、可信存证等多个领域已有应用。林键和陈光（2020）[162] 基于当前的应用案例进行分析，设计出"监管沙盒"模式，探索纳入区块链作为金融科技，改进银行传统授信管理流程，提高信贷风险控制能力。夏菊子（2021）[163] 研究运用区块链解决供应链金融平台存在的问题，提出相应的优化建议，减少平台可能出现的风险。

1.2.5 研究现状述评

对动产质押进行风险管理有望打破动产质押的发展"瓶颈"，风险控制作为风险管理的一种措施和方法，有望降低各种风险事件发生的概率，或可以减少风险事件发生后的损失。相比于消极的风险回避法、只追求局部效益的风险转移法以及资金成本比较高的风险保留法，选择损失控制法是较优的控制风险的策略，特别是越来越多的信息手段被引入管理技术中后。物联网和信息平台是大家公认的先进技术，其应用为解决信息不对称问题带来了契机，但是从物联网技术的诞生到应用毕竟仅仅十几年，这样年轻的技术被应用到动产质押领域还欠成熟。信息平台作为系统的工程，其应用远比理论研究超前，潜在的风险也由此滋生。在当前条件下进行理论创新，具有较大难度。将物联网技术和信息平台技术应用于动产质押信息化研究中，有以下问题需要进一步完善。

（1）动产质押主体不够明确

动产质押主体不够明确，导致应用信息不对称理论时的错位。我国早期动产融资有些银行是自己监管质押物，监管人员的主要来源是银行工作人员的家属，监管业务相当于银行的第三产业。但是，这些人员不了解监管行业的运作规则，也不知道该怎样验收和保管质押物，以致出现了很多问题，这种模式很快就被迫停止，动产质押的融资模式通过引入仓储企业才得以成活。仓储企业在质押业务中以监管库为主，主要监管放在其仓库中的质押物，在动产质押业务中的作用不太显著。动产质押信息不对称的主体是银行和融资企业，仓储企业仅充当了辅助性的角色。这种忽视仓储企业在动产质押业务中的主体地位的思维惯性具有中国特点，使得银行在实践中控制风险时出现与融资企业信息不对称的问题，侧重与融资企业联动时的风险控制，几乎忽视对仓储企业监管行为的监控。

有些学者默认动产质押的主体是银行、物流企业及融资企业，但在提出应用信息系统解决动产质押信息不对称问题时，没有具体剖析三者之间的关系，特别是新形势下仓储企业在这个三角关系中的角色定位问题。随着现代物流业务的发展，仓储企业陆续向现代物流企业转型，很多企业开展金融物流业务，银行最大限度地将部分风险责任转嫁给物流企业，基本上已然跳脱物权质押的基本形态，银行直接面对的债务人变成物流业者，这种转换使物流企业的业务范围及权限不断扩大，在动产质押业务中的风险也相应增大。但物流企业的报酬激励明显不够，从而产生信息不对称的代理人问题，前几年发生的"上海钢贸案"和"青岛有色金属案"力证了这一点。这些案例中，物流企业普遍有以下行为：一是抬高质押物的价值；二是与借款人串通出具无实物的仓单或入库凭证向银行骗贷；三是伙同借款人以权属有争议的财产作质押；四是伙同借款人重复质押。实践中的失败有必要引起大家的重视，首先得从理论上找原因，作者认为就是因为现行做法片面强调解决银行和融资企业之间信息不对称的问题，而相对淡化了物流企业在动产质押融资模式中的主体地位，这将导致两种结果：一是忽略物流企业的利益诉求，使物流企业在动产质押业务中的利益得不到充分保证，倒逼其向融资企业"示好"；二是不重视物流企业的存在价值，与物流企业维系关系的基础是质押物的价值，而不是物流企业本身。在"事在人为"和"关系"这两重中国特色文化的作用下，物流企业在动产质押业务中本能地被理解成为银行行使监管任务，在处理与银行的关系时，把银行当作"主"，自己则处于"仆"的位置。从银行角度来说，这种关系会比较有效率，但在遇到外在利益冲突或诱惑时，物流企业容易把银行当作对立面，从而做出伤害银行利益的行为，此时，银行必须以监控的角色回归到它们的三角关系中来。动产质押主体关系的明确，有利于在利用信息不对称理论建立信息系统时，不仅重点体现物流企业对动产质押的监管职能，也突出了银行对动产质押的监控职能。

（2）动产质押过程剖析不够全面

动产质押过程剖析不够全面，导致没有系统地研究动产质押运行机制，从而没有达到全过程地控制风险。从已有的文献来看，以前学者在动产质押问题研究时，把信息不对称分为签约之前和签约之后两个阶段来研究[164]，并认为在签约之前要解决逆向选择问题，在签约之后要解决道德风险问题。签约前信息不对称被概括为以下四个方面，即银行对贷款者的经营能力、经营状况、管理水平、业务运作状况等信息了解不够充分；签约后信息不对称被概括为以下两个方面，即银行对经营者工作是否努力以及贷款资金使用的真实情况了解不够充分。这种动产质押信息不对称的研究局限于过程中的一个阶段或仅研究动产质押过程中的静态信息不对称，忽视了动产流动的特性，从而也就涉及不到动产质押全过程的信息不对称研究。随着中国加入 WTO 和改革开放的不断深化，中国制造在世界经济发展舞台上发挥着越来越重要的作用，在国际贸易过程中，质押业务以开证管理为开端，之后会进行进口报关、运输代理等流程，再至物品运到仓库之后的物品监管环节，至生产型公司仓库的原料与产品的管理，至下游销售企业的仓储，渐渐演变成包括仓储及运输两个环节的物流供应链系统管理。我们对动产质押的研究已不能局限于某一个阶段，而应当用系统的方法把质押的整个过程全部纳入研究。例如，在现实中，有些仓储货物来源于走私，属违法货物，这种情况只有信息追踪到它的前生，银行才能掌握融资企业故意造成信息的不对称情况，而这一情况不在以上说明的四个方面中；再如签约之后，货物存放在仓储企业，仓储企业有可能配合融资企业以次充好调包货物，这些情况也不在以上说明的情形中。为此，我们在本书中选择以动产质押全过程为视角，研究监管的流程前期、中期、后期的关联性，建立信息平台，使信息覆盖到流程的全部过程。

（3）物联网技术属于低层次的应用

当前虽然也运用了物联网技术，但多是基于查缺补漏的思维，因为缺乏相关的理论支撑，使得该应用缺乏长远性和全局性，所以属于低层次的应用。就目前来看，动产质押业务涉及物联网的应用主要是针对仓库中质押物数量的监管，其他涉及货物的质量、市场价值、货物的归属等问题则无暇顾及。究其原因，首先是因为之前的信息系统的设计以小范围的应用为主；其次是信息获取能力有限，大都是银行自行开发的信息系统，仅借助于自身的力量获取信息，难免有信息遗漏；最后是信息覆盖没有综观全方面，容易造成系统的木桶效应。

从动产质押的三个主体的关系来说，之前的研究以银行为主，仓储企业为辅，实际操作上也是银行为主导，仓储企业坐冷板凳，融资企业就是编外的格局。所以，信息系统的格局也是信息从一方主体到另一方主体，传播路径是"通路"或者"通路的集合"。通路的特点是垂直的、线性的，通路之间是分割的，由此形成动产质押三个主体之间是分立的形态和相对立的组织方式。物联网的应用，有望打破现阶段的局面。

虽然商业银行在动产质押融资方式上依然停留在较小规模，然而我们需对未来状况加以预测。在大数据、云计算、区块链及物联网技术融合发挥作用的将来，各种数据都会被应用到系统中，作为决策的数据来源，人为的经验性的决策将被智能性的决策所取代。要实现这个目标就要首先建立包罗银行、仓储企业、融资企业、政府监管部门等部门的信息平台，实现更加领先、愈加智能的科技平台支撑。故本书通过现阶段关键物联网科技，在全面研究动产质押管理范畴的基础上，以科技集成及应用范畴扩展作为立足点，制定物联网科技运用策略，以构建智能动产质押信息平台。

（4）动产质押信息系统建设问题少有人研究

在践行"互联网＋"理念的今天，大家确认信息平台是信息系统的主要形式，然而基于物联网的动产质押信息系统内涉及子系统建设问题少有人研究，使得信息系统内子系统构建缺少理论支撑，在建立平台实现银行、仓储企业及融资企业等信息大融合的"互联网＋"思维下，如何兼顾各主体的信息全面和安全成了一个研究课题。在信息共享这个问题上，需要按照必要性原则，划分信息平台子系统，以动产质押信息系统角度来定义银行、仓储企业及融资企业。

新科技的发展一日千里，在摩尔定律、吉尔德定律和麦特卡尔夫定律的作用下，信息化的推进速度十分迅速。再加上我国政府在政策上、资金上的强大推动，各种应用应声而动，银行、仓储企业及融资企业都有各自转型的需求。因为，理论的力量并不仅仅在于对现实的解释力上，更在于有预见力。正如罗森伯格所说的，最好的和最有价值的科学理论似乎是那些具有预见力的理论。并且，无论科学是否要求预见，我们都需要依据预见来指导我们的决策。动产质押业务中的角色定位洗牌在即，现实的重大变化往往需要概念上的创新与之呼应。因此，笔者不昔浅薄，先行进行理论创新的尝试，而不是等到基于物联网的动产质押业务平台化演进的进程完成大半，平台化的产业结构以及成型并相对稳定，平台运作模式已经成为动产质押业务发展常态之后，才对此现象进行理论实证。

1.3　主要研究内容

动产质押业务中，识别并控制风险是核心，改进管理是必备手段。本书基于当前动产质押信息平台的实践，着眼于基于物联网解决信息不对称问题的动产质押信息系统向平台发展中出现的众多问题，由思考模式至组织结构再至行业形态，全部需按照平台规律开展改革获得，最终建立起领先的动产质押信息平台。基于战略意识，跳出几个产业和相关学科的传统理论框架，站在融合的高度，提供一套整合性的理论体系，真正在理论层面实现系统性创新，按需求发展新思路。

本研究理论和实践两条线并行前进。理论上以控制动产质押风险解决信息不对称问题为主题展开，沿着"存在问题—分析问题—解决问题"的闭环思路，实践上以基于物联网建设信息平台为主题展开，沿着"为什么要建—以什么技术建—怎么建—谁来建"的主线，主要研究内容包括四大部分，分为四个层次：

第一层次为第一章至第二章。在第一章的绪论部分，首先介绍本书的研究背景和研究意义；其次对当前国内外与本书相关的研究现状进行综述；再次阐述本书的研究内容；最后概述研究的技术路线、研究方法和创新点。在第二章的相关概念界定与研究理论基础中，首先对动产质押、信息平台、物联网等概念进行界定；其次结合所研究问题，概述信息技术经济学理论、信息不对称理论、风险控制理论和比较管理学理论等，从而为后续研究奠定理论基础。

第二层次为第三章至第五章。在第三章中，从八个动产质押信息平台的实践案例分析开始，总结了这些案例的成功经验，剖析了失败案例存在的问题及原因，进而提出动产质押信息化管理的重点问题，即基于物联网的信息平台要重视风险控制，并且强调银行监控的主导作用和地位。另外要体现系统性，保证技术与系统需求的匹配及选择合适的商业模式，最后从案例中总结了得到的管理启示及实践意义。在第四章和第五章，就是基于第三章的案例分析后的启示，从信息化控制动产质押风险的角度分析硬件和软件层次的问题。在第四章中，对应于第三章所提出的信息技术与系统需求相匹配这个角度，首先从物联网可实现的功能角度，论证物联网在技术、智能功能、科学管理及经济效果可以满足动产质押信息系统的功能需求；其次论证物联网应用到动产质押领域，是动产质押和物联网发展的内在必然，在外在的诸如大数据、云计算及移动互联网这些技术的助力下，这个应用必然成功。在第五章，对应于第三章中所讲的系统化这个角度，探析基于物联网技术的动产质押信息平台子系统。首先在文献分析和专家调查的基础上，设计动产质押信息不对称感知调查问卷，通过对全国从事动产质押的银行、仓储企业、融资企业及相关科研人员的调查；其次使用探索性因子分析的方法，探索影响动产质押信息不对称的要素；最后在此基础上，拟合动产质押信息系统的子系统，为后续的系统平台的建设提供理论基础。

第三层次为第六章至第七章，这个层次以解决问题为目的。在第六章，探析构建基于物联网技术的动产质押信息共享平台的相关问题。首先分析银行、物流企业、融资企业及其他各有关主体对基于物联网的动产质押信息平台的要求；其次从构建信息平台角度，分析信息平台的目标、逻辑及整合系统资源；最后提出在信息平台的技术、结构模型及数据管理方面的建议。在第七章，对应于第三章中的商业模式问题，浅析基于物联网技术的动产质押信息平台商业模式。概述基于物联网技术的动产质押信息平台的各种商业模式，通过比较分析，从宏观的市场结构、战略转型，到中观的竞争策略，再到微观的业务创新和支撑系统，提出商业模式建设的相关建议。

第四层次为第八章。第八章是结语部分；首先归纳全文研究结论，其次根据研究结论提出相关对策建议；最后展望相关研究趋势。

1.4　技术路线与研究方法

1.4.1　技术路线

研究的技术路线如图 1-1 所示。

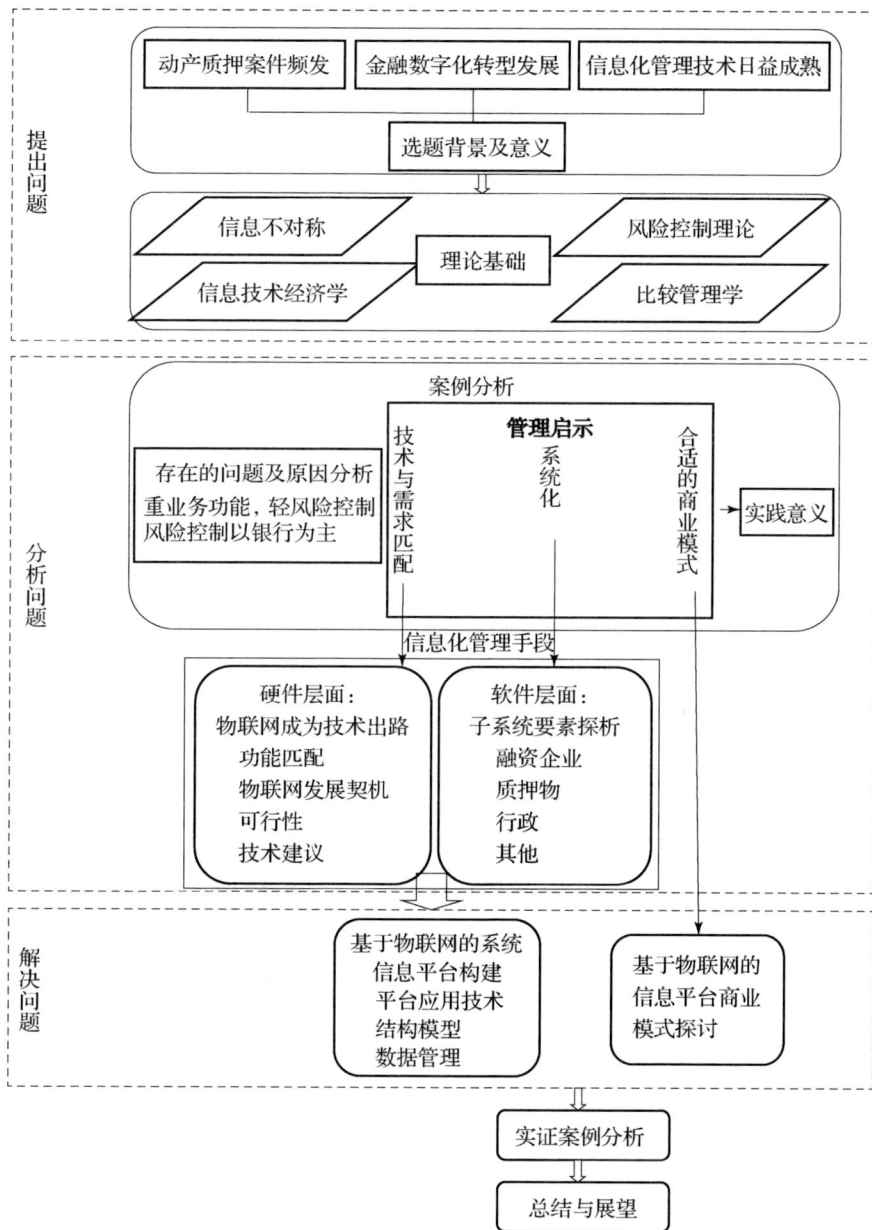

图 1-1　技术路线

1.4.2　研究方法

在中国市场经济高速发展的时候，所需要的人的素质却没能紧紧跟上。

因为信息不对称问题而引发的众多风险，在市场化道路中更加凸显。这时候信息化被管理者当作葵花宝典奉为上策，因为信息对道德或个人偏好或人际关系没有偏袒。丰富的实践没有先进的理论支撑，发展可能就会迷失方向。本书的研究目的在于弥补当前信息平台实践和理论不够充分的问题，用平台的视角切入，构建一套系统的平台理论体系，为物联网应用到动产质押平台提供理论说明，使得当时那些从动产质押实践中迸发出的零散的、模糊的认识和灵感能够串联起来成为比较完整的理论体系。

在这种不太成熟的现实条件下，我们应该采取什么样的研究方法才能更好地进行理论创新，在事物面貌尚未清晰展露时就抓住其本质，洞察其变化方向，从而推测其演进趋势，并指导我们的实践呢？本书研究处于早期探索阶段，在研究中很难做到纯粹化和规范化，往往需要从具体的实践案例中来发展一般化的理论和观点，并需要与我国阶段性的应用政策研究相结合。当动产质押业务的平台建立并成功运作后，当人们逐步在更多的平台实践和现实中取得广泛一致的认识的时候，本书的理论探索就会被整理成更精致的规范的模型。从这一意义上来说，本书所采取的研究方法，只是在某种特殊的情况下，根据其理论创立的特殊任务的要求，才是可取的、必要的。

根据本研究的目的、研究框架以及决定采取的溯因推理或外展推理的研究方法，用以下几种方法开展研究：

（1）"提出问题—分析问题—解决问题"的逻辑分析法

本书采用了严谨的"提出问题—分析问题—解决问题"的逻辑分析方法。在分析了我国动产质押案例频发、金融业数字化转型及信息化管理技术日益成熟的背景下，基于一个案例的分析后"提出问题"：动产质押信息化管理要重视风险控制，而且要体现以银行为主导。接下来是"分析问题"的逻辑步骤，主要是分析基于物联网的信息平台这种信息化手段可以满足动产质押风险控制需求。在逻辑分析的最后一步"解决问题"中，从信息平台建设及运营的角度提出建议，使基于物联网的信息平台这种信息化管理手段最终落地。

（2）因子分析法

在论证需要应用物联网建设仓单质押平台时，首先需要揭示动产质押信息不对称问题背后的深层结构、力量、机制和制约、促发这个问题的原因。从范式上看，因子分析是从"表面现象"到某些"更深层次"的有因果联系的事物的一种挖掘。本书通过调查问卷对当前参与动产质押业务的一线工作者进行调查，以及二手资料的搜集，在此基础上运用因子分析法进行上述假设的验证。

（3）案例分析法

本书的研究以实践为基本出发点，研究目的也是为实践探讨相关理论。首先在提出问题的阶段，选择实践中失败的基于物联网的动产质押信息平台作为案例，分析其存在的问题及原因，应用案例分析的方法，论证本书的研究价值，探讨实践的理论依据。

（4）文献研究法

查阅并学习近年来与本课题相关的诸多文献和案例，在深入研究国内外相关文献的基础上，归纳和提炼出动产质押风险控制的理论内涵，从中获得理念上的精炼和总结。

第二章 相关概念界定与研究理论基础

2.1 相关概念界定

2.1.1 动产质押

（1）动产质押的概念

所谓动产质押，是指借款者或者第三人把其动产占有权转移至贷款者手中，以此为债权债务关系提供担保。当借款人不能履约之时，贷款人可以依据《中华人民共和国担保法》的相关要求将此动产进行变卖、出售，以此获得经济补偿。

（2）动产质押的主体

从业务上看，传统的动产质押参与主体就是银行、仓储企业及融资企业。实践中动产质押的融资企业多数是中小型及微型企业。银行作为借款人，在收到融资企业的融资需求时，会调查核实相关情况，同时对动产采取相应的管理，但不是自己直接参与管理，而是委托仓储企业间接管理。

（3）动产质押运作模式

动产质押融资业务因质押物、融资企业、物流企业及金融机构种类的不同会有多种模式，这些模式决定了动产质押业务中会出现信息不对称的复杂情况。划分动产质押的运作模式时站在物流企业的角度，按照金融结构对其委托程度的高低，分为中介监管模式、信用担保模式及直接融资模式。具体模式如下[165]：

①按管理模式差异，能够划分成逐步监管业务与总量监管业务。所谓逐步监管业务，是指在动产质押管理活动中，每一笔物品的质押及其解押，物流企业全部依据商业银行的指示开展操作。所谓总量监管业务，是指在动产质押管理活动中，商业银行依据商品的价值及其维持的最低价值，由出质人向第三方物流服务公司进行申请，物流企业认可之后执行物品质押及质物解押，在这种方式中银行无须逐笔进行指示，而质物的价值应一直超出银行给

出的最低价值。

②依据仓库种类差异，能够划分为出质人作业库监管业务、自管库监管业务及第三方仓库监管业务。所谓出质人作业库监管业务，是指物流企业向出质人支付租金以利用出质人的仓库，将其用作质押管理场所，出质人在该场所内对物品的物流活动负责，而物流公司则负责对质物提供监管。所谓自管库监管业务，是指物流企业对所有物流操作负责且开展质物管理。所谓第三方仓库监管业务，是指将除物流企业及出质人外的第三方仓库用作管理场所，由第三方对物品的物流运作负责，而物流公司则负责对质物提供监管。

（4）动产质押流程

银行物流企业及融资企业三方分别签订各种具有法律效力的协议之后，具体的动产质押业务流程以质押物出场，具体见图 2 - 1。

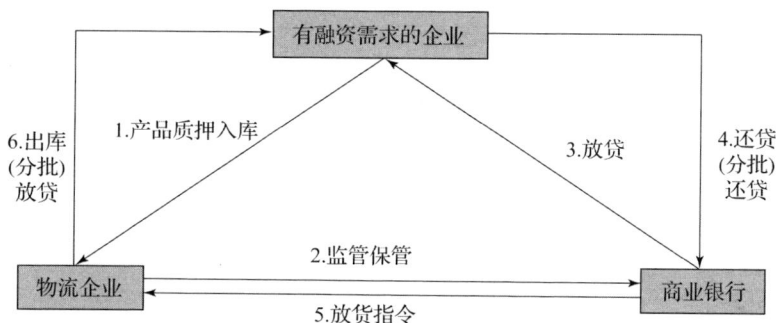

图 2 - 1 动产质押流程

①质押方出具物权证明文件且把质押物运输到物流公司指定的仓库，二者共同进行质押物的验收工作，之后，物流企业出具质押物入库证明文件，办理相应入库手续，并向质权方提供仓单。

②物流公司依据质押融资监管合约对质押物开展管理活动。

③质权方依据融资合约及融资监管合约的要求，向出质方提供资金支持。

④出质方依据融资合约的要求，在规定时间内还清债务。

⑤质权方按照出质方偿债的实际状况，并依据质押融资合约提供质押物出库文件，出质方依据此文件向物流公司进行提货。若出质方想将部分或者所有质押物进行置换，需提交置换申请，在质权方核准之后提供质押物置换认可文件并送至物流公司，物流公司依据置换文件开展质押物的置换工作。

⑥出质方还清所有款项之后，质权方提供动产质押融资业务结束文件，提交至物流公司，物流公司依据该结束文件终止其监管活动。

（5）动产质押业务系统流程分析和风险的表现形式

开展动产质押业务一般由质押申请、质押形成、质押解除三个阶段构成。笔者考察现今比较成熟的动产质押案例后提炼了基本流程，同时对各业务操作中可能产生的风险进行识别，详见图2－2。

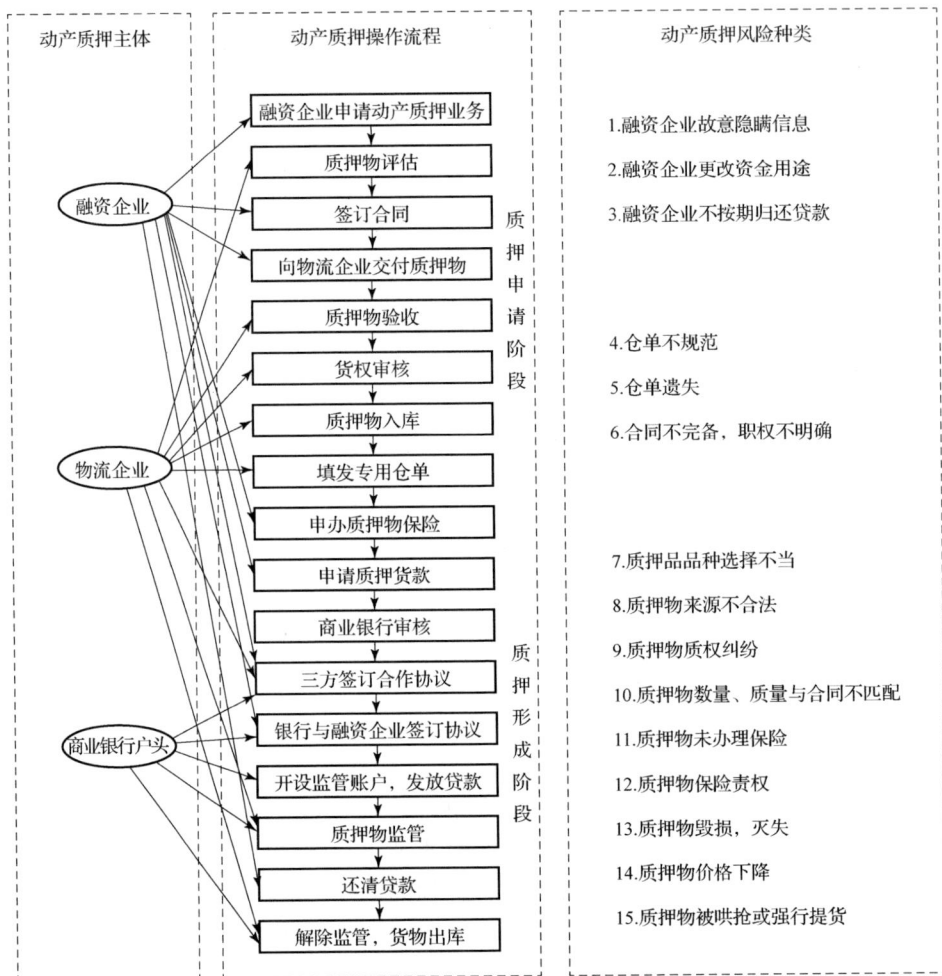

| 动产质押主体 | 动产质押操作流程 | 动产质押风险种类 |

动产质押操作流程

质押申请阶段：
- 融资企业申请动产质押业务
- 质押物评估
- 签订合同
- 向物流企业交付质押物
- 质押物验收
- 货权审核
- 质押物入库
- 填发专用仓单
- 申办质押物保险
- 申请质押贷款

质押形成阶段：
- 商业银行审核
- 三方签订合作协议
- 银行与融资企业签订协议
- 开设监管账户，发放贷款
- 质押物监管
- 还清贷款
- 解除监管，货物出库

动产质押主体：融资企业、物流企业、商业银行户头

动产质押风险种类：
1.融资企业故意隐瞒信息
2.融资企业更改资金用途
3.融资企业不按期归还贷款
4.仓单不规范
5.仓单遗失
6.合同不完备，职权不明确
7.质押品品种选择不当
8.质押物来源不合法
9.质押物质权纠纷
10.质押物数量、质量与合同不匹配
11.质押物未办理保险
12.质押物保险责权
13.质押物毁损，灭失
14.质押物价格下降
15.质押物被哄抢或强行提货

图2－2　动产质押业务流程和风险识别

2.1.2　信息平台

（1）信息平台的概念

"平台"一词原本是一古迹名，后来相继在建筑工程学科、机械制造、工程力学以及海洋船舶等学科中作为专业名词使用。经济学科的"平台"以

徐晋提出的最著名，他在《平台经济学——平台竞争的理论与实践》中阐述了平台的内涵：所谓平台指的是一种交易场所抑或空间，不仅能够出现在现实世界之中，而且能够出现在虚拟世界之中，这一场所能够促使不同客户之间发生交易活动，且利用获取合理费用的方式积极引导客户使用，以获得利润最大化的目标。在管理学学科之中，"平台"也有不同角度的阐述，有关"平台"比较著名的著作有《看不见的引擎——软件平台驱动下的产业创新和转型》《平台领导》《平台：培育未来竞争力的必然选择》《开放性成长》。这些著作多从管理学角度展开，但从企业竞争和企业关系来看，"平台"的界定还不甚清晰。

随着计算机的诞生和应用，"计算机平台"应运而生，紧接着"信息平台"也被理论和实践界创造出来，并被赋予了不同的内涵。信息平台有两个基本含义[166]：一是信息作为信息的存在主体而存在，其承载着各类信息，也就是信息中的信息，即理论中的信息平台；二是立足于数字化互联网科技运作的信息体系[167]，即信息平台的实物形态，C4ISR指挥控制系统就是其中的一个例子。信息平台的出现，在主客观之中创造出新结构，使得人和社会的关系发生变化，推动了信息中介变革。本书所阐述的信息平台以第二种含义为基本出发点，说明信息平台是建立在海量端点和通用介质基础上的信息交互空间。平台概念涉及三大要素及相互关系，平台具有基础性、公共性、交叉网络外部性、价格结构非中性、系统性及寄生性等基本属性[168]。

在对平台进行探讨之时牵涉购买者、出售者与第三方这三个主体。在某种层面上，平台仅仅属于一种经济结构，以某类网络外部性作为其特点。同一个消费群体的消费情况对于外部性并不起决定性作用，起决定性作用的是不同却又相互包容、处在市场另一方的消费者的消费情况。也就是说，对于平台被使用的决定活动中，平台所对应的另一方的网络规模属于一类质量参数。多个消费者在平台中互动，而网络外部性会对互动活动产生影响，若平台上出售者很多，则会对购买者产生很大的吸引力，反过来，若平台上购买者越多，则会对出售者产生很大的吸引力，就会有更多的出售者使用这一平台。

（2）信息平台的功能

自20世纪70年代以来，人类的实践活动框架开始由工业平台进入信息平台，社会技术形态开始转型。信息平台正在改变我们这个时代的人与世界的中介方式，改变人类的合作方式和社交形态，它是社会实践新的起点。近几年来，各领域不断探索信息平台的建设和推广，跟动产融资相关的平台不断出现。其中主打物流的平台有全境通信息平台、中国物流金融网、中国贸易金融网，主打融资的平台有安宜投。不同组织由于其运作规模及能力不同呈现也会不同，但从运作层面看，管理平台最起码要达到银行、物流企业及融资企业三方的权利及义务明确，资金进出符合三方需求，管理的相关业务分工及操作需程序化和规范化，不断消除由于和融资公司授信要求差异而造成的商流及物流效率降低局面，尽可能实现功能的多样化，比如强化和融资公司产业链企业及其他部门之间的信息沟通，借此确保相关信息能及时追踪和实施监控[169]。由中国国际物流股份有限公司发起并主要研发的中国物流金融平台在解决动产质押为丰富的物流金融行业社会化服务具有代表意义。平台的基本功能是聚合、协调、重组和交互，具体表现在以下几个方面：

①信息服务功能。信息平台的基本功能同时也是核心功能即信息服务功能，该功能基本体现为信息的采集、组织、公布、交流等。

②资源整合功能。参与平台的组织单位的信息平台建设水平有差异，其信息共享水平不同，每个主体的信息交流将有利于业务操作效率水平的增强，也有利于业务成本的降低。资源整合功能利用平台接口的标准化把异构平台加以整合；利用信息化要求，对差异化标准、分散的信息加以整合；按照特定的要求提供开放系统，重组各主体的信息资源。

③在线交易功能。该功能为供给方及需求方创造一个虚拟的交易系统，这能够促进市场运行规范化程度的提高，促进不同资源的整合，保证 B2B 与 B2C 在网络协作中的可靠性与安全性。

④作业管理功能。各类信息平台支撑不同的作业形式，但信息系统一方面为众多信息创造共享接口，另一方面为其提供管理系统。能够规划并管理组织内外各类资源，还可以面向所有作业的全过程。

⑤辅助决策功能。信息平台拥有系统性与完整性的信息与数据，利用业务操作模型，可以对以往数据进行深入研究，为使用者在预期、计划、评估等活动中进行决策支持。

（3）平台经济学

互联网信息技术的快速发展突破了沟通交流的空间限制，催生了网络虚拟交易平台、平台产业、平台经济。平台经济是一种区别于农业经济、工业经济的新兴经济形态，是后工业社会基于互联网进行资源分配、生产和消费的网络化经济形式。它不是一种完全崭新的商业模式，从早期的集贸市场到现代的大型商业综合体，从小微型的婚介机构、保姆介绍所到规模化的电信服务系统、信用卡系统，现实生活中平台的实例不胜枚举，平台的经济表现千姿百态，平台的盈利模式五花八门，平台的发展轨迹千差万别，但透过简单的现象来看，这些平台及其相关产业形态在经济学上无非都是双边或多边市场在经济资源整合基础上对自发性市场运营模式的一种自主性改造和创新。

平台广泛存在于现代经济中，并且具有至关重要的地位，且其地位会愈加重要，能够在很大程度上促进当代经济体的发展。可以说，平台经济学的一般性学说俨然建立，Rochet、Tirole、Armstrong 等著名学者是平台领域深入研究的鼻祖。在具有开创意义的文章发布之后，全球经济学界众多学者纷纷转向平台研究，学界对于网络虚拟平台、网络平台产业和网络平台经济的研究开始启动。国际上的相关研究主要从微观经济学出发，以平台型企业为研究对象，依据"双边市场"或"多边市场"理论展开，并已经形成了一定数量的研究文献，国内的相关研究有徐晋的《平台经济学——平台竞争的理论与实践》。以"平台"为研究对象，主要包括平台分类与业务模式、平台竞争的主要策略与表现形式、平台发展、平台布局等，主要侧重于分析"平台"之间的竞争和垄断状况，注重市场结构的影响，利用交易成本及合约学说，研究各个"平台"的成长及竞争制度，还制定了具体的政策建议[170]。陈威如、余卓轩的《平台战略：正在席卷全球的商业模式革命》分析了平台的构成部分、发展历程、制度设计与竞争状况，并参照相关概念对具体案例加以研究，探讨了平台商业模式的概念，指引企业如何通过建构"平台生态圈"而制胜[171]。

从处理技术上来说，平台经济学区别于一般经济学的是，一般经济学表述中以连续性分析为主，而平台经济学经济分析以离散化分析为主，充分利用离散经济的表述来研究。所谓离散经济就是从离散化的"个体"出发，研究新经济下以大数据为中心、网络为渠道、平台为载体的产业间的数据模式、信息结构、价值关联的规律，产业内组织结构离散化、空间区域分布无界化的规律，以及研究这些规律的基本方法论[172]。

建立动产质押管理平台的目的主要是促进银行、物流企业与融资企业往来成本降低，特别是促进融资企业参与，参与的企业越多，动产质押融资模式效益越大。

2.1.3　物联网

（1）物联网的概念

物联网，通过对文字的解读，我们可以理解为物与物相互连接的互联网，也就是将全部产品利用 RFID 等信息传感设施和网络进行联系，以达到智能化辨识与可管理目标的网络。ITU 对物联网给出了更为全面的含义，也就是信息和通信科技的目标由所有时点、场所连接所有人，成长至连接所有产品的时期，物联网就是万物之间的连接。从技术层面解读物联网，其本质属于传感器设备、无线通信等科技，依据合约把物品和互联网连接起来，开展信息的交流与传输，达到智能辨识、追踪、控制及管理目标的网络。

物联网的出现使得信息的表达方式、传递方式及获取方式发生了质的变化。以围绕温度信息的表达方式、传递方式及获取方式为例。首先，信息过去大部分以模拟和形象的形式存在，而如今完全可以通过数字化的形式存在，温度感应器读取到温度值后数字化体现具体数值，编译成数字信号；其次，过去的信息传递，需要通过人与人的个体口头交流，或者以书信的形式几天之内传递只言片语，而现在，当信息全部数字化之后，信息的传递可以瞬间无成本完成；最后，过去信息的获取需要人员去耗费时间排队、耗费金钱购买、耗费精力去见面沟通，而如今物联网可以通过海量互联网资源、通过高速计算手段、通过免费的应用服务获取个人乃至企业所需的信息。物联网主要由以下几个部分组成：传感器及其网络、信息处置与运算、具有可靠性与高速性的公共网络载体。如图 2-3 所示。

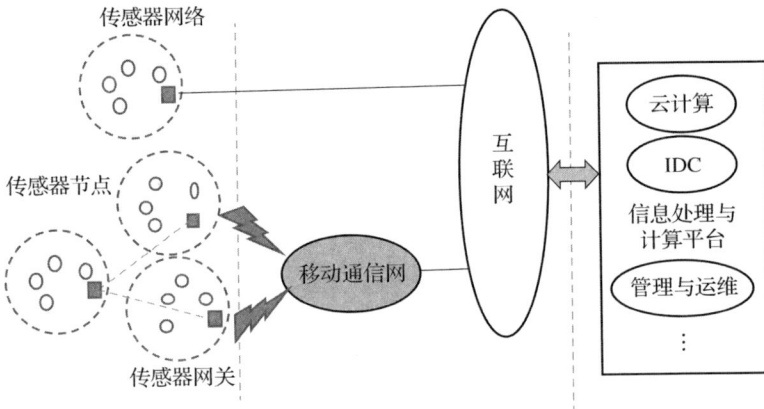

图 2-3 物联网的组成

（2）物联网基础体系结构

总体而言，物联网包含三个不同的层次：首先是感知层，利用无线射频传感器等在任何时间、任何地点获得物品信息，全方位了解数据；其次是网络层，利用电信网络及互联网的连接，全天候准确无误地传送物体数据信息；最后是应用层，通过云计算等众多智能化运算科技，研究并处置众多数据及信息，达到对物品进行控制的目的（详见图 2-4）。与此对应，物联网的业务原理包含下面三个：第一，利用无线射频传感器科技对物品开展属性标志，动态属性需要利用传感器加以勘测，而静态属性直接存放在标签之中；第二，利用读写器等输入设备对物体属性进行辨识，并把获取的数据变换成适宜物联网传输的信息格式；第三，数据输送至远程信息库，由数据处理中心开展数据的处理工作，以达到物物联通的目标。

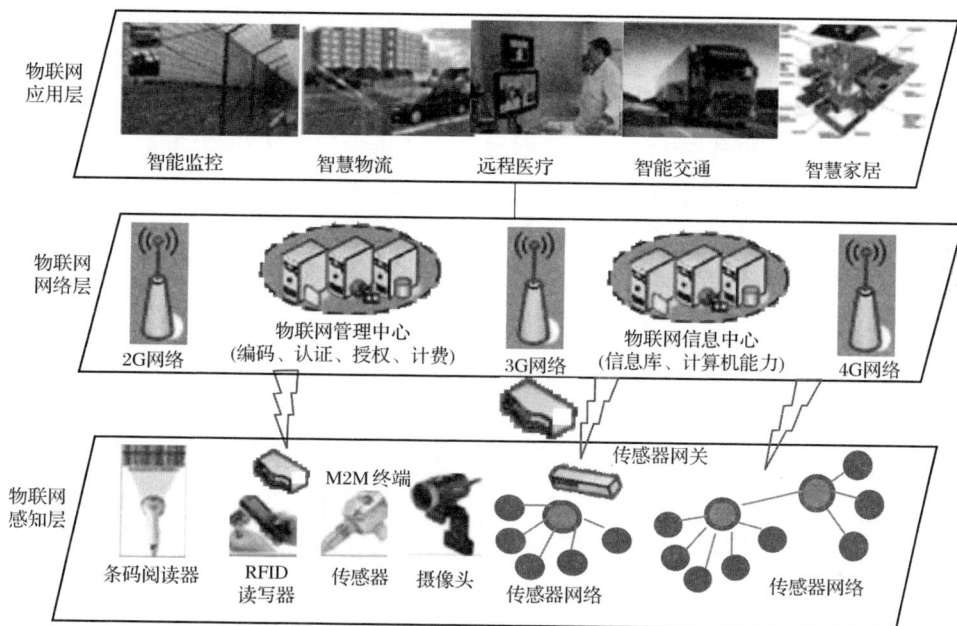

图2-4　物联网三层应用结构的物理示意图

（3）强大的物联网功能

物联网的最基本功能特征是提供"无处不在的连接和在线服务"，其被越来越多地应用于各种行业、设备，带来愈加便捷的生活和服务，下面列举几个应用物联网技术的成功案例，以解释物联网技术的强大功能。

①定位追溯。通常根据全球定位系统与无线通信科技，或者仅仅利用无线通信技术的定位，如实时定位系统等。最近几年，伴随着我国汽车数量的逐步增多，交通不良问题严重制约了城市经济水平的提高，职能化、信息化及网络化是城市交通进一步发展的方向。在智能交通中，一个不可或缺的技术就是定位技术，它能够为车辆导航、调度及交通数据查询等提供便利。有了这种技术支撑，扩展功能也逐步增加，如科大讯飞是世界著名的智能语音科技销售企业，在智能交通中运用语言技术，有利于解决城市交通堵塞问题，并增强交通数据服务水平。

②在线监测。在线监测功能是物联网最为根本的功能，物联网业务通常采取集中检测方式，而控制则处在次要位置。波兰创业者 Bart Zimny 和 Andrzej Pawlikowski 开发了一款名为 Clime 的传感器，这款传感器靠微电池进行供电，可以监测家庭内部亮度、温度、湿度、动作、气压、颜色以及二氧化碳等指标。Clime 设置非常简单，用户只需把 Clime 传感器粘贴到监测对象表面，然后就可以通过蓝牙 4.0 在对应的 App 应用上读取各种环境数据。

③报警联动。该功能表现为提供事件的警示与提醒，有的时候还具有立足于业务流程或者规章引擎的联动功能。利用这种功能，来自美国威斯康星州的 Wicab 公司就基于感觉替代专利技术，开发出了盲人眼镜 Brain Port。它由一副装有摄像机的太阳镜、一个控制器和一个感应器构成。盲人不需要用手触摸也可以感知世界了，只需要给其佩戴一副眼镜，在舌头上放一个塑料感应片，盲人就能看到周围的景象了，这就是盲人眼镜 Brain Port 带给盲人的"视觉盛宴"。

④远程维保。该功能属于物联网的提升性服务，基本运用在公司商品售后网络服务方面。例如，浩丰农业利用中科软件研发的信息技术——互联网、物联网、大数据与云计算等，突破了以往原有的浩丰生产方式，让浩丰农业更快地走向数据化、精确化与集约化，于是农业活动增添了类工作的产业特征，全面迈向智慧农业。浩丰集团公司和中科软件合作，深度应用互联网电子商务，使得整个产业链各要素都重新进行了激烈的碰撞与重组，线上线下的耦合度大幅提高，极大地拓展了浩丰集团公司未来农业经营模式的巨大变革空间。

⑤预案管理。该功能是立足于事先设定的制度或者规章处理事务造成的事件，这在超市已经有了成功的应用。超市比较关注客户，它们通过忠诚计划收集顾客信息，有了这些数据，号称省钱的优惠券就可以做到有针对性地并通过移动设备发放给目标客户。某企业通过对俄勒冈州和宾夕法尼亚州两个大型超市的数百位顾客进行为期数周的观察，他们发现一位购物者在店内每走 55 英尺（或者说每走 20 步）就比预算多花 1 美元，但这项研究更重要的部分是有关优惠券。研究者对消费者进行采样，并把他们分为两组：第一，优惠券对应的商品摆放在靠近他们正常行走通道的地方；第二，优惠券对应的商品远离那条通道，如要购买他们就不得不在店内多绕点路。结果显示：那些多绕些路的顾客平均比预算超支了 21 美元，而那些只在自己常规路线附近转的顾客平均超支 13 美元，差别高达 61%。

⑥安全保护。四川弘和集团发布了两款自主研发的新产品——"畅网物

流"和"视频智能识别平台",其中的视频智能识别系统将视频监控、视频分析、事件预警和预警处理有机结合,是目前国内第一家基于公共安全领域推出的可实战化应用的市场产品。该系统能够方便监控人员及时发现可疑行为,并帮助监控人员快速对事件进行判断和处理,尽可能将违法犯罪行为控制在萌芽状态,在视频监控的范围内,只要出现了物品消失或新增,系统都能捕捉到,并抓取相关时间段的图片、视频,这部分识别率已经到达98%,高效的监控能最大限度地降低危害公共安全事件发生的概率,为物流监管建立公共安全预警。

除了以上这些成功的物联网功能,物联网还有其他一些功能,如指挥调度功能,也就是立足于时间安排及事件响应要求的指挥、派出与调度功能;统计决策功能,即对网络数据进行深入收集及研究,以为决策提供支撑并进行报表统计的功能;在线升级功能,这能够保障物联网平台合理运作,同时还是公司商品售后自动化服务的方式之一;领导桌面功能,指的是商业智能仪表盘或者商业智能个性化窗口,通过多层次精简的讯息,使得相关部门主管实现统筹全局的目标。

2.2　研究理论基础

2.2.1　信息不对称理论

（1）信息不对称理论概述

信息不对称学说的创始人为约瑟夫·斯蒂格利茨、乔治·阿克尔洛夫和迈克尔·斯彭斯,这三位美国著名经济学者因为信息不对称市场及信息经济学的研究成果获得2001年诺贝尔经济学奖。所谓信息不对称学说,是指在市场交易过程中,不同市场参与者对于信息的掌握程度是不同的,了解较多信息的市场参与者一般占据优势地位,而掌握较少信息的市场参与者一般占据不利地位。

（2）信息不对称对动产质押可能产生的问题

①银行业金融机构与物流公司之间会产生委托—代理问题。因为信息不对称问题的存在,代理人会背离委托人的利益而开展经济活动,相反在决策时尽可能使自身利益最大化。例如,股东和经理人二者具有不同的经济目标与利益,股东的目标是实现股东价值最大化,而职业经理人往往希望实现自身经济收益最大化,其作为企业所有者的代理人,可能不会始终维护股东的

权益，二者之间的合约会存在这样或那样的漏洞，这要求代理人进行自律，所以企业所有者与职业经理人之间往往会出现道德风险，为制约职业经理人的利己活动，采取建立约束或者激励机制的形式。

在动产质押中，同样也存在信息不对称问题，银行因不具备各行各业经营存货融资所应该具备的商品流通管理知识，对于特定商品存货专业的管理能力与处分能力有限，无法处分质押物的供需匹配，因此存货融资最终会授信物流业者，由物流业者间接经营存货融资，由此变成物流业者协助监管质押物，弥补银行在这方面的不足。这种模式就衍生出银行与物流业者之间的委托代理问题，这样信息不对称所存在的问题就发生在银行与物流业者之间。

②银行与融资企业之间出现职业道德问题。该问题在对保险合约进行探讨之时而被发现，经济学者一般利用道德风险来分析经济人"搭便车"等机会主义活动。该问题属于信息不对称状态下交易双方面临的另外一个问题。在融资中一般具有以下三个具体表现：首先是违背借款合约，不按规定用途使用资金；其次是债务人少报或者隐瞒投资收益，以实现不合理经济目的；最后是债务人不关注所筹集资金的投资效益，造成筹措资金的亏损。

动产质押这种模式之所以被社会接受，是因为这种模式被发明时就具有规避道德风险问题的优点。以存货作为唯一凭据，这样就具有相应的担保作用，用以防范融资企业的潜在道德风险。然而从银行角度来看，动产质押融资的模式及项目有很多，加上其对商品市场的专业不足，还处于产业信息不对称的环境劣势，所以银行有必要对融资对象进行严选，需要通过对借款人或企业的状况、资金用途与还款来源等项目的更进一步分析，从财务层面、行业层面与供应链层面等全方位探讨。

③逆向选择问题。信息不对称现象可能造成的另一危害就是逆向选择问题。因为动产质押融资活动中存在信息不对称现象，商业银行并不十分了解借款者的真实风险承受程度，为降低逆向选择的维护，商业银行往往利用信贷配给的方式，以较低的利率来提供资金，而不会选择以较高的利率提供更多资金，以实现资金供给与需求的一致。

随着信息科技的发展，信息不对称的表达方式基本完全数字化，新的社会关系也重新构建，这种构建模式是在社会解构基础上的重构，其中的利益交换机制或者渠道建立在价值关联的基础上。无论是重构还是关联，数字化平台成为表现形式[172]，它为逆向选择风险的规避提供了信息搜求与筛选的工具，利用数字化信息管理对融资企业的产业面、交易面、财务面、产业链层面等全方位监管，采取行之有效的风险管理策略。

（3）解决信息不对称的方法

信息不对称是市场经济的弊病，人们一直在寻找各种方式来减少信息不对称对经济产生的危害。

①尽量多收集市场信息来减弱信息的不对称性。在交易活动中，资金供求双方都试图实现自身利益最大化，供给者提供的商品及服务是否受到认可是以需求者对有关信息的辨识为前提的，然而进行商品购买的需求者并非购买方面的专家，相对于商品的供给方，商品的需求方不会彻底掌握交易活动中有关商品的品质、价格与性能等各个层面的信息。而商品供给方的最终目的是要实现自身经济利益的最大化。商品需求者基本依靠信息的收集、获取、评估、判断与比较等活动来制定购买决策，商品需求者对不同的商品具有不同的重视程度，相应的，其购买决策的复杂程度与难易程度也是有差异的。商品需求者为降低信息不对称对自己的消极影响以降低不确定性风险，通常会制定相关策略去主动收集和购买活动相关的信息，掌握更多的信息代表不确定性的降低，同样代表购置风险的降低与经济利益的增加。

②通过市场信号来减弱信息不对称造成的不良影响。1973 年，美国著名经济学者迈克尔·斯彭斯（Michael Spence）给出"市场信号"的内涵，所谓市场信号指的是市场中出售者向购买者提供信号，以使人信任的形式传输其产品或者其他相关物品质量的可靠性，进而减弱信息不对称所造成的不良影响[173]。交易活动中信息不对称现象出现的根本原因是市场交易双方都试图实现自身的最大经济利益，利用交易活动信号降低信息不对称程度主要是为了使交易对手增加对自己的信任程度，认可自身所提供信息的可靠性，进而保证交易的顺利开展。

◆出售者向购买者进行担保。由于受到信息不对称的影响，市场中的购买者不能很好地辨别商品的品质，所以会产生对全部同类型的服务及产品实施少买甚至拒买的活动，出售优质商品的一方会面临不利局势。为增加商品及服务的出售量，出售者需要获得购买者的认可，对其提供的商品或服务进行担保成为一种可行方式，以使需求方相信其所售产品和服务为优等的，供给方向需求方进行担保是交易活动中出售者最经常利用的消除由于信息不对称而使购买者出现不信任问题的可行方式。

◆交易双方签署协议。通过经济协议的签署来确立彼此的权责，这是一种惯用的方法。在当代市场经济中，这种做法更为常见，同时也具有正式性。市场交易者签署协议是为使得彼此的权责清晰化，提升信息劣势者对于信息优势者的信任程度，以保证交易的顺利进行。协议之所以会发挥作用主要是因为信息不利方能够按照协议的条款，要求交易对手就其职责范围内的损失进行弥补，以提升信息不利方的信任感，制约交易对手的欺诈性活动。

◆价格显示。最为普遍的价格显示表现为品质有保证的商品或者服务的提供者为其商品或服务制定较为稳定的价格水平，这样需求者能够利用价格来辨识商品的真伪。比如，以往的老字号近乎全部都利用该方式，原因是当其他条件保持稳定时，需求方明白一般来说如果商品的价格低于正常水平，则这些商品较为劣质的风险就越大。因为信息不对称问题的存在，商品需求者不能完全了解到所需产品的真实质量，往往会按照"一分钱一分货"的理念来辨识商品或服务的质量。

◆购买者或者销售者建立信誉。所谓信誉，是指公司在经济活动与社会活动中赢得的认可及赞誉，属于公司的无形资产，直接影响到公司的公信力。公司信誉主要由公司身份、产品品质、服务质量、运营状况、银行信用状况与遵纪守法状况等组成，若销售者提供的产品或者服务发生质量低下问题，则会对其信誉造成直接影响，进而对公司的短期收益甚至是长期发展产生影响。所以，为维持较好的声誉，公司往往倾向于提供质量有保证的商品或者服务。

◆投保商业保险。伴随商业保险的不断发展，市场交易双方能够通过投保商业保险来增强信任感，此类商业保险主要表现为责任保险与信用保险。比如，供给者能够以商品质量为标的投保质量责任险，债务人能够以债务偿付为标的投保信用险。在市场交易活动中，商业保险能够降低信息不利方遭受损失的可能性，进一步推动了市场经济的发展。

③政府在降低信息不对称过程中施展的作用[174]。政府对于信息不对称问题的解决具有关键性作用，其所特有的强制力可以在一定程度上干预市场各主体故意制造信息不对称的行为，政府在以下方面可以有所作为：

◆通过立法强制产品和服务供给方向需求方传播更多、更可靠的信息。在经济活动中，销售者为增强自身的经济收益，或许会对购买者有所隐瞒或者散布虚假信息，此时政府部门能够按照有所差异的商品及服务的特征，立足购买者的利益，利用颁布法律等手段，规定销售者需要向购买者公开商品的相关信息，进而使得购买者进行科学的消费决策。比如，就药品生产企业而言，政府部门能够强制其向消费者提供药品的适用范畴、有效期限、生产日期、使用方法等相关具体信息，以供病患做出科学选购决策。

◆向市场提供某些方面的必要信息。政府在当代经济体之中不仅是供应者，而且是需求者，政府的供给数目结构及需求数目结构等信息均需提供给社会，以降低信息不对称程度。例如，有关国家宏观经济的信息应该由政府提供，政府能够构建信息收集的专门性部门，负责信息的收集并向社会大众公开，由政府部门公开的呈现公共物品特性及非公共物品特性的信息有利于市场交易双方信息不对称水平的降低，这些信息可以成为交易双方决策的依据，但交易双方拥有的信息足够充分，从一定程度上打破了双方交易地位的不平等。

◆监督合同法的实施。供给者与需求者签署的协议需具有公正性的外部强制力进行保证，唯有如此才能保障合同的执行力与制约性。政府能够扮演这种角色，利用政府的权威，保证协议的履行进而使得信息不对称问题得到解决。合同法实施的作用表现为供给者与需求者签署的协议可以正常履行，有利于逆向选择问题的消除，也有利于供给方与需求方责任的承担及权利的落实。

◆对信息优势方开展的有失公平的交易及竞争活动开展处罚活动。政府部门有必要对信息优势方开展的不正当竞争及交易活动进行适度的处罚。所谓适度的处罚，是指行为人不能由开展不正当竞争及不公平交易活动中获得任何经济利益，其会受到相应的经济损失。政府部门对上述行为的处罚力度需要超出其开展上述行为所获得的经济利益。

在动产质押活动中，信息不对称的现象普遍存在，以往的动产质押解决信息不对称问题的侧重点是银行与融资企业之间的信息不对称问题，然而随着该业务的第三方——物流企业的角色地位越来越重要，动产质押信息不对称问题变得复杂起来，由原来的银行和融资企业两者之间的问题变成银行、融资企业及物流企业三者之间的问题。

为了解决动产质押信息不对称问题，近年来涉及动产质押业务的银行和物流企业都比较积极地应用信息技术解决问题，物联网依赖其卓越的优点，特别是其为解决某些领域的信息不对称问题带来了技术上的突破。然而如何使物联网的技术成功应用到具体实践中，还需要具体问题具体分析。本书以信息不对称理论为支撑点，在第三章通过对具体案例进行剖析，揭示信息不对称理论在实践中的指导作用；在第四章论述物联网技术助力信息平台建设，在第五章探讨造成动产质押信息不对称的因子；在第六章以解决信息不对称为目的提出信息化的具体建议。

2.2.2 信息技术经济学

经济学家熊彼特的创新经济周期理论认为，技术进步是金融创新主要的推动力，不断发展的信息技术被引入金融业，带动了整个金融产业的发展。本课题提出的物联网信息平台技术应用到动产质押中，同样也属于一种金融创新，所以本书中引用的都为当前已有研究成果的信息技术经济学的研究方法。

信息技术经济是"信息技术"的"经济"问题，是研究信息技术和经济之间的矛盾统一关系及其发展变化规律问题的学科。技术经济学学科的任务即科学处理技术与经济二者的关系、探索技术经济发展的客观规律、探索信息技术与经济的协调进步与相互关系。20 世纪 60—70 年代，信息经济学取得了重大的突破性进展，1991 年科斯作为诺贝尔经济学奖的获得者，同样尤为关注信息对于经济活动的作用，他介绍了交易费用这一概念，交易费用在很大程度上是由信息成本构成的。我国在该领域比较有建树的学者是张才明，他所著的《信息技术经济学》在大的技术经济学科属性下，参照技术经济学、信息经济学、管理学、产业经济学等学科理论和方法，结合信息技术本身的特征，研究并提出了信息技术经济学的全部架构与逻辑体系，表现为信息经济学引言、理论、方法和应用四个部分。

研究信息技术经济理论与方法，必须高度重视并基于信息技术的特征[175]。信息技术拥有通用目的技术的特征，其应用领域广泛、扩散性强、更新周期短，初始投入巨大，且有高风险、高收益以及高度路径依赖等特征。它又不同于其他通用的技术，如以软件和互联网为代表的"软信息技术"，具有不直接作用于人的体力，而是更多地作用于人的智力的特点。

到目前为止，信息技术经济学已经发展出以下学说：信息技术和经济之间矛盾统一学说、信息技术经济标准学说、信息技术实践价值学说、信息技术经济增长理论、信息技术经济风险控制理论等，具体应用的方法有：信息技术经济效果计算方法、信息技术综合评价方法、信息技术经济比较计算方法、信息技术经济发展计算方法、信息技术时间价值计量方法、信息技术经济价格计量方法与信息技术经济风险控制方法等。

2.2.3　风险控制理论

（1）风险控制理论概念

根据金融理论，金融风险具有可控性。根据风险控制理论，风险控制有四种手段，包括风险接收、风险降低、风险规避及风险转移。其中风险接收指的是暂时不处理但待以后关注并监测趋势，这种情况应用在风险为金融机构可以承受的范围之内；而适用于风险降低的情况是，应用各种手段去降低产生风险的要素，将风险控制在预期的水平；至于风险规避，其属于特殊的处理风险的方式，将产生风险的要素彻底消除；风险转移往往需要购买保险、转移给供应商等手段，将风险的损失转嫁出去，但是风险管理责任不能转移。

造成动产质押风险的关键原因是信息不对称，综上四个手段，笔者认为运用风险降低的手段比较可行，即针对造成信息不对称的要素进行控制，把各要素发生风险的可能性降低或者降低损失数目。

控制主要包括事前、事中及事后三个不同的阶段。事前控制是为了减小损失发生的可能性，事中与事后控制的目的是降低损失的程度。

①事前控制。首先为控制出质人给质押监管活动造成的风险，商业银行需关注融资公司的信用与资质状况，对出质人开展合理的考察与鉴定活动。因而在对融资企业进行选择之时，注重调查其运营状况与信用水平。此外还需选择合适的质押物，严格监控其归属、品种及来源等情况。

②事中和事后控制。动产质押的事中控制主要是指物流企业对质押物的监管活动，同样属于风险监控的核心活动，物流公司要深入探析动产质押业务所牵涉到的法律问题及技术问题，及时创新业务模式，不断总结有关质押监管在过程中规范、机制设立及模式创新等层面上的经验。此外，物流公司同样需开展和银行之间的合作，以更好地控制风险，具体侧重于以下方面：

◆强化仓单管理。对仓单开展有效管理，需建立严密的仓单运作程序。

◆制定合理的商品管理策略。在进行质押监管活动时，需保证手续文件的完备性，保证合约的正常履行。

◆制定清晰的业务运作管理程序。质押监管活动中面临的最大风险为操作风险。依据"三权分立"的基本原则，需要制定清晰的出质及解押管理程序，并保证其得到切实执行。

◆强化监督人员的培训与考核。在岗前及岗中适时开展监管人员的培训工作，并进行培训记录。制定清晰的考核机制，并关注其落实状况。

◆订立预警线。对可能出现的风险进行事先预警。

仓储方属于银行和出质人之间联系的桥梁，也是受两方信任的第三方机构，需主动开展和客户及银行机构之间的信息交流与共享活动，保证三者的友好合作关系。

应该看到，以上风险控制理论中的"风险"概念侧重于质押物的数量，主要从传统物流的角度控制，仓储企业控制的主要是货物的数量，只有造成货物损失需要赔偿时才重视货物的价值，而在动产质押业务中，银行最关心的是价值，质押物的价值一般不得低于融资额，以保证其债权的实现，因而接受委托的物流企业的监管重点是质押物的价值，而不是数量。

（2）"四全"风险控制体系

① "四全"风险控制体系简介。随着信息技术的成熟，现代风险控制领域引入信息管理方式进行全面风险管理，一些风险管理的首尝"螃蟹者"在实施中也尝试应用新技术进行风控，借助计算机平台实现全面风险管理，如荣获深圳第四届企业管理现代化创新成果一等奖的"四全"风险控制方法就是一个成功的典范，得到理论界和实践界的肯定。"四全"风险管理体系如图 2-5 所示。

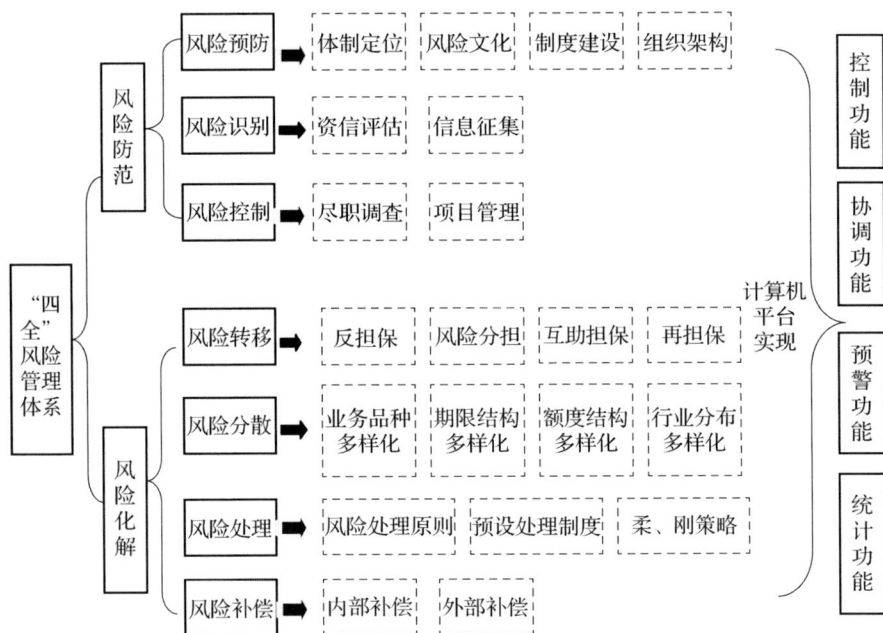

图 2-5 "四全"风险管理体系

本书研究的就是要用信息手段控制风险，所以很是推崇这种集成多种风险控制方法的信息系统。这种全面控制风险的体系从四个方面展开，简称"四全"，主要是指：全员参与的风险管理、全面的风险观念、全新的风险管理策略、全过程的风险监控。按照四全控制体系的纲领和内容设计出了相应的计算机管理系统，对整个贷款达到了控制、协调、预警、统计的功能。

② "四全"风险监管的理论基础。信用评价属于综合性的，有多种要素对其产生影响。这就要求建立多层次的风险控制体系。

◆明确因素层次。第一个层次属于最高层次因素的集合，将其定义为 $U = (u_1, u_2, u_3, \cdots, u_m)$。这里 U 即风险管理体系，U 集合包含的第一层次因素表现为风险化解及风险防范这两个变量，$m = 2$，$u_1 =$ 风险防范，$u_2 =$ 风险化解，也就是 $U = \{u_1, u_2\}$，即 $U =$ {风险防范，风险化解}。

第二个层次中的众多要素对于第一层次要素具有决定性作用，即 $u_i = \{u_{i1}, u_{i2}, u_{i3}, \cdots, u_{in}\}$，这里：$u_1 = \{u_{11}, u_{12}, u_{13}\}$，即 $u_1 =$ {风险预防，风险识别，风险控制}；$u_2 = \{u_{21}, u_{22}, u_{23}, u_{24}\}$，即 $u_2 =$ {风险补偿，风险处理，风险分散，风险转移}。

针对第三层次要素集合，"四全"风险控制体系可定义为：$u_{11} = \{u_{111}, u_{112}, u_{113}, u_{114}\}$，$u_{11} =$ {风险文化，制度建设，体制定位，组织架构}，$u_{12} = \{u_{121}, u_{122}\}$，$u_{12} =$ {信息征集，资信评估}，$u_{13} = \{u_{131}, u_{132}\}$，$u_{13} =$ {项目管理，尽职调查}；

$u_{21} = \{u_{211}, u_{212}, u_{213}, u_{214}\}$，即 $u_{21} =$ {再担保，反担保，互助担保，风险分担}，$u_{22} = \{u_{221}, u_{222}, u_{223}, u_{224}\}$，也就是 $u_{22} =$ {行业分布多样化，期限结构多样化，业务品种多样化，额度结构多样化}，$u_{23} = \{u_{231}, u_{232}, u_{233}\}$，也就是 $u_{23} =$ {柔、刚策略，预设处理制度，风险处理原则}，$u_{24} = \{u_{241}, u_{242},\}$，也就是 $u_{24} =$ {外部补偿，内部补偿}。

◆构建权重集。按照上述三个层次中每一要素的重要性，赋予其合理的权数。比如，将第一层次的要素权重设定成 a_1，a_2。则其权重集表示为 $A = (a_1, a_2)$。同理，能够建立其余三个层次的权重集。

◆构建评价集。不管有多少层次，评价集是唯一的，假设出现 p 个评价结果，那么评价集就是 $V = (v_1, v_2, v_3, v_4, \cdots, v_P)$，其中，$V_k (k = 1, 2, 3, \cdots, p)$ 为评价总集中的第 1 个可能的评估结果。

◆模糊综合评判。多层次的模糊评判主要依据如下思路：首先依据最低层次要素开展综合性评判，之后依据上一层级的要素开展综合性评价，逐级向上开展，进行到最高层次为止，最终得到综合性评判结果。

例如，第二个层次要素 u_{ij}，将评判集中第 1 个结果的隶属度定义成 r_{ijk}（$i = 1, 2, 3, \cdots, m$；$j = 1, 2, 3, \cdots, n$；$k = 1, 2, 3, \cdots, p$），则第二层次的单因素评判矩阵为：

$$R = \begin{bmatrix} r_{i11} & r_{i12} & \cdots & r_{i1p} \\ r_{i21} & r_{i22} & \cdots & r_{i2p} \\ \cdots & \cdots & \cdots & \cdots \\ \cdots & \cdots & \cdots & \cdots \\ \cdots & r_{in1} & r_{in2} & \cdots \end{bmatrix}$$

其中，$i = 1, 2, \cdots, m$；$j = 1, 2, 3, \cdots, n$；$k = 1, 2, 3, \cdots, p$。那么，第二层次的模糊综合评判集为：$B_i = A_i \cdot R_i$，$B_i = (b_{i1}, b_{i2}, \cdots, b_{ik}, \cdots, b_{ip})$。其中，$b_{ik}$ 按模糊运算规则进行，一直进行到最高层级为止。

◆评判指标的处理。在多层次评判之后，得到评判指标集，其包含多个评判结果，这些结果体现了风险控制及其量度的相关结果。利用一定的指标处理手段，就能够对任何一个担保项目的风险监控量度进行综合性评判。

上面介绍的模型以风险要素为基础，以适应计算机应用为目的，把风险管理问题立体化，为开发风险控制信息系统提供了理论依据。然而这个体系包含的内容太多，除列出了程序外，还涉及组织和流程设计等问题，因篇幅有限，加上本书的目标以信息平台建设为主，所以本研究不能全面地围绕这个方法展开讨论，而是遵循该方法的思路，在第五章以识别风险为目标，研究造成动产质押信息不对称的风险因素，把风险因素以子系统的形式体现在信息系统中，第六章围绕风险控制的具体方法提出信息平台建设策略。

2.2.4　比较管理学

建设和推广基于物联网的动产质押信息平台，比较棘手的问题是最终如何落地，只有应用合适的商业模式，该平台才有可持续发展的可能。近几年来学术界越来越多的学者研究商业模式，包括以 Afuah、Tucci[176] 及 Tsalgatidou[177] 为代表的盈利模式理论，以 Chesbrough 和 Rosenbloom[178] 提出的价值理论，以 Alt 和 Zimmerma[179]、Murata Y.、Hasegawa M.、Murakami H.、Harada H. 和 Kato S.[180]、中国的娄永海提出的体系论[181]，以及庄建武[182]、Karunamurthy R.、Khendek F. 和 Glitho R. H.[183]、Varshney U.[184]、Royon Y. 和 Frenot S.[185] 等提出的整合理论，郑欣在此前研究的基础上，绘出商业模式体系[186]，如图 2 – 6 所示。

如图 2 – 6 所示的商业模式的系统组成主要包括两大部分：内部系统部分与外部环境部分，其中外部系统部分基本表现为商业发展模式在横向角度显示的特性，是保障商业模式存在并进步的外部要素，表现为技术创新、产业需求与政策管制；内部系统部分属于商业模式中最为核心的东西，主要包括静态节点自身运转及交互机制。

如上的有关商业模式的研究构成了物联网信息平台商业模式的研究基础，然而目前业界和学界对于基于物联网的信息平台的商业模式研究还有待进一步完善，笔者尝试从基于物流网的动产质押信息平台的主体角度，应用比较管理学的生态学理论，研究基于物联网的动产质押信息平台的商业模式。

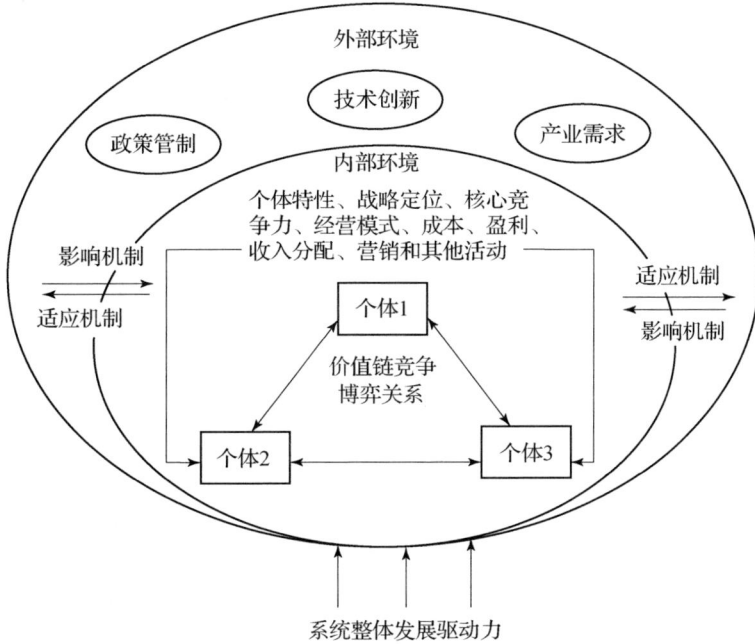

图 2-6　商业模式的系统体系

　　所谓比较管理学，是指一门研究并比较各个经济体制、各个国家或者公司之间在经济、政治等层面的不同状况对管理造成的一般性影响，以及管理的基本学说的可转移性的科学。它利用对众多国家或者公司在工业化历程中管理经验与状况的探悉，通过合理的比较分析手段，进而得到相关研究结论，旨在寻求最优管理模式与具有普遍适用性的公司管理理论。该科学产生于 20 世纪 60 年代，属于管理学中的一个分支。比较管理学是专家学者对不同国家公司管理理论模式及实践经验开展比较分析活动而形成的成果。

　　自从比较管理学问世以来，不同领域的学者开始有所关注，加入研究的队伍，由于大家研究方法以及侧重点的不同，使比较管理学的研究方向分散，研究范式也不一致，可谓"仁者见仁，智者见智"。1965 年，法默（R. N. Farmer）和里奇曼（B. M. Richman）[187]首次运用生态学理论研究比较管理，在商业生态系统概念的基础上，对商业模式的系统体系进行了梳理，并分析了价值流、资金流、信息流及物流在商业模式中的作用，反映了商业模式的整体运行机制，建立了按照动力需求探索商业模式的比较管理研究模式，用来说明外界环境、管理过程同管理效果的相互联系（见表 2-1）。

表 2 - 1 按照动力需求分商业模式类型表

类型	动力需求
孵化型	政府注重促使某一行业发展，激励有关公司创业，所以这一产业是所需产业，也就是政策导向型行业。
自发型	属于市场需求驱动型。某一区域对一类行业具有较大需求，由于受到经济利益的驱使与新环境的激励，使得某一区域出现发展此产业的众多公司。
中卫型	源自大型公司，在为大型公司提供配套体系的过程中，创业企业嵌入该大企业的供应链是可能的并且存在需求。
外向型	受到优良区位优势及政策氛围的影响，外国企业进入本土，使得有关配套型公司产生，有利于区域经济的进步。
裂变型	企业内部创业受到公司内部技术骨干人员及管理人员的推动，把高级管理人员配置至创业企业管理某一业务或者价值链中的一个环节，最终呈现出产业链配合良好、组织框架灵活且产业体系完善的有机体。

从表 2 - 1 中可以看出，按照动力需求的不同，商业模式的类型可分为孵化型、自发型、中卫型、外向型及裂变型，本书在后续的研究中将运用比较管理学的方法与手段，结合动力需求主体及造成信息不对称的诸多因素，从商业模式中参与各方之间的主次从属关系角度，探索出具有代表性的动产质押信息平台发展模式，并对商业模式在运营能力、风险控制能力和金融服务能力方面的发展规律和实践成果进行比较，揭示内在发展规律及改进的对策建议，并针对我国信息平台协同发展的实际情况，提出可运作的盈利模式及相对应的对策建议。

2.3 研究命题提出

从以上理论以及对动产质押的适用性分析，可以发现有三个方面的问题值得探讨：

第一，银行、物流企业与融资企业之间存在两层委托代理关系，它们之间的信息不对称极其复杂，可以运用博弈理论的一般研究方法进行探讨研究。

第二，风险控制是动产质押监管的第一要务，应用信息技术手段可以使控制风险数字化，运用全面控制风险的方法要求把动产质押的风险控制模块化，而模块化的基础就是探索动产质押风险因素。

第三，与传统的动产质押以银行为主不同的是，建设了以物联网技术为基础的信息平台后，其商业模式会有所变化，可以运用比较管理学来研究探讨这个问题。

因此，基于以上文献和理论研究提出本章三大研究命题：

命题一，动产质押主体在动产监管中的信息不对称博弈分析；

命题二，影响动产质押信息不对称的因素分析；

命题三，基于物联网的动产质押信息平台的商业模式的探讨。

本书后续章节正是基于上述命题展开论述的。

2.4　本章小结

本章首先对相关的概念进行界定，包括动产质押、信息平台及物联网，特别对动产质押的主体进行界定，把以往认定的主体之一仓储企业改成物流企业，然后对后文用到的理论进行简要概述，包括信息不对称理论、全面风险控制理论、信息技术经济学、比较管理学。在概述中，阐述了上述理论的基本思想与内容、应用范围以及对动产质押的适用性分析。基于以上文献和理论研究，提出了本文三大研究命题，后续章节正是基于上述命题展开论述的。

第三章 我国动产质押信息平台发展实践历程及评析

在动产质押信息化这条路上，建设信息平台是比较常见的一个取向，中国近几年出现的信息平台呈现出丰富多样的功能选择，利用的新技术也是层出不穷，然而在实践的过程中，这些信息平台的生命力并没有如它们的形式那般绚丽多彩。本章将以时间的顺序列举几个典型的实例，并对这些实例进行剖析和比较，分析这几个实例的积极创新之处，总结它们成功和失败的原因，以期为将来的信息平台建设提供借鉴意义。

3.1 实践历程典型实例介绍

3.1.1 "大易网"简介

"大易网"是比较早的动产质押信息平台，由湖北华融物流股份有限公司创建并投入使用。这个成立于 2007 年的公司地处华中地区钢铁贸易中心，该公司创建的"大易网"就是主要针对华中地区钢铁贸易融资而建立的融资系统。该区钢铁贸易开始于 20 世纪六七十年代，到目前为止该区域有十多个钢材市场，这些市场处在市区的中心地带，面临着愈加严重的运输及环境压力，入驻经销商需要支付较高的租金，运营模式多采用传统的前店后库模式，装卸作业简单，仓储设备落后。按照城市发展计划，这些市场面临土地再次配置与利用的问题。怎样构建和行业成长相符的现代化、规模化的钢铁物流点，是我国钢铁物流行业面临的一个重要问题。武汉阳逻开发区注重建立"武汉·绿色钢都"，吸引武汉重冶机械成套设备集团有限公司、中国一冶集团有限公司等超过三十家大规模钢铁公司，成为钢铁物流中心。2015 年，该中心全年钢产量为 500 万吨，价值为 1 500 亿元，演变为中部地区甚至我国钢铁制造与桥梁建设的主要辐射源和集聚点。

巨大的市场需求召唤先进的管理，湖北华融物流股份有限公司效仿钢铁物流"战略物流计划、信息控制平台、第三方物流服务"的优秀操作模式，定位自己中间环节的角色，加快钢铁企业物流的网络化、信息化及自动化构建，实现每一个环节（包括运输、配送、仓储、采购等）的自动信息化。

大易网信息平台的界面主要设置了"成交动态""钢厂专区""现货资源""求购信息""仓储联盟""市场资讯"等多项版块，其网页截图如图3－1所示。

图3－1　大易网截屏图

依托大易网这个网络平台，湖北华融物流股份有限公司在动产质押业务上达到现金流、商业流、信息流、物流四流合一，按规划该系统实现以下服务功能：

一是加工集群服务：把跟钢铁有关的加工制造企业招商引资到园内，建立国际精工加工集群，发挥集聚效应。

二是数字仓储服务：利用全球第三方仓储控制平台、射频识别系统、全球定位系统及移动客户端，提供具有针对性及全天候的信息查询及库存控制服务。

三是电子交易服务：将以往钢铁交易和网上银行、移动网络、身份认证、电子商务结合起来，提供具有便捷性与安全性的交易服务。

四是电子银行服务：同十五家商业银行制定战略合作合约，推出供应链增值及联保融资等业务。

五是现代商务配套：积极和政府机构进行沟通，连同移动、联通及电信这三大移动通信运营商，提供一站式便捷服务。

六是快捷配送服务：利用网络交易及信息库的相关数据，通过领先的第三方运输公司，提供快捷精准的配送服务。

然而，如今在百度中搜索"大易网"，会发现其似乎在网络世界中完全消失了，在前 3 页根本看不到它的影子。这种迹象只能说明一个问题，该平台后来并没有被市场所接受，似乎是一个失败的尝试。

3.1.2　四川辉睿金仓远程监控平台

四川辉睿金仓远程监控平台由四川辉睿金仓供应链管理股份有限公司创建，该公司 2013 年经相关部门批准成立，是四川省"金融仓储"业务的试点企业之一。该公司核准经营范围有标准仓单质押融资仓储监管、动产质押融资仓储监管、金融仓储融资咨询服务等，服务对象为各金融机构、中小企业、微小企业和个体工商户等。该公司是典型的供应链企业，注册资本 6 000 万元人民币。下设业务管理部、市场部、综合部、风险控制部及财务部 5 个部门，是专注于解决中、小、微企业动产质押融资需求，为广大中、小、微企业及自然人提供标准仓单质押融资仓储监管、动产质押融资监管、金融仓储融资咨询服务等业务的专业性金融仓储服务公司。自成立以来，辉睿金仓一直做金融仓储管理业务与管理工作，目前该公司已与四川本地多家银行和其他金融机构展开合作，涉及的质押物（仓储物）品种多，积累了丰富的监管经验，拥有一套以五级监管体系为基础的专业监管队伍，形成了完善的风险控制体系。公司当前金融仓储业务的质押物主要以大宗原材料为主，包括白酒原酒、农副产品、家用电器、纸品原料、黑色金属、有色金属、石油化工、纺织品原料、矿产品、农产品等。

该公司的动产质押业务操作流程如下：

图 3 - 2 所示为存货担保融资的全流程，当企业有融资需求时，向银行提出贷款申请，银行会针对企业进行相关尽职调查，若调查评审后认为该项目可以操作，那么企业、担保存货第三方管理企业与银行间将完成协议的签订。通过协议，企业将自有仓库形式租赁给担保存货第三方管理企业，并将货物堆放在自有仓库中，由担保存货第三方管理企业派人入驻企业管理仓库货物，并进行相关公示工作，开具仓单给贷款银行，贷款银行收到仓单后，即可贷款给企业，企业即完成利用自己的存货进行贷款的操作。而后担保存货第三方管理企业进入正常监管，履行货物保管义务，并在库存紧张时及时与企业和银行沟通，要求企业进行补货或补存保证金，直到监管工作结束。

四川辉睿金仓远程监控平台很注重监管的实时效果，因此在信息平台中采用世界领先的超低码流无损视频压缩专利技术，IDC5 星级 BGP 多线高端机房，解决全国各地电信、联通互联互通问题。信息平台还可通过远程浏览客户端，装有 IOS 及 Android 系统的 PC 或者手机都可流畅地实时观看高清监

```
┌─────────────────────┐
│      动产监管        │
└─────────────────────┘
          ↓
┌─────────────────────┐
│     企业提出申请      │
└─────────────────────┘
          │
┌─────────────────────┐
│      现场勘察        │
└─────────────────────┘
          │
┌─────────────────────┐
│      确定监管物      │
└─────────────────────┘
          │
┌─────────────────────┐
│     拟订监管方案      │
└─────────────────────┘
          │
┌─────────────────────┐
│     金融机构审核      │
└─────────────────────┘
          │
┌─────────────────────┐
│     签订三方协议      │
└─────────────────────┘
          │
┌─────────────────────┐
│      实施监控        │
└─────────────────────┘
          │
┌─────────────────────┐
│      贷款发放        │
└─────────────────────┘
       ┌──┴──┐
┌─────────────┐   ┌─────────────┐
│  办理进出货   │   │   监管报告   │
└─────────────┘   └─────────────┘
       └──┬──┘
┌─────────────────────┐
│     解除质押监管      │
└─────────────────────┘
```

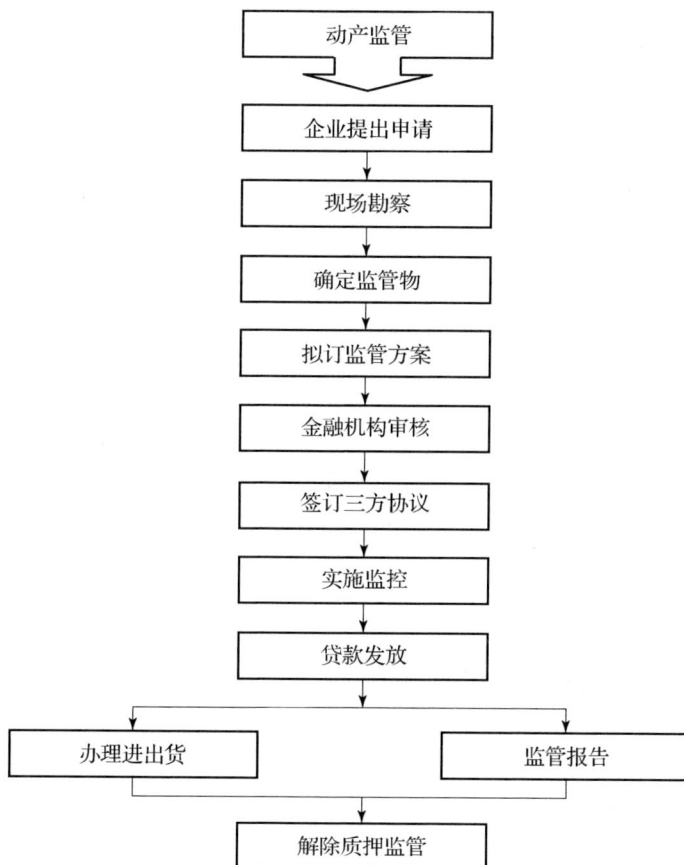

图 3-2　四川辉睿金仓远程监控平台动产质押业务操作流程

控视频，将质押监管风险降到最低。同时该平台还支持本地及服务器端录像的存储与回放，本地录像存储 15 天以上，服务器录像存储 180 天以上。为了保障系统的稳定性，平台可支撑单路 2 000 人，全国十万路以上集成平台架构。另外远程端支持语音对讲、报警功能，云台及镜头控制，集成各款 3D 电子地图功能；操作时具有普通分屏、特殊分屏功能，屏与屏之间可以随意拖拽对换；支持 64 分屏轮循播放，电子放大。PC 端采用超高画质，最高支持 720 P。为了操作的便利性，平台保证手机客户端流畅观看 1 080 P 高清画质，每分钟流量仅需 0.5～1.8 M，切换屏幕时间不超过 1 秒，支持双击抓图、电子地图、抖屏切换、轨迹回放、录像回放、语音对讲、支持报警。

3.1.3 浙江新银通动产质押服务股份有限公司动产监管平台

浙江新银通动产质押服务股份有限公司成立于 2007 年 3 月，注册资本 5 000万元人民币，是一家专业提供金融外包服务的科技型服务企业，作为国内创新型的动产监管服务和企业信息服务提供商，新银通始终致力于为各金融机构提供安全有效的企业融资信息服务方案，解决银企之间信息不对称的难题。公司团队专注于贷后管理服务方案、企业信息采集和动产抵（质）押监管服务三方面的发展建设，并通过打造新颖的中小企业全程信息化服务平台，使金融机构利益得以保障。浙江新银通动产质押服务股份有限公司动产质押信息平台界面如图 3–3 所示。

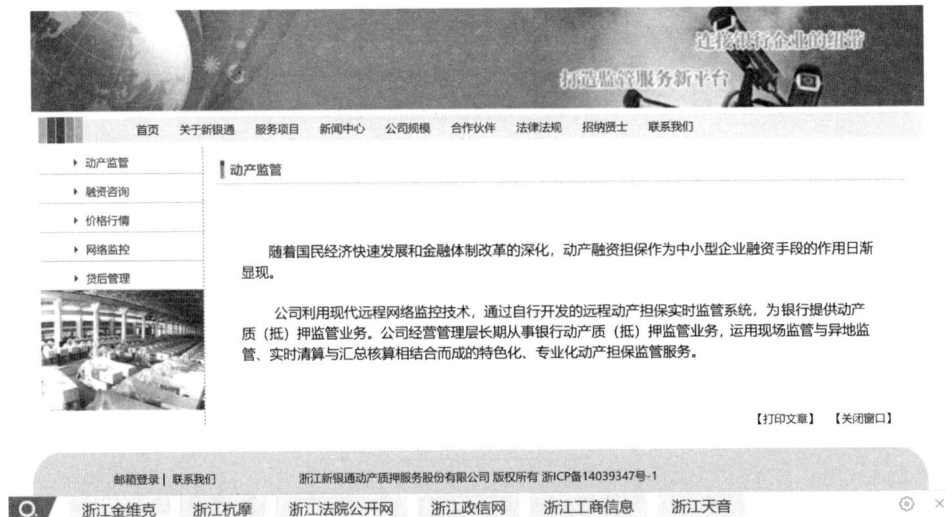

图 3–3 浙江新银通动产质押服务股份有限公司动产质押信息平台界面

该平台主要的功能体现在动产监管、融资咨询、价格行情、网络监控等方面。

在动产监管方面，公司利用现代远程网络监控技术，通过自行开发的远程动产担保实时监管系统，为银行提供动产质（抵）押监管业务。公司经营管理层长期从事银行动产质（抵）押监管业务，运用现场监管与异地监管、实时清算与汇总核算相结合而成的特色化、专业化动产担保监管服务。

在融资咨询方面，目前主要有动产质押、动产抵押方面的担保融资咨询。公司配有高级经济师、法学硕士、管理学博士、常年法律顾问，他们在融资担保领域有深厚的理论功底和多年从事银行质押物管理工作经验，与十几家国有银行、商业银行、典当行等建立了长期的合作关系，有效地化解了中小企业动产担保融资过程中的疑惑、难题，及时疏通动产担保融资的渠道，真正起到连接银行与中小企业间桥梁与纽带的作用。

在价格行情方面，公司建立一套动态更新的监管物市场价格行情，涉及钢铁原料、机械设备、燃料油、有色金属、五金轻纺、化工塑料等行业，为银行与企业提供准确及时的价格指导，在实际监管中确保银行规定的出质（抵押）物总量要求。

在网络监控方面，新银通网络视频监控系统是基于 IP 技术和宽带网络的远程视频监控系统，本系统充分发挥无处不在的网络资源优势，通过网络视频监控系统，将分散、独立的采集点图像信息进行联网处理，实现跨区域的统一监控、统一管理及分级储存，满足客户进行远程监控、管理和信息传递的需求。

企业的经营环境、财务状况总是会随着社会经济环境的不断变化而变化；企业向银行申请贷款时的条件，如市场、价格、原料、技术甚至关键人员等都会发生不同程度的改变。贷后管理的目的就是及早地发现风险、及时地防范风险和及时地化解风险。鉴于此，新银通还专门设置了贷款后管理功能，工作人员利用信息技术手段，对贷款企业的生产、销售、库存等经营管理信息进行即时、动态和真实的了解，提高贷款后管理的及时性、准确性，使企业风险管理更有针对性。他们从贷款发放或其他信贷业务发生后直到本息收回或信用结束进行全过程的信贷管理。

3.1.4　上海银行业动产质押信息平台

上海银行业动产质押信息平台于 2014 年 3 月 24 日正式上线。该平台由上海银行业同业公会授权东方钢铁电子商务有限公司进行运营，服务领域以钢贸企业融资为主，功能优先满足银行对质押信息的需求，平台提供质押信息登记、资源信息查询和综合信息查询、仓库库存动态信息抓取等服务。为了实现全方位的信息覆盖，做到"管得牢、控得住、易使用"，该平台把仓储企业的信息监管纳入体系，不仅实现与仓储企业的信息对接，更达到对货物的有效监管。

该平台曾经引起业界很大的关注，首先，因为这个平台的建设主体实力比较强大，宝钢钢铁股份有限公司与上海钢联电子商务股份有限公司都是背后公司，这两个公司对这个平台期待很高，在建设期间就分别发布公告，称宝钢钢铁股份有限公司间接全资拥有的子公司东方钢铁电子商务有限公司正与上海钢联电子商务股份有限公司筹建合资公司，从事上海银行业动产质押信息平台项目的事宜。该合资公司的注册资本不超过 1 亿元，其中东方钢铁电子商务有限公司出资金额不超过 5 000 万元，为该合资公司的第一大股东；上海钢联电子商务股份有限公司出资金额不超过 3 000 万元，不控股该合资公司。其次，参与合作的银行及仓储企业也是队伍庞大，合作银行包括中国建设银行、中国农业银行与中信银行等多家银行，合作仓库由初始的 56 家猛增到 827 家，库存总量达 674.93 万吨。以 2017 年 12 月 27 日这一天为例，该平台注册仓单数为 16 811 笔，质押量为 21.97 万吨。

上海银行业动产质押信息平台之所以在运营时就得到市场的快速响应，除了与背后强大的支撑企业有关，也与它强大的系统功能有关。

（1）解读上海银行业动产质押信息平台模块

该平台分为 5 个模块，分别为质押登记、仓单注册、实物监管、仓单融资和仓单交易，下面以这 5 个模块为基础分别解读其内涵。

①质押登记模块。在日常经济工作中，往往需要将某类数据存放至数据文件中，并按照管理要求加以处理。现代数据库管理思维就是把这些相关的数据以编码的形式输入信息系统，利用计算机实现自动化管理。数据库管理的诸多好处包括实现数据共享、降低数据的冗余度、保持数据的独立性、数据实现集中控制、确保数据的安全性和可靠性、故障恢复等方面[189]。把所有相关的数据输入信息系统，以实现信息系统的自动化处理功能，是实现数据库管理的前提。在动产质押业务中，需要把相关数据信息输入信息系统中，即银行、仓储企业、融资企业及质押物的相关信息均需输入信息系统中。这些数据既独立又相互关联、既静态又动态，它们越全面具体，数据库管理效果越好，控制动产质押风险的能力也就越强。具体质押登记流程如图 3-4 所示。

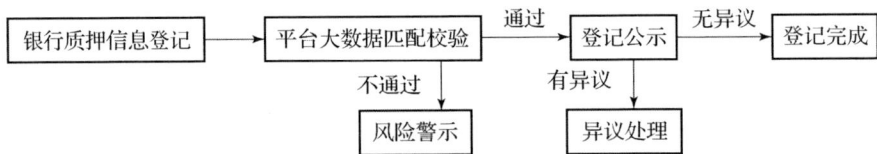

图 3-4　质押登记流程

从图 3-4 的流程中可以看出该平台以银行为主，流程的第一步就以银行登记的形式出现，有质押业务的银行可以通过登记纳入质押体系。现实中银行市场化竞争比较激烈，有些银行存在违规操作的冲动在所难免，所以在银行登记基本信息后，该平台就通过平台大数据进行匹配校验，通过者即可后续操作，否则就被拒绝。通过平台内部信息监管难免有疏漏，特别对新加入的银行来说，系统内没有相应数据进行比照监管，所以流程的后续加入外部信息监管的步骤，即通过公示，以使有瑕疵的银行无法进入质押体系。

②仓单注册模块。仓单指的是保管人取得仓储物品之后为存货人开具的可提取仓储物品的证明性文件，可作为已收取仓储物的凭证和提取仓储物的凭证。仓单生效必须具备两个要件，一是保管人需要在仓单上盖章或签名，二是仓单需注明法定记载项目。电子仓单是传统纸质仓单的电子化，在信息平台中，电子仓单是平台权属登记、质押融资、仓单交易的载体，其生成流程见图3-5。

图3-5　仓单注册流程

从图3-5中可看到仓储企业、质押平台及货物所有人共同参与仓单的生成，三者之间互相联系、互相制约。货物入库后，入库信息通过云仓储系统录入，同时平台也同步参与入库信息的输入，实现了平台对仓储企业有关质押物信息的共享。在以往操作的过程中，由于缺乏第三方的监管，仓单有可能是货物所有人和仓储企业凭空捏造的，在该平台的流程设置中，仓单只有仓库和平台共同审核才能生成，在一定程度上制约了仓储企业伪造仓单的随意性。仓单生成后，货物所有人可在平台发起仓单服务请求，为确保登记后的仓单真实有效，制单申请过程需要经过仓库和平台两道审核，只有仓库和平台都复核通过后，仓单才登记成功，同时云仓储系统锁定货物，仓单登记成功后的货物不得随意出库。基于云仓储管理系统以及仓库和监管的复核，平台确保货物与登记过的仓单一一对应，平台登记过的仓单是货物的唯一有效的数字化凭证。货物的仓单登记将支撑动产保管及监管过程、动产交易及融资业务的货权、质权的权属登记，保障任何的权属变动均可追溯、可举证。

③实物监管模块。货物入库后，仓储企业对质押物进行监管，这是仓储企业最基本、最专业的任务。在此期间，仓储保管人管货风险主要有三个方面，首先是由于货物本身的自然属性、包装和仓储保管的设施设备条件导致的物的风险，如钢铁生锈；其次是不可抗力的自然风险，如地震造成货损；

最后是由于企业管理制度和措施不当，负责人的职业道德败落及不尽职导致的人为风险。人为风险是目前最难管理的风险，特别在动产质押业务中分批解押的情况下经常有趁机以次充好的情况，这种情况会使监管难度加大。上海银行业动产质押信息平台在这个环节积极参与，尽量不让仓储企业游离在监管之外，利用多年积累的行业经验与专业化资源配置，平台已构建起基于统一部署的云计算仓储管理系统、多样化的监管手段、完善的监管制度，形成了"技防＋人防"的质物管控体系，从根本上消除监管盲区，确保质押在库的货物风险可控。质物监管期间，平台对质物进行系统级"冻结"，当银行或者委托人提出解押指令后，平台向云仓储系统发送"解冻"指令，实物监管解除，具体流程见图3－6。

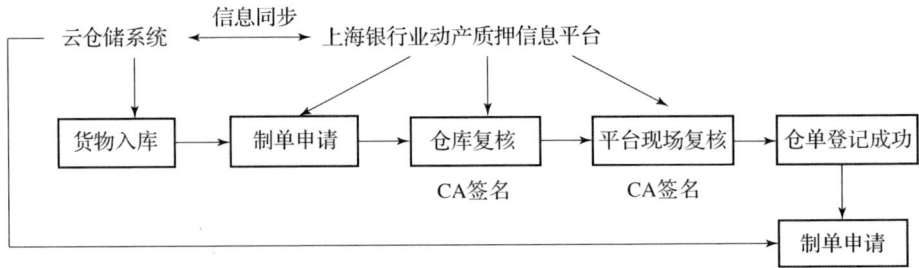

图3－6　实物监管流程

从图3－6的流程中可以看出，平台对仓储企业实现垂直管理，以建立专业监管团队的形式对仓储企业进行监管，剥离了仓储企业一些自主出入库的权力，减少了仓储企业和融资企业的作弊空间。

④仓单融资模块。前面的三个模块其实都是为了减少融资风险而做的铺垫，仓单融资模块是实施业务的阶段。该模块中，融资企业、银行及仓储企业互动频繁，互为先后地完成融资过程，该过程以完成进程为主，控制风险为辅，在流程中信息以流转为主要形式。该流程解释了仓单质押模式，先后有18道步骤。存货人或融资人在融资之前将货物存入平台的认证仓库，进行仓单登记；仓单登记成功后，融资人向银行发起基于电子仓单的质押融资申请；银行审核后接受仓单质押；实物锁定在指定仓库接受监管；银行向融资企业发放贷款；融资企业向银行归还相应的款项；银行对仓单解押，对应的实物解锁；平台通知第三方监管机构解除监管；相应的货物出库。具体流程见图3－7。

该流程确保了质物在质押前和质押中都处于可控状态，实现了仓单与实物的完全匹配，有效解决了重复质押、空单质押和质物失控等动产质押难题。

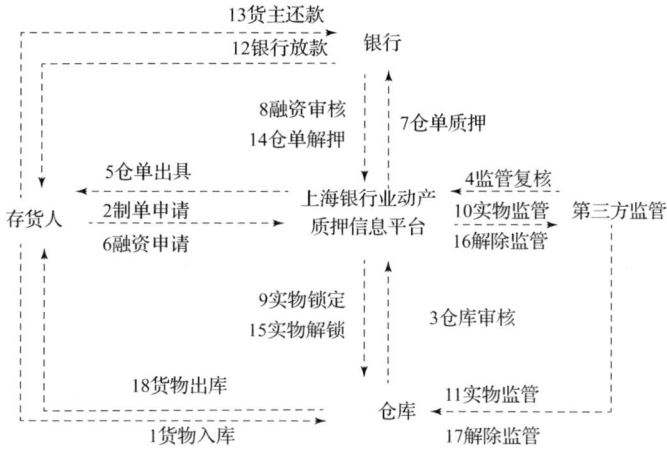

图 3-7　仓单融资流程

难得的是,该平台还有其他附属的智能功能,不仅提供仓单评级服务,还配备了相应的数据库为银行提供决策支持。

⑤仓单交易模块。仓单是用来表明存货人或者仓单持有人对仓储物的交付请求权,故为有价证券。在金融业发达的今天,这种有价证券的价值需要被重新设计和应用,在该平台中就设置了仓单交易模块。存货人将交易的货物存入平台认证仓库后,通过平台生成电子仓单并进行登记注册,即可在大宗物品现货交易系统开展交易活动,顺利交易之后,仓单会在动产质押信息系统及交易系统实时过户,具体流程见图3-8。

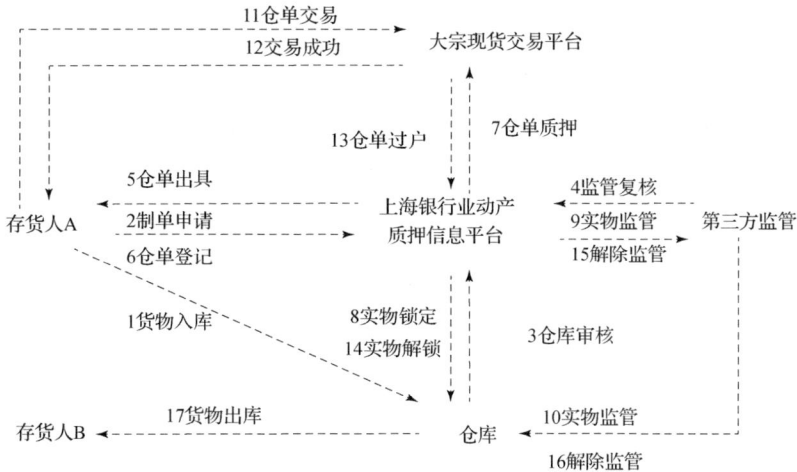

图 3-8　仓单交易流程

基于平台形成的电子仓单，以清晰的权属登记为基础，以严格的实物管控为保障，将极大地促进大宗商品现货交易的稳健发展。在仓单交易和挂牌过程中，平台负责全程的货物监管，确保交易的仓单权属清晰，保证仓单交易完成质量。

3.1.5　无锡物联网金融信息平台

2017 年，在金融监管机构的指导支持下，无锡感知集团、江苏银行、无锡农村商业银行、江阴农商银行协同开展全国首个物联网金融示范工程项目，利用物联网技术破解传统动产融资难题，试点首选无锡不锈钢市场作为切入点。

截至 2018 年底，无锡感知集团已累计提供物联网监管押品动态置换服务批次超万次，融资不良率为 0，安全事故发生率为 0，无一风险事例。江苏银行、无锡农村商业银行和江阴农商银行 3 家试点 "物联网金融" 的银行共计服务动产融资客户 207 户，且全部为中小微企业。资金累计投放 1 540 笔，授信金额为 19.95 亿元，无一不良风险。

物联网动产质押融资业务创新，不是简单地利用物联网技术解决传统金融业务的风控难题，而是要通过物联网将银行的信贷管理和风险管理、企业生产经营和商品交易流通等进行融合，推动金融服务和风险管理创新。物联网技术通过物与物的联通减少了人为环节，变主观信用为客观信用，构建了一个新的、基于物的客观的信用体系。

1. 系统架构设计

整个系统架构设计依据构建物联网金融中台的思路，以及不断整合和提升行内系统服务能力的目标，共分为物联网中央数据层、工作平台层、网贷调度层、授信作业层、集中风险管控层、数据分析层 6 个层级，见图 3-9。

物联网中央数据层：该层主要负责物联网合作平台融资申请的发起、物联网监管数据的实时采集以及数据的存储；

工作平台层：主要为客户提供业务办理过程中全线上一站式的服务；

网贷调度层：该层为融资申请实时审批的总调度层，负责整个审批过程内多角色系统有序交互，确保审批的及时性和准确性；

授信作业层：主要负责业务授信全过程管理；

集中风险管控层：整合行内风险类系统完成押品管理、合同影像件管理，并做好预警管理工作；

数据分析层：建立多维度准实时数据分析，为业务发展做辅助决策工作。

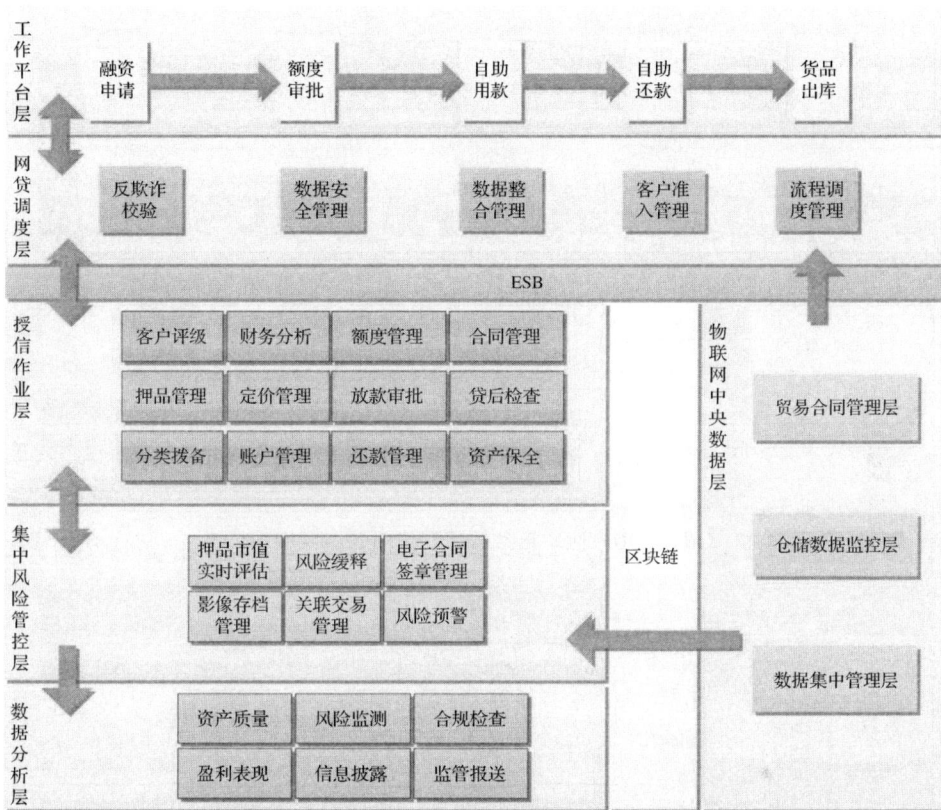

图 3-9　物联网动产质押融资业务系统架构体系图

在整个框架中，数据交互除了使用传统 ESB 企业服务总线，还引入了江苏银行自主研发的区块链平台"苏银链"，实现了物联网监控数据的链上透明传输，见图 3-10。

2. 系统业务流程设计

对于物联网动产质押融资业务，最终的目标是实现全程线上化操作。在整个业务流程设计上，主要从三个方面考虑：货物流，即采购的质押物从上游企业发货，进入指定的监管仓库，实现一一对应、货权清晰的质押全过程；信息流，即我行与合作监管仓库之间实时仓储监控信息交互；资金流，即客户发起融资申请，银行通过审批后，将资金放款至合作平台账户进行代采购。在"货物流、信息流、资金流"三流合一的信用体系下，设计的动产质押融资业务全流程如图 3-11 所示。

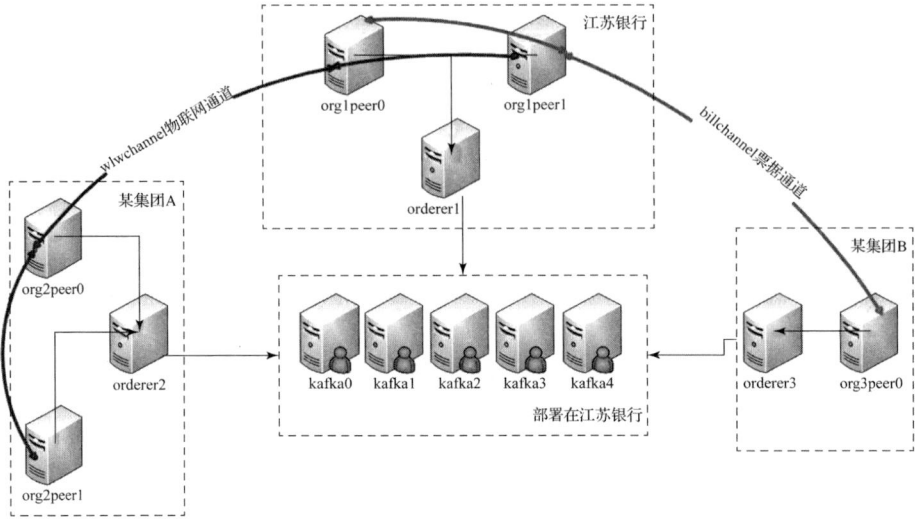

图 3 - 10　区块链数据透明传输物理架构图

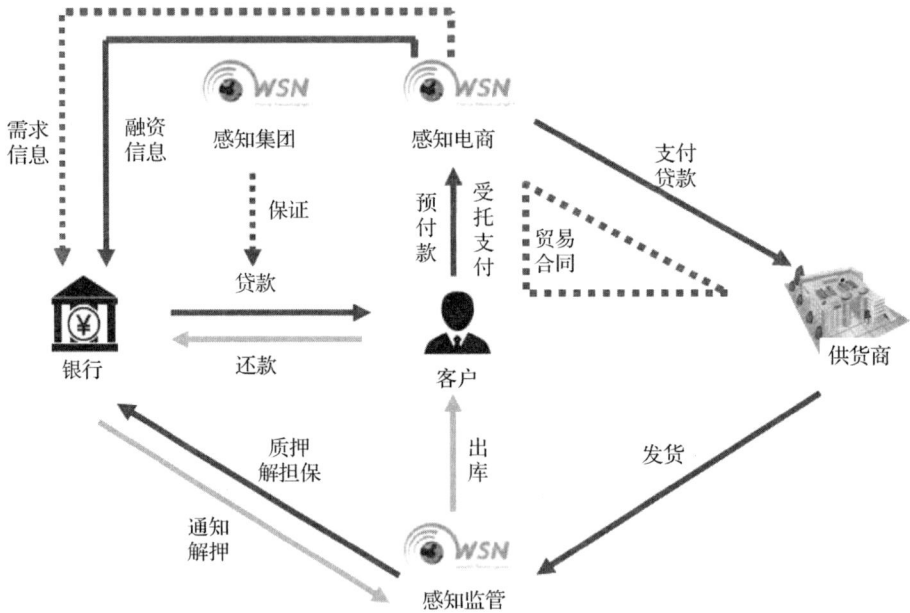

图 3 - 11　动产质押融资业务全流程图

基于图 3 - 11，整个业务流程可以描述为，首先，通过互联网打通了合作平台与银行端的信息同步通道，使客户能从合作平台发起授信申请和融资申请。其次，银行端通过自主研发的动产质押融资业务系统，整合了银行内部的网贷平台系统、信贷风控类系统、押品管理类系统、影像系统、核算平台、区块链等各专业系统的功能模块输出至网银端，完成客户自助借还款、质押物出入库的全流程操作。最后，通过对合作平台传来的仓储信息进行实时数据分析，完成对额度、借还款的风险管控。

3. 系统功能模块设计

系统为实现用户线上融资申请、线上合同协议签订、线上还款解押等全线化操作，设计了四大主要功能模块：

（1）业务融资信息的实时审批、放款、还款

通过与合作平台线上实时交互，获得企业的动产质押的融资信息。江苏银行网贷调度系统进行实时审批，审批通过即可完成放款，并将审批结果及时通知合作平台和客户。后续融资客户在江苏银行企业网银输出端可随时进行分批解押还款。

（2）物联网监管仓库信息的管理

江苏银行与合作平台共研的现代化物联网监管仓库体系，集成了计算机、网络通信、信息编码及数码喷印印刷等高新技术，结合先进的物流信息追溯管理理念，通过为每件仓储商品赋予（在产品或包装上使用标签或数码喷印，在本系统中主要商品为不同型号钢材）一个相当于该商品身份信息的随机码信息（信息追溯码），借助互联网，将商品在仓库中的位置信息、出入库信息等状态转化为数字信息，进行有效数据的实时采集、存储，并能够将仓储数据实时与其他功能模块进行交互。

（3）质押物监控数据的上链

为加强系统中数据安全性，设计了将监控数据上传至江苏银行苏银区块链的功能。江苏银行在合作平台内部部署了区块链节点环境，合作平台负责实时监控质押物状态，监控信息由传感器直接上传记录到区块链节点中，并同步更新江苏银行节点，所有质押物监控数据均记录在链，不可篡改，能够做到质押物监控数据的实时存储、实时查询。

（4）基于链上数据的贷后管理、实时预警

江苏银行苏银区块链上质押物数据作为业务全程的关键元素，能够实时反馈我行在途业务押品的状态，业务客户经理通过移动端实时查看押品信息做好贷后盘库工作。同时，大数据平台实时分析押品状态信息并整合行内信贷管理系统、供应链系统等多个系统的业务数据，信贷管理体系类系统通过对贷款余额、状态和押品数量、状态的比对分析，确定押品出入库活动是否正常，如发现风险立即发出风险预警通知客户经理。如图3-12。

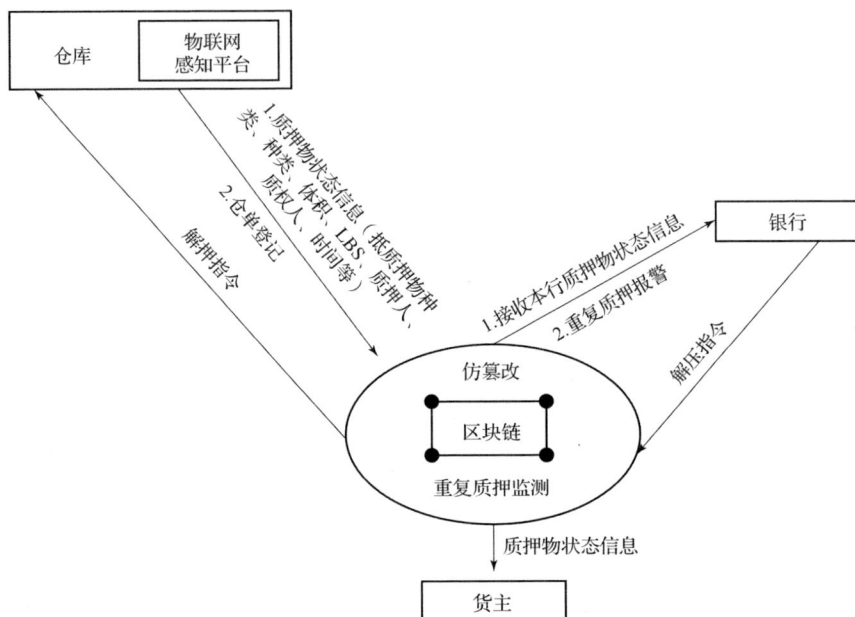

图3-12 区块链+物联网动产质押架构图

3.1.6 苏宁银行基于大数据的无接触线上金融服务平台

江苏省信息化领导小组、江苏省工业和信息化厅联合发文公布2020年智慧江苏重点工程名单,江苏苏宁银行的"基于大数据的无接触线上金融服务平台"项目经过申报初审、形式审查、答辩评审、综合会审等环节,在300余项参选项目中脱颖而出,成功入选50项智慧江苏重点工程。为深入落实国家信息化发展指示要求,江苏省制定了《智慧江苏建设三年行动计划(2018—2020年)》,旨在加快推进全省信息化建设向更高水平迈进,提升信息化发展对促进经济社会数字化转型和改善民生的引领驱动作用。计划执行以来,江苏省内企业纷纷响应号召。此次入选智慧江苏重点工程名单的项目均在行业信息化发展中具有很强的创新性、引导性和代表性,使用信息化手段解决了企业、群众等社会广泛关注的难点、痛点问题,有较大的社会影响力。

江苏苏宁银行"基于大数据的无接触线上金融服务平台"针对小微企业缺少抵质押物、缺少专业财务人员的痛点,与电商、便利店、农业、经销商等平台进行大数据创新合作,利用交易流水、税收、发票、征信等多种数据,开发黑产监控模型、信用风险矩阵、反欺诈关系图谱以及催收模型等技术,极大地提升了风险防控能力,降低了运营成本,提高了行业效率,变"不能贷"为"放心贷",将"流程繁"变为"一键通",运用金融科技构建普惠金融新模式。在该平台的驱动下,江苏苏宁银行已成功为农业、制造业、餐饮业等超过 14 万家小微企业提供了金融服务。2020 年末,江苏苏宁银行小微贷款户均贷款金额仅为 6.9 万元,可以说服务的是小微中的小微,做好微企业保就业政策落地。

该业务方案主要有以下特点:

运用互联网技术实现货物有效监控。采用物联网的机器视觉、图形计算等感知技术实现对煤炭的位置、体积、温度、移动等状态的自动监控。物联网系统可通过手机等移动设备进行连接,实现对煤炭的日常、实时监控。从而规避了监管机构的道德风险,将主观信用转化为客观信用。

运用区块链技术厘清货物权属。通过区块链分布式账本对每个货主的煤炭权属交易进行记录,并通过煤炭溯源来佐证货主对货物的所有权,从而解决货物权属不清的问题,在一定程度上规避了货物重复融资的风险,促进了银企互信,保护了银行合法权益。

数字化存储防范单据伪造风险。苏宁银行动产质押系统将区块链技术与物联网技术相结合,运用区块链防篡改的特性将物联网感知的数据以数字化存证的形式存储,便于查询和追溯。为未来的业务发展提供真实可靠的数据支撑。如图 3 - 13。

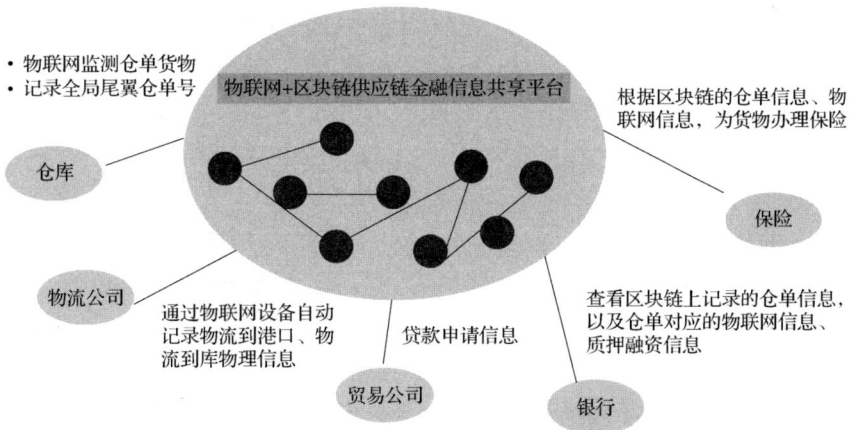

图 3 - 13　物联网 + 区块链供应链金融信息共享平台

苏宁银行作为一家新型银行,致力于自己的供应链金融业务定位,开拓动产质押融资业务等现阶段主流银行不愿意做、不能做或尚未做的业务。运用"区块链 + 物联网"技术实现了信息流、物流、现金流、感知流四流合一，苏宁银行有效解决了煤炭领域中质押监管的问题。通过供应链动产质押融资系统，苏宁银行将为靖江太和港务有限公司的 30 多家货主提供 300 万元到 500 万元不等的小额贷款融资，并将继续开拓钢铁、有色金属、汽车等其他商品领域。当前区块链和物联网技术运用仍面临以下两大挑战：

一是降低基础设施投入成本。在系统项目建设中，苏宁银行在动产质押系统研发、物联网感知设备等基础设施建设上进行了较大投入，预计一年内将通过这套系统发放贷款 2 000 万元，初期阶段该系统的成本投入约为 1%。如果要进行大面积的推广，必须把成本降低到 0.5%，甚至是 0.1%，这需要不断提高区块链，尤其是物联网等技术设备的研究运用。

二是提升供应商的上链意愿。为厘清货物权属，需要逐级梳理上下游采销关系来对商品货源进行追溯，并打通煤炭供应链，将各级煤炭供应商的信息上链。由于融资主体并非自身，各级供应商对信息上链持较大观望态度。因此，货物权属信息的完善程度仍依赖于煤炭供应商的配合程度。

3.1.7　腾讯云

运用"区块链 + 物联网 + 人工智能"技术，为用户提供动产的区块链资产管理服务，以满足基于动产质押的供应链金融及大宗商品电子仓单交易等场景。

用户操作的基本步骤如图 3 – 14 所示：

①------②------③------④------⑤------⑥------⑦
登录注册　　线上申请　　申请审核　　需求确认　　服务购买　　部署与配置　　服务验收

图 3 – 14　腾讯云用户操作指示步骤

第 1 步：登录注册

登录腾讯云官网。若未注册，请参考注册腾讯云，完成注册后登录。

第 2 步：线上申请

前往立即申请，填写腾讯云融资易申请单，填写后提交即可完成线上申请。

第 3 步：申请审核

腾讯云平台在接到服务申请单后，会立即进行服务需求审核。审核通过后，腾讯云区块链—融资易团队会联系用户进行初步需求确认与商务洽谈。

第 4 步：需求确认

在完成初步需求评审及商务洽谈后，腾讯云区块链—融资易团队会确认用户需求场景下适用的产品版本，并评估部署环境，制订部署计划（区块链网络环境及物联硬件部署计划等）。

第5步：服务购买

针对需要部署服务的仓储单位与相关组织单位，腾讯云区块链—融资易团队将提供动产质押区块链登记系统部署方案，进行双方签订合同等流程。

第6步：部署与配置

由腾讯云区块链—融资易团队完成仓储单位摄像头及相关物联与区块链网络的部署，软硬件到云端的接入以及其他相关配置。

第7步：服务验收

用户登录云端平台，验收所采购的腾讯云融资易—动产质押区块链登记系统产品版本提供的相关服务。如图3－15。

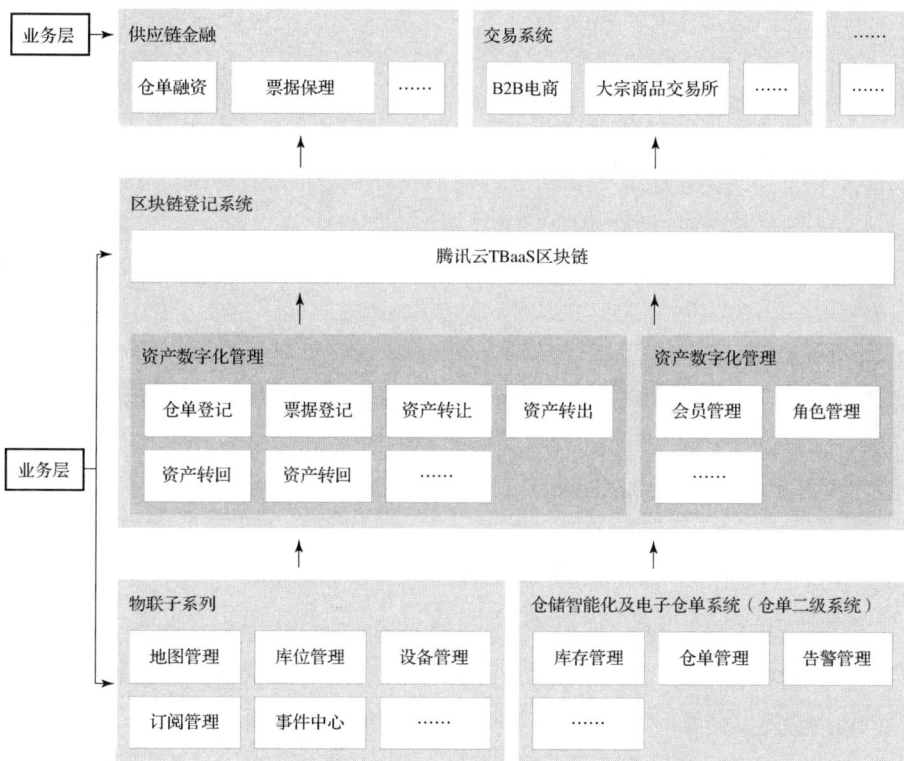

图3－15　腾讯云系统架构

动产（仓单）质押是基于动产在流通过程中跨越多机构、多环节、多流程的特点，通过采用区块链技术，不影响各参与主体在独立地和最大限度地利用好各自中心化系统既有资源的基础上，将主要流通环节的信息实现实时上链并共享，从而达到信用共建的目标，使在其系统上登记的资产信息具备可溯源、不可逆、防篡改、高可信性，最终实现资产信息的真实可信、完整及时，为后续支撑产品交易、流通及其延伸的供应链金融等业务奠定坚实基础。

解决方案价值优势：

①广泛支持各类型动产、仓储、资产流转。

②赋能先进科技、资源有效整合。

③可快速部署的一体化解决方案。

3.1.8 华为云

华为云智能边缘平台满足客户对边缘计算资源的远程管控、数据处理、分析决策、智能化的诉求，为用户提供完整的边缘和云协同的一体化服务。

华为云全栈全场景的物联网云服务，帮助客户实现仓库资产的物流、入库、移库、出库以及对实时情况进行感知，轻松实现全方位监管。华为云动产质押系统架构如图 3-16 所示。

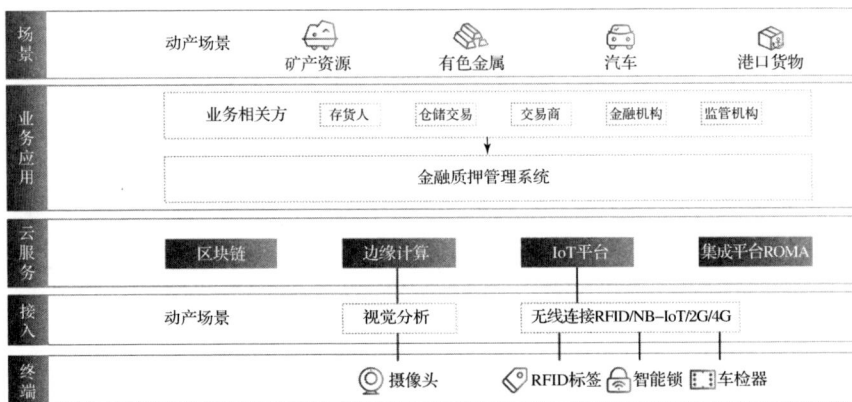

图 3-16 华为云动产质押系统架构图

华为云依托物联网、边缘计算、人工智能等新兴技术，面向金融质押场景构建了数字化方案，实现了对动产存货的识别、定位、跟踪、监控，以及智能化的管理，使客户、监管方、金融机构等各方参与者均可以从时间、空间两个维度全面感知动产存续的状态和变化，有效解决了动产融资过程中实时性差和信息不对称问题。

方案优势：

①360°实时监控

利用物联网技术实现无遗漏监管，实时感知动产状态，对货物的入库、移库、出库以及实时情况进行监控。

②智能识别异常行为

基于边云协同的视觉 AI，实现边缘侧视频分析，识别仓储过程中的各类异常行为。

③区块链构建多方互信

利用区块链技术共识加密机制，推动以信用为核心的质押品仓单体系，实现实物商品的数字化，实现多方互信。

④多方集成、打破"信息孤岛"

基于 ROMA 集成平台，与多个业务相关方之间的业务系统实现对接，打破"信息孤岛"。

3.2　基于实践案例的理论总结

从以上列举的八个实践案例可以看出，我国动产质押信息平台经历了多维度的变革，从最早的大易网案例到近期的腾讯云和华为云案例中，大家能看到信息平台都在运用信息化手段进行管理，在技术和业务角度有了一些突破，都在不约而同地针对质押物进行重点监管。2015 年后，随着物联网技术的成熟，引入物联网技术对质押物进行监管成为其常规技术，后期加入"互联网＋"以及云概念，使信息系统电子化更进一步。另外，这几个信息平台在其他方面差异很明显，首先在创建主体方面有所不同，由此运作模式也千差万别；其次业务范围有所差异，服务覆盖的区域也差异明显；最后采用的技术和可实现的功能也各不相同。具体如表 3－1 所示。

3.2.1　突破传统仓储企业的定位，信息平台的建设有了可能

从以上案例可以看出，创建主体在早期都是由具有仓储背景的企业来主导的，如创建"大易网"的湖北华融物流股份有限公司和创建"四川辉睿金仓远程监控平台"的四川辉睿金仓供应链管理股份有限公司，这两个企业的发展基础都是仓储企业，在向现代物流转型的过程中，它们抓住了发展物流金融的契机，并都突破了传统仓储企业的定位，它们不惜在组织结构上大动手术，成立专门的动产质押部门，为此也建立了面向市场的动产质押融资监管平台。这种定位的调整体现了传统物流向现代物流的转变，为物流金融的正确走向迈开了第一步。那么为什么传统仓储企业要重新定位呢？

表 3 - 1 实践案例比较表

平台类别	创建年份	创建主体	运作模式	业务范围及覆盖区域	采纳的信息技术	实现功能	实践结果	备注
大易网	2007	湖北华融物流股份有限公司	物流企业主导，同十五家商业银行制定战略合作，和政府机构进行沟通	华中地区钢铁贸易中心，吸引超过三十家大规模钢铁公司	射频识别系统、全球定位系统及移动客户端	加工集群、数字仓储、电子交易、电子银行、现代商务、快捷配送	2015 年，该中心全年钢产量为 500 万吨，价值为 1 500 亿元	已退市
四川辉睿金仓远程监控平台	2013	四川辉睿金仓供应链管理股份有限公司	典型的供应链企业，与四川本地多家银行和其他金融机构展开合作	白酒原酒、农副产品、家用电器、纸品原料、黑色金属、有色金属、石油化工、纸品原料、纺织原料、矿产品、农产品等	IDC5 星级BGP 多线高端机房、超低码流无损视频压缩专利技术	标准仓单质押融资仓储监管、动产质押融资仓储监管、金融仓储资咨询服务	2014 年辉睿金仓与雅安商业银行合作采用动产质押监管模式在雅安片区每年贷款 1 亿元以上	浏览网页时提示因"页面因服务器不稳定可能无法正常访问"
浙江新银通动产质押服务股份有限公司	2007	动产监管平台	动产监管服务和企业信息服务提供商	钢铁原料、机械设备、燃料油、有色金属、五金轻纺、化工塑料	远程视频监控系统	动产监管、融资咨询、价格行情、网络监控	不详	2007 年创建，2010 年注销

续表

平台类别	创建年份	创建主体	运作模式	业务范围及覆盖区域	采纳的信息技术	实现功能	实践结果	备注
上海银行业行业动产质押信息平台	2014	第一大股东是东方钢铁，上海钢联该不控股合资公司	上海银行业同业公会授权东方钢铁	钢铁为主	云计算、大数据等先进信息技术，PRID技术	质押信息登记、资源信息查询和综合信息查询、仓单存动态信息抓取	以2017年12月27日这一天为例，该平台注册仓单数为16 811笔，质押量为21.97万吨	
无锡物联金融信息平台	2017		无锡感知集团、江苏银行、无锡农林商业银行、江阴农商银行协同开展	无锡不锈钢市场	物联网和大数据	业务融资信息的实时审批、放款、还款，物联网监管仓库信息的管理、质押物监控数据的上链、基于链上数据的贷后管理、实时预警	资金累计投放1 540笔，授信金额19.95亿元，无一不良风险	
苏宁银行基于大数据的无接触线上金融服务平台	2020	苏宁银行	钢铁、有色金属、汽车等其他商品领域	煤炭领域中质押监管	大数据，采用物联网的机器视觉、图形计算等感知技术实现对煤炭的位置、体积、温度、移动等状态的自动监控	运用互联网技术实现货物有效监控，运用区块链技术厘清货物权属，数字化存储防范据伪造发货风险	江苏苏宁银行已成功为农业、制造业、餐饮业等小微企业提供了金融服务。一年内这套系统发放货款2 000万元	

续表

平台类别	创建年份	创建主体	运作模式	业务范围及覆盖区域	采纳的信息技术	实现功能	实践结果	备注
腾讯云		腾讯科技公司	各类型动产、仓储、资产流转、动产区块链资产管理服务	动产质押的供应链金融及大宗商品电子仓单交易	区块链＋物联网＋人工智能	主要流通环节的信息实时达到信用共享，从而实时上链并共享，使在其系统上登记的资产信息具备可溯源、不可逆、防篡改、高可信性		
华为云		华为科技公司	全栈全场景的物联网云服务		物联网、边缘计算、人工智能等新兴技术	客户对边缘计算资源的远程管控、数据处理、分析决策，为用户提供完整的边缘和云协同的一体化服务。帮助客户实现仓资产的物流、入库、移库、出库以及对实时情况进行感知，轻松实现全方位监管		

从业务上看，传统的动产质押参与主体就是银行、仓储企业及融资企业，早期的仓储企业介入动产质押业务后，以仓储监管的形式开展业务[189]，在实践中，这些仓储企业以保证质押物的数量为目标，基本属于传统的仓储服务。然而渗透到现代物流业务和金融物流业务中的物流企业和以前的仓储企业是不一样的，正视传统的仓储服务和现代物流服务的本质不同（见表3－2），也是现代物流金融的前提。

在表3－2中多角度地比较了物流企业在动产质押中业务的服务内容和要求，从监管行为来看，要求贯穿物流业务全过程，也就是不仅对质押物在仓库内部进行静态监管，还应该包括运输环节。既要完成仓储工作，又要完成运输工作，只有现代意义上的物流公司方可实现。物流公司指的是开展物流业务的以营利为目的的法人机构，仓储或者运输（如快递、运输代理等）这两类业务之中的一个至少为其主营业务，其可以依据客户要求对仓储、包装、加工、运输等相关活动加以组织，建立符合本企业需要的信息管理平台，该经济组织还具有独立核算与独立担负民事责任的特征。就其内涵而言，物流企业的业务范围比较全面，特别不一样的是，物流企业具备信息管理系统，相比于仓储企业，这个条件对开展动产质押业务、控制业务风险具有明显的优势。

表3－2 物流企业动产质押服务与传统仓储服务的区别表

	动产质押业务	传统仓储业务
货物流通	授信融资与流通中货物的担保相结合	授信融资与流通中的货物无关
运作模式	货物流通环节基本相同，其他则不同	
货物属性	担保物	非担保物
担保性质	优先获得补偿	非优先获得补偿
控制重点	价值	数量
物品归属	明确要求	非明确要求
货物品质	实际质量对于物品的价值和担保物的实现，要求明晰	不关注内在质量，仅仅依据物品包装抄牌验收
管理活动	分布在物流活动全流程	通常缺少
获利方式	通常依据融资金融收取	按物流作业收费
风险程度	程度高，表现为金融风险	程度低，表现为物流作业风险
谈判地位	较高	普通

	动产质押业务	传统仓储业务
收益大小	较高	普通
客户依赖程度	较强	较弱
施展大企业网络优势	可能性大	小

最初的动产质押信息平台建设主体以仓储企业为主的另一原因是中国动产质押的第三方监管机构基本都是仓储企业起家。在理论界，动产质押已经被确定为物流金融的一部分，从交付对象角度来看，动产质押属于物流金融的一种，见图 3 - 17。

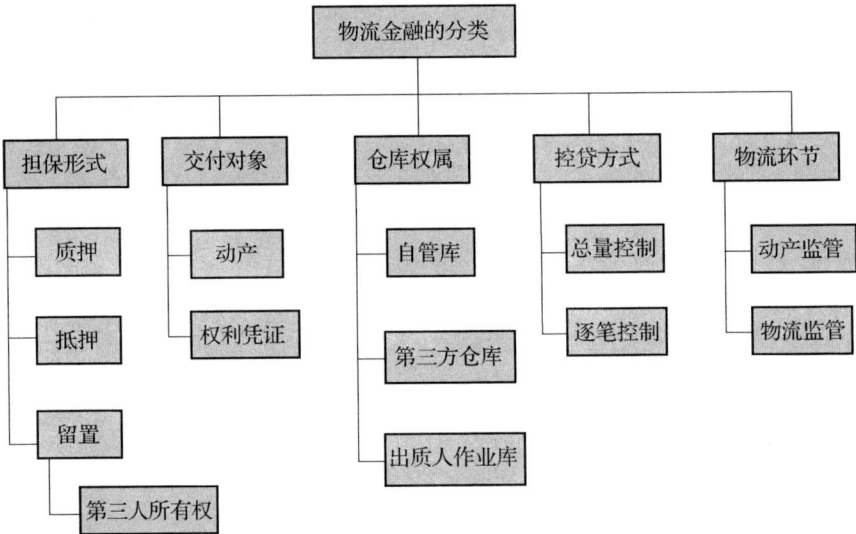

图 3 - 17 物流金融的分类

从图 3 - 17 中可以看出按照仓库权属分成自管库、第三方仓库及出质人作业库。相比于自管库而言，第三方仓库和出质人作业库由于不属于自管范围，管理难度明显加大，所以银行会委托一个第三方监管机构来管理。而实践中，这类为银行监管质押物并监控风险的第三方监管机构，其作用和地位类似于仓储企业，事实上，这类第三方监管机构基本都是仓储企业。在物流金融开始兴起的时候，推动动产质押业务的主体是仓储企业，不仅可以体现历史发展的惯性，也体现了仓储企业的与时俱进，虽然"大易网"没有经得起市场的考验，淹没在历史的长河中，但正是其走在前列摸着石头过河的创举，为动产质押监管信息化开辟了新的天地，并为后期信息平台的建设积累了经验。后来的建设者都在其基础上扬长避短、查漏补缺，如四川辉睿金融仓储股份有限公司就是其中一例，虽然也是仓储企业起家，但是该企业成功地避开了"大易网"的一些雷区，目前还在发挥着作用，为仓储企业发展物流金融踏着坚实的步伐。

3.2.2 体现了仓储、银行及融资企业的关系

除最早的"大易网"退出市场外，以上提到的其他几个信息平台还在市场上留有一席之地，研究这几个依然成功运营的平台，发现它们都把银行、物流企业及融资企业管理得井井有条，用科学信息管理的方式诠释了它们合作和牵制的博弈关系。

以上海银行业动产质押信息平台为例，该平台紧紧围绕动产质押的业务，以模块化组织和设计为主，这些模块功能全面，明确了各个主体的具体操作要求。每个模块都呈现了银行和物流企业的互动，体现了银行为主、物流企业为辅的监管模式。这种模式之所以能成功，是因为该设计遵循了经济规律，满足各利益主体的要求。它们之间本来就有共赢的利益基础，充分的信息合作和互动，可以打破信息不对称可能造成的不利格局。

一、联动的合作关系

在动产质押模式中，有融资需求并且符合动产质押监管融资条件的公司向商业银行提出动产质押筹资申请。银行机构与其合作的物流公司对该公司开展资格调查与核准活动。资格满足要求后，商业银行和其合作的物流公司同融资公司各自签订合约，出质方融资企业和作为质权方的银行机构制定融资合同，与作为监管方的物流公司签署监管服务合约，三方一起签署质押融资监管合约，具体见图 3 – 18。

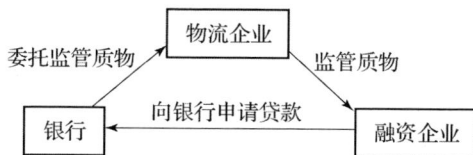

图 3 – 18 银行、物流企业及融资企业关系图

从委托代理模型来看，从银行角度而言，其期待融资企业能正常履约缴息还本[190]。从此观点而言，可以把银行定位为委托人，将融资企业与物流企业看作代理人，在比较特殊的融通仓模式中，银行授信物流企业后再由其

辗转给融资企业时，物流企业即同时身兼代理人暨委托人双重身份。

据委托代理模式分析，从信息了解水平而言，了解较多信息的一方一般占据优势地位，相反，信息匮乏的一方则处在劣势地位，由此使得它们之间存在信息不对称问题。应用信息不对称问题时，特别强调分辨各参与角色的主体结构，以便解释它们的关系。从信息不对称角度来说，物流企业相对于银行，在信息上存在优势，而银行处于劣势，所以在控制动产质押风险时，有必要把银行确定为风险控制的主导方，而把物流企业纳入风险控制的被管理对象。

由银行为主导的上海动产质押信息平台，特别注重对物流企业的监管，不仅在管理组织上专门设立了专业监管团队，还应用了物联网技术，对仓库实时监管，以期达到理想的惩罚力度。同时，出于成本的考虑，在建立和维系与物流企业的关系时，又充分利用市场机制，通过市场匹配、远程信息联系等手段，以降低成本。这些创新性的举措肯定了银行和物流企业在动产质押方面的共同监管作用，又没有弱化银行的主导作用，改变了原来物流企业处于被监管的定位，通过授权和合作提升物流企业的地位，同时通过信息手段割裂了融资企业与物流企业合谋的可能，这种实践突破了原来理论研究的动产质押中信息不对称问题，在结构上和关系上，呈现了银行、物流企业和融资企业分别在动产质押业务中的立体性结构，在管理上，提升了银行的监控能力。

对照图3-18、图3-19中它们三者之间的信息不对称格局有所缓解，因为物流企业被拉拢到监管角色，相比于银行单打独斗地监管物流企业和融资企业的局面，整个系统的监管力度得到增强，在银行和物流企业的共同监管下，融资企业要通过信息不对称得利的概率下降，最终转向合作，夯筑系统效率提升的基础。至于银行和物流企业之间的信息不对称，因物流企业和银行重复博弈，在信息化管理措施下，信息交互使信息更加透明，物流企业作弊空间有限，从而也从一定程度上打破了信息不对称问题。

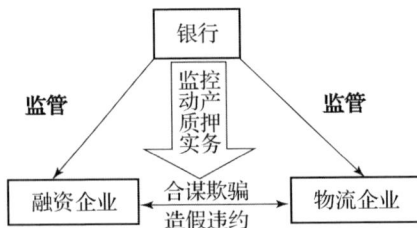

图3-19 信息化后银行与融资企业、物流企业信息不对称结构图

二、复杂的博弈关系

由于信息不对称，银行、物流企业和融资企业的博弈关系也变得更复杂。作为银行与融资企业的监督者，因为受信息不对称的影响，物流公司为短期利益，由与银行互助合作的共赢者变为追逐本公司利益而与融资公司联合失信的共谋者。物流企业在当融资企业不还款时可获得灰色收入等，根据管理学中的 X 理论，物流公司为实现自身的最大化效用，而选择与融资公司共谋。

可假设当质押物在物流企业的监管仓库中，物流企业有两种策略选择：银行由于对质押物的情况不了解，不知道具体情况，也不知道怎么监管；在这种情况下。为避免物流公司对于融资公司失信活动的纵容，商业银行能够对上述活动加强监督，银行也有两种策略选择：派人驻场监管或远程监控，虽然不能实时了解质押物的具体情况，但至少可以了解到质押物的基本情况，银行的另一策略就是不搜寻信息，任由物流企业作为。

假设物流企业可从融资企业中得到的利益为 Q，融资企业还款成本为 V，不还款时成本为 V'，之间存在差额 $\Delta V = V - V'$，当 $Q < \Delta V$ 时，会对商业银行的利益造成损害，为避免物流企业的上述行为，商业银行需强化监督并加强信息收集，监督成本设定为 C。若确定 ΔV 是存在的，银行会对物流公司进行处罚，则罚款为 $F(\Delta V) = a\Delta V$，a 代表惩罚力度，$a > 1$。物流公司有两种选择策略，分别是包庇或者不包庇，而银行同样有两种选择策略，分别是监督或者不监督，其博弈矩阵如表 3 − 3 所示。

表 3 − 3　信息不对称条件下商业银行和物流公司博弈矩阵

		银行			
		收集信息进行监督		不收集信息进行监督	
物流企业	包庇	$Q - F$	$-\Delta V - C + F$	Q	$-\Delta V$
	不包庇	0	$-C$	0	0

商业银行及物流公司都清楚了解自身的特性、行动策略与收益函数，也就是处于完全信息状态下，二者同时进行选择且只博弈一次。物流企业选择包庇的可能性为 P_1，银行选择监督的可能性为 P_2。那么物流公司的期望收益是：

$$E_1 = P_1(Q - P_2 F) \tag{3-1}$$

银行的期望收益为：

$$E_2 = P_2(P_1F - C) - P_1\Delta V \qquad\qquad (3-2)$$

对公式（3-1）、（3-2）中的 P_1、P_2 求偏导数，并令偏导式为 0，得：

$$P_2^* = Q/F < 1/a, P_1^* = C/F = C/a\Delta V$$

则纳什均衡点是 (P_2^*, P_1^*)，银行与物流公司实施混合博弈策略，均衡点的期望收益各自是：

$$E_1^* = 0, \quad E_2^* = -C/a$$

从上述内容能够发现，不管物流公司选择包庇的收益值 Q、监管费用 C 及商业银行的惩罚大小 a 是何值，物流公司的收益一直是零，商业银行在均衡点处的期望收益 E_2^* 为 $-C/a$。伴随 C 值的增大而降低，伴随 a 值的增大而增大。对物流公司 $P_1^* = C/F = C/a\Delta V$，a 值越大，即处置手段越严厉，使得银行收益受损值 ΔV 越大，所有者的监管成本 C 值越小，物流公司选择包庇融资公司的概率越低。而对商业银行 $P_2^* = Q/F < 1/a$，强化监管的概率和 a 反相关，这是由于银行认为物流公司面临严厉的处罚条款，故强化监督是非必要的。此外我们还可以发现，对商业银行在均衡点的受益值 $E_2^* = -C/a$，在 a 无限大时，E_2^* 的极限趋向于零，所以，能够得出结论，处罚力度不可过大也不可过小，适度是最佳的，否则会起到反作用。通过博弈矩阵能够发现，在 $C > F$ 时，均衡策略为（包庇，不监督），这是由于商业银行的监管活动成本大于收益，所以对物流公司的监管需满足 $C \leqslant F$。这可以通过以下两个途径实现，首先是减小监管费用；其次是强化处罚力度。

在实际经济活动中，博弈次数是不受限制的，所以无限次重复博弈更加符合实情。通过上述纳什均衡能够知道物流公司包庇融资企业的概率并不为零，即商业银行唯有提升可信的惩罚力度 a，同时保证信息收集的速度与效率，降低监管费用，从而尽量减少物流企业包庇的可能性。

3.2.3 多维度风险控制是信息平台的基本使命

创建信息平台的目的，无非是利用信息化手段促进业务和监管的发展。综观以上八个信息平台，都体现了业务和风险控制两大基本功能。随着物联网技术、"互联网＋"技术和通信网络的不断应用，风险控制这个功能得到更快的发展，所以也引发了各平台的争先使用，把风险控制的使命发挥到极致。以上海动产质押信息平台为例，模块以业务流程为主线，把相关步骤体现其中，然而深入分析其环节及动作，会发现隐含在业务过程中的风险控制既严谨又高效，针对融资企业、质押物的管理环环相扣，既体现了银行对物流企业的有效控制，又借助各行政及社会机构的共享信息，最大限度地打破了信息不对称的局面。这表明该平台在控制风险方面做得很细，不仅物联网的应用在质押物的生命周期的多过程应用，还尽可能把各种相关信息纳入体系，及时比对信息以辨别真伪，在质押环节的开端就有效控制风险，克服当前重复质押的诟病。

难得的是，该信息平台对风险控制的关键要素进行了细部划分，角度比较全面：

◆围绕融资企业。在融资流程中（见图3-7），融资企业进行融资申请，需要通过融资审核，银行审核时一般会根据融资企业的申请额度具体要求出示相关证明资料，具体如表3-4所示。

从表3-4中可看出，当融资企业贷款数额比较多时，就需要出示年度报表、当期财务报表、银行流水及缴税证明以及股东会决议等资料，这些资料在一定程度上体现了企业经营管理状况，决定了其偿债能力和盈利能力。

◆围绕质押物。管理质押物的价值从两头抓，一头是监控质押物物理状态，另一头就是通过控制仓单的全部生命过程来保证质押物的流动价值。在图3-7和图3-8中，可看出这两个方面是紧紧相扣、互为结果的。

除了上海银行业动产质押信息平台，其他平台在控制风险时也是尽可能地全面控制风险，如腾讯云利用区块链技术提供独立或共用的节点，该节点可以不固定，但一旦该节点锁定了某个角色，那么系统对这个角色进行重点管理，定义成核心机构，并对该核心机构或参与方对动产（仓单）的全流程信息进行背书确权，形成不可篡改信息，这种操作既保证了系统的灵活性，又控制了业务的风险。和腾讯云类似的另一个技术方案平台——华为云也明确定义了风险控制的几个角度，即客户、监管方、金融机构等各方参与者都是接受监管的方面，他们在系统中均可以从时间、空间等多维度接受监管，同时他们也能全面感知动产存续的状态和变化。

表 3－4 一般综合授信材料清单

序号	0~50 万元（含）	50 万~100 万元（含）	100 万~500 万元（含）	500 万元以上
1	营业执照正本复印件	营业执照正本复印件	营业执照正本复印件	营业执照正本复印件
2	组织机构代码证证复印件	组织机构代码证证复印件	组织机构代码证证复印件	组织机构代码证复印件
3	税务登记证复印件	税务登记证复印件	税务登记证复印件	税务登记证复印件
4	机构信用代码证复印件	机构信用代码证复印件	机构信用代码证复印件	机构信用代码证复印件
5	法人代表身份证复印件	法人代表身份证明复印件	法人代表身份证明复印件	法人代表身份证明复印件
6	借款申请	借款申请	借款申请	借款申请
7		上一年度财务报表（每年下半年的申请需再提供当期财务报表）	近二年及当期财务报表	近二年及当期财务报表
8			股东会决议［200 万元（含）以上]	近期银行流水及缴税证明
9			其他所需资料	股东会决议［200 万元（含）以上]
				其他所需资料

备注：复印件需加盖公章，授信申请用

资料来源：上海银行业动产质押信息平台网站。

3.3　存在的问题分析

3.3.1　信息平台控制风险的系统性得不到保障

从前面的分析可以看出，八个信息平台都顺应了动产质押的业务需求，理顺了各参与主体的关系，在控制风险方面也不遗余力。于是我们看到的信息平台都具有花样百出的功能，如最早期的大易网，可看出其功能比较丰富，如加工集群服务、电子交易服务、数字仓储服务、现代商务配套、电子银行服务、快捷配送服务等，然而这些信息系统功能看似把与动产质押相关的价值都挖掘全了，但"大而全"后的经济及管理问题也复杂起来。首先太追求全面却忽略了动产质押的主体价值，其次庞大的利益群体造成了业务的风险增加，最后导致这些相关的群体利益分配无从落实。如果一个信息平台只是被不断出新的信息技术带着节奏，在形式上不断扩容，而没有把以上几个问题处理好，就是简单地运用"1 + 1 > 2"的思维，最终只会落个满盘皆输的结局。笔者认为信息化有必要从系统角度出发，以系统的思维进行决策，用系统的方法解决问题。

既然是依附于动产质押业务的信息平台，其设计理念要体现价值基础是动产质押业务，然而只有健康持续发展的业务才能保证依附于它的相关主体有利益保障，先前有关动产质押的研究已经证明，动产质押要健康发展必须进行风险控制。按照哲学的一般思维，应该是重点问题重点处理、一般问题一般处理，在动产质押信息化的过程中，也要遵循这个规律。只重业务不重风险控制的动产质押信息化过程，显然是本末倒置的。笔者从系统角度进行动力分析，论证利用系统思维信息化控制动产质押风险的重要性。

（1）动产质押系统目标分析

动产质押牵涉到融资公司、商业银行与物流公司这三个主体，这样能够从不同主体层面与宏观层面对体系目标加以分解，进而对系统目标加以全面探讨。

①银行动产质押的目标：

◆尽量增加放贷的机会，实现收益最大化。

◆加强对质押物分类控制及监管，尽可能降低风险水平。

◆完善融资公司信用评价体系，降低贷款活动的交易成本。

◆逐渐健全有关业务发展、人员素质及水平、操作技术等相关的管理策略与规章制度。

②物流企业动产质押的目标。物流公司在动产质押活动中，起到沟通作用，将物流、资金流与商业流联系起来，其系统目标是：

◆加强与银行的联系和合作，切实掌握银行需要，健全基础设施构建及质量控制机制，建立规范化的动产质押业务操作流程。

◆增强服务指标，制定统一的服务标准，增强仓单的权威性及流通性，减少动产质押业务的交易费用，满足效用最大化目标。

◆为融资公司创造更多增值型服务，同时也扩展自己的客户群体。

③融资企业动产质押的目标：

◆争取更多的流动周转资金。

◆努力降低动产质押收费，降低融资费用。

◆简化动产质押活动手续，及时快速融资，规范业务操作程序。

◆增加企业的资信水平，降低融资交易成本[191]。

总之，动产质押风险形成制度的总体目标为：在满足该项业务服务品质要求的前提下，加快资金的周转速度，降低各参与主体的交易成本，把风险控制在最小化，实现金融信贷综合效益最大化。

（2）动产质押风险

根据全面风险管理的主要理论，在研究系统业务程序时有必要进行风险辨识及评估活动，此外还需关注风险发生的概率与关联度。动产质押和其他融资方式一样，受政策、经济、法律、经营、财务等方面的影响，具有多重风险，具体如下：

①动产质押的普遍风险：

◆政策风险。融资公司的存在与发展会受到政府政策的影响。比如，某地政府为缓解交通拥堵现状，对车辆上牌照实施控制，这会影响到汽车制造厂商及经销商的经济利益，汽车销量的减少使得汽车商家经营不善，进而使其无力还款。商业银行的贷款就面临坏账风险。

◆产业风险。产业因为受到外部环境的变化而出现的风险。比如，中国乳业因为信用危机，导致老百姓宁愿到国外代购贵的乳产品，也不愿买国产奶产品，国内奶产品没销路，奶农和奶企都受到重创，必然会对商业银行贷款资产的安全性造成影响。

◆科技风险。科技的发展及优秀技术的普及会对产品具有革命性的影响，这使得传统商品面临被市场淘汰的风险。例如，苹果公司开发的智能手机的普遍运用，在给手机赋予更多内容的同时，也给传统手机画上了句号，诺基亚这样的手机巨头就在这场技术革命中被淘汰了。

◆宏观风险。所谓宏观风险，是指宏观经济形势下滑造成的风险，如最近几年房地产不景气，随之而来的是三、四线城市的房子不好卖，银行业也随之紧缩货币，导致很多公司由于资金链条断裂而出现倒闭现象。

◆道德风险。所谓道德风险，是指在对公司发放贷款之时，银行内部职员因为不严格依据规章与制度办事而使得银行贷款资产的安全性受到威胁的风险。

◆担保风险。担保风险是指对外担保之时被担保公司存在或有性质的负债，因为其无法按时还清贷款而使得本企业遭受经济损失的风险。该风险是十分常见的。

②动产质押的特殊性风险。作为质押担保物的动产，不仅需要符合货物仓储保管的相关条件，还需要满足担保物的要求，这就造成了动产质押的特殊性风险：

◆质物风险。适当的质押品能够增加银行提供代理的可能性，并减少银行或者物流公司发生风险的可能性。在物流金融业务活动之中，质押物的风险有以下几个层面的表现：

首先是品质风险。质押期间，由于质物化学性质或者物流特性出现变化，进而对质物的价值产生影响，提升了银行及第三方物流的风险，此外还不利于未来质物的对外销售；质押期间质物的耗损越大，质物的稳定性越不理想，其未来价值往往就会发生较大变动，伴随而来的是较大的风险水平。综上，市场需求旺盛且较为稳定、吞吐量大、流动性较强、质量可靠、易于保管、市场价格稳定的质押物，风险水平较小。

其次是变现风险。若质物的市场价格经常大幅波动，那么贷款的风险程度会提升。若出质人无法归还款项，按照《中华人民共和国担保法》，银行享有对质物进行出售的权利以弥补资金损失，如果质物在出售之时由于市场环境的变化使其价格有较大的降幅，则会出现出售质物所得款项不能弥补贷款损失的可能；如果季节、天气等外部因素对于质物出售有很大影响，那么质物会面临流动性风险；在对质物价值评价之时，由于价值评价体系不健全或者评价技术落后，缺少充足技术支撑，互联网信息科技滞后带来的信息匮乏、业务阻塞等，加上评估手段及原则的多样性，导致质物的价值与贷款额之间具有较大差额，贷款本金就面临着无法收回的风险。

最后是质物权属风险。现阶段不论是融资企业作业库或自管库，还是第三方物流企业仓库的监管业务在监管现场接货，以现货质押、抵押形式为主，都是"点"式业务，质押物处于仓储保管环节，没有物流运动的状态，至于其来源及其质押物所有权的认定有很大难度，融资企业提供的权属证明很难做到与货物一一对应，所以加大了重复质押及非法以他人货物质押的风险，导致作为质权人的金融机构和质物的所有者出现矛盾，尽管我国法律法规保障质权人的善意取得，然而在实践活动中具有极大的不确定性，现实中甚至有的质押物本身属于非法货物，如走私的货物，这些货物有被追缴或罚没的风险。再者是重复质押，出质人违规把同一批货物质押给两个或者更多的质权人，导致质权人的经济利益受到损害。

◆经营风险。所谓经营风险，是指融资公司自身经营困难造成的风险，如企业治理结构不健全、管理混乱、对未来市场价格预测失准等原因造成的风险。在物流公司，如管理机制、监督制度及组织结构不完善、业务人员素质低下、高管决策失误、储存不当导致质物毁灭、对质物价值评估缺乏合理性与公正性等原因都会导致质物不足或者落空。通常情况下，我国公司内部控制的风险较大。因为物流金融业务属于新兴业务，商业银行在信贷产品设计、风险管理手段、内控机制等层面经验缺乏，加上各种规章制度的约束，使得操作失误现象层出不穷。

◆操作风险。所谓操作风险，是指因为物流企业自身操作失误及管理不当而导致的风险，主要表现为：一是业务人员的道德风险，比如工作人员私自提货而使得质物缺失；二是业务生疏，对于繁杂、数目较多的质物盘点失误，使得质物不能满足金融机构的要求；三是业务人员违规操作，比如接到金融机构职工电话，不依据要求即放货，当出质人生产经营出现困难或者质物价格水平大幅下降时，出质人违约或者违法强行提货的情况也会时有发生；四是执行缺位，比如监管人员数目较少，出质人不及时在单据上签名确认等；五是监管程序设计不当，中间流程失去监控，比如监管场所不适宜监管，盘点频率较少与交接环节模糊等，使得质物不能被有效监管；六是在第三方仓库管理，物流企业不能实施有效控制，出质人和第三方仓储部门共谋，如提供虚假物品归属文件等；七是质物选择及控制层面不按照规定进行，比如专用设备不能作为质物，无法监控正在加工环节的首饰等。

另外，银行为降低风险而采取风险转嫁措施，物流公司风险程度加大，主要表现为：一是银行职员不作为，比如发生出质人强行提货的局面，物流企业制定有关办法加以阻止并告知银行后，相关人员直接忽略，同时不处理物流企业的所有文件，装作不知情，若造成现实损失，就与物流企业进入司法程序；二是银行职员的疏漏，比如银行内部职工不亲自查验质物的品质，而由出质人负责检查，出质人未在质物中抽取样本，而是将另一种货物当作质物样本前去查验，导致样品和质物不一致，质物的实际价格在很大程度上低于样本价值；三是银行内部职员违规操作，如不依据合约规定开展单证操作业务，私下对物流企业提出放货要求等。此外，还有人才风险、环境风险、法律风险，等等。

以上列举了动产质押各种类型的风险，绘成鱼刺图，如图 3－20 所示。实际业务中一种风险的出现可能由多种因素导致，然而主要成因一般仅有几种，利用对不同风险影响因素的探究，寻求主要成因，能够发现动产质押风险形成机制，循着这个路线有利于问题的解决，笔者将在第四章对此进行深入研究。

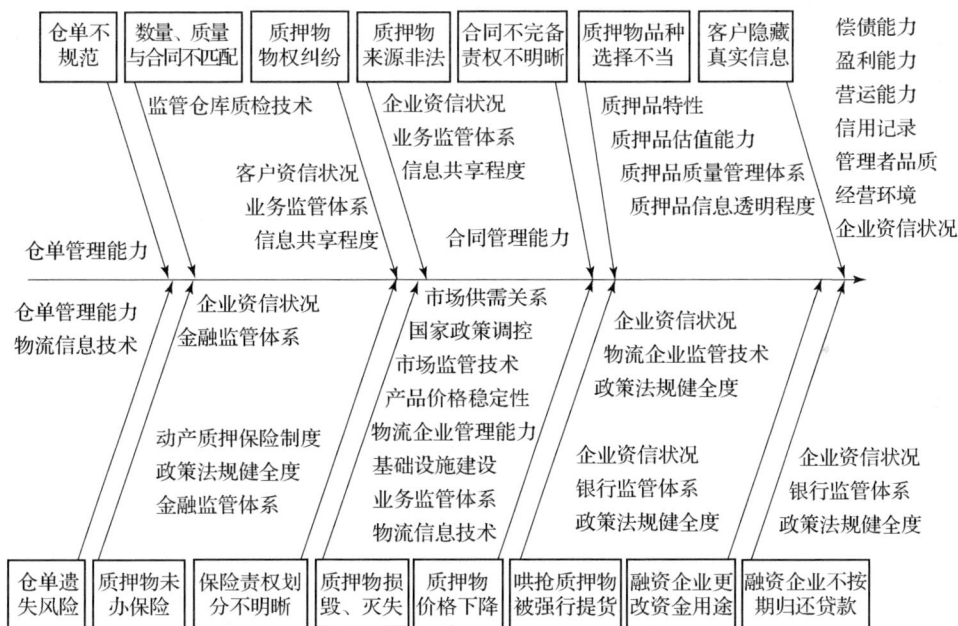

图 3－20　动产质押风险形成机制鱼刺图

3.3.2　信息化监管的博弈问题有待理顺

前文对上海银行业动产质押信息平台的参与主体的关系问题单独进行了剖析，用理论分析法肯定了该平台把银行放在主导地位。然而该平台之所以能够把这个问题处理好，原因是这个平台本身就是上海银行业牵头承办的，所以这个问题自然不成为一件难事。在其他主体承办的信息平台中，这个问题就成为制约信息平台的障碍了。

例如在大易网中，发现其与银行的联系并不明显，银行在动产质押业务中的主导作用无从体现，没有办法参与监控，因而对业务无法有效管理；虽然物流企业的业务功能比较完善，但其第三方的市场身份难免会使问题复杂化；另外融资企业作为一个隐形的服务对象，其服务大于监管。总体来说，动产质押的三个主体都是处于被监管和服务的地位。

再分析大易网的服务功能，其并不是在协调主体之间的关系，而是以强大的组织者和指挥者的身份对动产质押的主体进行管理，其居高临下的角色定位难免会有家长之嫌，作为一个中介企业这样的市场定位显然是不准确的，因为保证动产质押业务得以持续健康运行的力量是资源配置的市场赋予的，一个中介企业其市场影响力尚不足以撬动三个主体的配合意愿。

在市场经济中，动产质押创新利益主体的激励相容，保证动产质押合作的力量是利益，引导这种力量持续发挥作用的是三者之间的利益博弈，而不是一个管理主体拉郎搭配的作用，大易网的设计轻视了市场作用，当然不会具有持久的生命力，所以有必要从经济角度来分析信息不对称下动产质押的关系问题以及基于其关系的博弈问题。

大易网的角色定位是因为其本身是参与主体决定的，可以说这是它先天性的短板，而那些把自己定位成中间角色的科技公司，如案例中的浙江新银通动产质押服务股份有限公司、无锡感知集团、腾讯科技有限公司及华为技术有限公司，它们作为开发软件公司，重在信息平台中发挥管理的协调职能，也就是协调动产质押主体的利益，一定要在信息平台中把信息不对称下动产质押信息化监管的博弈问题体现出来。

（1）理论假设

从人性角度来说，经济人是利己的，每个经济人开展经济活动都是为了获得最大的经济利益。这种本性放在市场经济中的委托代理关系中时，就会产生一个问题，行为人追求个人利益的行为与企业实现集体价值最大化的目标相冲突了怎么办？哈维茨创立的机制设计理论中"激励相容"就是来解释该问题的，该理论的基础在于经济活动中存在广泛的不确定性和信息不对称的情况。

成功的动产质押能够使商业银行、融资企业及物流公司三个主体共赢，把这一模式整体当作集体，那各个主体就相当于是构成集体的个人。因存在各自的利益诉求，这三个"个人"之间关系既复杂又微妙，可能存在激励不相容的情况，产生信息不对称现象，见图3-21。

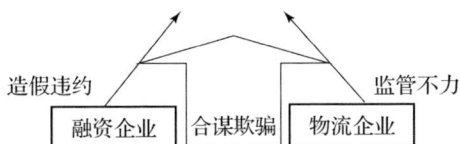

图 3 - 21 银行与融资企业、物流企业信息不对称结构图

从信息不对称时间划分角度来说，一方面，质押前的非对称或许是融资公司一方面对公司的真实信息有所隐瞒；另一方面，提供虚假信息以骗取所需资金，这造成了逆向选择问题，而质押后的新型不对称主要侧重于指道德风险，即使融资公司在签署协议之前出具的信息是真实完整的，然而签署协议以后，由于商业银行不能对公司活动开展实时监控，融资公司有开展对银行不利活动的倾向，进而出现道德风险问题。由于受到信息不对称问题的影响，市场不能处于"帕累托最优"状态，这时就有必要开创一种和具体的交易数据结构互容的协议安排，以约束协议双方的经济活动。

在金融监管活动中，监管部门与被监管部门（主要指一些金融机构）同样具有信息不对称问题，监管部门无法全方位、快捷地掌握被监管部门的运营风险，二者关系在本质上属于经济学层面上典型的委托—代理关系。按照詹姆斯·米尔利斯及威廉·维克里通过"激励相容"这一概念构建起来的委托代理学说的内容，不管是委托人还是代理人，都以自身利益最大化为最终目标，也就是说，动产质押中银行、物流企业的目标函数是矛盾的，当市场中存在信息不对称时，物流公司有做出对银行不利行为的倾向，而银行因为受到信息不对称的影响，不能对物流公司的上述行为进行有力的制约，进而使得物流公司开展不利于银行的经济活动。为解决委托代理问题，银行有必要按照掌握的相关信息对代理人做出奖惩，以促使物流公司选择有利于银行的活动。物流公司受到银行两个层面的制约：首先是参与制约，也就是银行为物流公司提供的效用水平至少要超过物流公司拒绝协议之时的大小，唯有物流公司履约的期望效用超过违约的期望效用，物流公司才会按照合约行事；其次是激励相容制约，也就是给定银行无法掌握的物流公司的信息，在所有激励协议之下，物流公司只会根据自身效用最大化条件来选择行动，银行想要物流公司开展的行动是要利用物流公司的效用最大化活动来达成的。因此，在动产质押面临信息不对称问题影响时，解决商业银行与物流公司二者的委托代理问题的重点在于制定一个科学的激励协议，来促使物流公司选择对商业银行有利的行为，也就是利用合理的委托代理协议实现激励相容的目标。

所以，在动产质押活动中需利用科学的机制安排开展监管，在监管目标中把银行的经验目标结合进来，在开展监管活动时引入银行的内部控制及外部约束，彻底施展这二者的功效，推动商业银行及物流公司二者目标函数最大化的协调性，满足监管活动中不同活动主体的激励相容，反之最终的后果就是迫使监管对象付出巨大的监管服从成本[192]，物流企业和融资企业被银行要求提交各种报告，尽可能多地披露各种信息，同时对银行来说也抑制住金融创新，而且往往会产生严重的道德风险。所以银行的内部管理、融合市场约束、对不同的监管客体开展不同的监管激励相容，这是银行监管活动的核心所在。

要实现激励相容监管，不仅要注重监管的灵活性及条件性，而且要注重市场监督的力量，利用风险及收益、权利及义务的适当配置来促使创新走向科学的方向[193]。监管的目的是促使市场不同主体风险及收益、权利及义务得到协调。上述因素在市场各方之间协调性的提高能够促使市场稳定性的增强，不可控风险的降低。对监管制度有效与否起决定性作用的是监管制度能否实现"激励相容"，也就是该监管机制追求的目标是否和市场中各个市场主体效用最大化的目标相符。

根据对动产质押活动三方主体关系的探讨，为保证三方博弈模型的实现，在此给出以下几个层面的理论假设：

第一，质押活动三方主体，即融资公司、银行及物流企业，全部满足理性人假定，其最终目标都是追求自身效益最大化。

第二，本博弈模型设定为完全信息条件下的静态博弈。这是由于能够将质押活动三方主体理解为同时行动，在进行决策之时不能掌握对方的决策，然而每一主体都了解其余两个主体的支付状况与策略选择空间。

第三，银行的策略选择集为监管有效，监管无效。在此假定监管成本对于监管的有效性具有决定性作用，也就是当商业银行增加监管成本之后，监管必定是有效的。所谓监管有效，是指在经济活动中能够及时了解融资公司的失信行为及物流公司的违约活动，同时假定有效的监管活动能够消除银行发生损失的可能性。同理，若监管是无效的，银行最后还是会了解到融资公司及物流公司的失信行为，但这时候银行会承担不少经济损失。

在三方博弈模型之中，业务的监管费用、特定收益及其余两个主体的失信行为带来的损失对于银行支付具有决定性作用。

第四，物流企业的策略选择集为履约，违约。若融资公司处于失信状态，物流企业守信并主动和银行进行沟通，就会得到商业银行的奖励；而物流企业违背合约不仅是指在融资公司履约的前提下，为获得经济利益，物流企业单独失信，还指物流公司和融资公司合伙失信于银行，这同样为其带来经济收益。然而若银行机构的监管活动是有效的，掌握其失信行为，会对其进行惩罚。

在三方博弈模型之中，物流企业的支出受到以下几个因素的影响：检举融资公司违约得到银行奖励、和融资企业合谋带来的额外收益、单独失信获得的经济利益与被银行察觉到失信行为遭受的处罚等。

第五，融资公司的策略选择集为守信，失信。若融资公司选择守信，完全依据协议约定开展活动，按时归还资金，出具的质押品满足授信要求，银行机构会对其守信行为进行奖励，比如提升该公司的信用等级或以后能够以较低的利率获得资金；反过来，若融资公司出现失信行为，银行会给予其一定处罚。同时，当失信取得的利益必然超过守信时的利益时，融资公司会产生失信的倾向。

所以，在三方博弈模型之中，融资公司的支付受到守信奖励、失信处罚、在监管不力条件下取得的失信收益等因素的影响。

第六，假设银行监管有效、物流公司履约和融资企业守信的概率分别是：α、β、$\eta \in [0, 1]$。

（2）建立模型

根据以上介绍的假设条件，该模型三个交易主体的策略集合分别为（监管有效，履约，守信）（监管有效，履约，失信）（监管有效，违约，守信）（监管有效，违约，失信）（监管无效，履约，守信）（监管无效，履约，守信）（监管无效，违约，失信）及（监管无效，违约，失信）。动产质押业务三方博弈的博弈树如图3-22所示；局中人的博弈矩阵如表3-5所示。

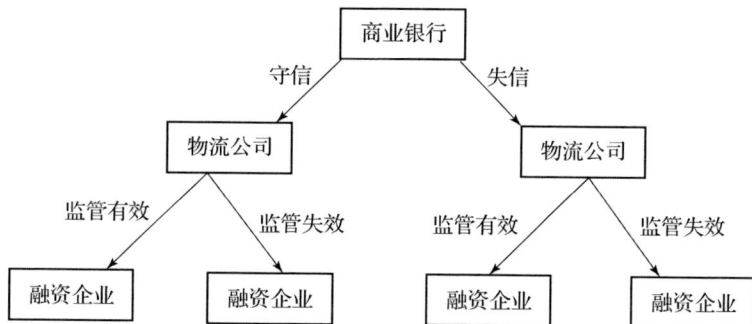

图3-22 动产质押业务三方博弈的博弈树

表 3-5 动产质押业务三方博弈模型博弈矩阵

			商业银行	
			监管有效 α	监管无效 $1-\alpha$
物流企业	履约 β	融资企业	守信 η	$(B, 0, E)$	$(B_1, 0, E)$
			失信 $1-\eta$	$(B, -G, E)$	(B_1-L, A, E)
	违约 $1-\beta$	融资企业	守信 η	$(0, W, -F)$	$(-D, W, E_1)$
			失信 $1-\eta$	$(0, -P, -F)$	$(-D_1, A_1, E_2)$

在表 3-5 中，笔者用不同字母表示收益或损失值，具体如下：

B 表示物流企业执约且融资公司守信条件下，银行机构利用这笔顺利实施的质押业务赢得额外经济利益，该收益属于净收益，因为其已经将监管费用排除在外。

E 表示融资公司守信，提供可靠完整的信息并如期归还资金，赢得商业银行的额外奖励；物流公司独自违约且未被发现，获得额外收益 C。

G 表示融资企业守信，物流公司独自违约，由于商业银行监管有效，物流公司的违约行为被银行发现，因此受到相应的惩罚（包括有形和无形惩罚）。

B_1 表示商业银行监管无效的情况下获得的额外收益，按照本模型的假设条件——监管成本是监管是否有效的唯一影响因素，因而此时监管费用较低，也就是 $B_1 > B$。

L 表示融资企业守信的情况下，银行机构对物流公司不能进行有效监管，不能察觉到物流企业的违约活动，使得商业银行承担的损失，也就是代表物流企业单独违约给银行机构带来的经济损失。

A 代表融资公司守信的条件下银行机构不能对物流公司进行有效监管，不能了解到物流企业的违约行为，为物流公司获得额外收益。

W 表示银行机构处于无效监管状态，不能了解到融资公司的失信活动，而物流公司及时向银行举报而获得银行提供的经济奖励。

F 代表融资公司失信后被察觉，银行为此给予其处罚，为融资公司的损失。

D 代表物流企业没有与融资企业合谋的情况下，银行不能进行有效监管而未能察觉融资公司的失信活动，因而银行承担经济损失为 $-D$。

E_1 表示物流企业没有与融资企业合谋的情况下，商业银行监管无效，没有及时发现融资企业的失信行为，融资企业获得的额外收益1，此时 $E_1 > E$。

P 表示银行能够做到有效监管，能适时了解到融资公司及物流企业的共谋活动而对其进行处罚，物流公司和融资企业均受到相应的惩罚，为物流企业的额外收益，此时融资企业的收益为 $-F$。

D_1 表示商业银行监管无效，不能察觉到融资公司及物流企业的共谋活动，使得银行承担很大的经济损失 D_1，此时 $D_1 > D$，因为物流企业和融资企业合谋对商业银行的消极作用必定会大于二者单独违约带来的损失；而融资公司及物流企业各自得到的额外经济利益为 E_2，A_1，且满足 $E_2 < E_1$，$A_1 > A$。

（3）模型求解及结果分析

下面来分析银行监管不同的情况下物流企业履约的概率。设银行监管有效和监管无效的期望收益分别为 H_1 和 H_2，根据三方博弈模型可得出：

$$H_1 = \beta[\eta \times B + (1-\eta) \times 0] + (1-\beta)[\eta \times B + (1-\eta) \times 0] = \beta \times B$$

$$H_2 = \eta(B_1 - L) - (1-\eta) \times D_1 + \beta[\eta \times L + (1-\eta)(D_1 - D)]$$

令 $H_1 = H_2$，得：

$$\beta^* \frac{\eta \times L + (1-\eta)D_1 - \eta \times (B_1 - B)}{\eta \times L + (1-\eta)D_1 - (1-\eta) \times D}$$

当银行监管有效和无效的期望收益相同时，物流企业违约使得银行承担的期望损失 $(1-\eta)D_1 + \eta \times L$ 越大，物流企业相信商业银行会选择强化监督，考虑到风险及收益，物流企业往往倾向于选择履行协议；商业银行有效监管及无效监管之间的监管费用之差 $B_1 - B$ 越大，物流企业与融资公司会采取一样的博弈角度，倾向于相信商业银行由于受到高昂监管成本的影响而选择放松监管，故其二者更加可能会失信；融资公司单独违约之时，承担的期望损失 $D \times (1-\eta)$ 越大，物流企业会相信银行将强化监督，如果违约风险极高，加上履约会获得商业银行的经济鼓励，所以物流公司会倾向于守信。

再来分析在银行监管不同的情况下融资企业守信的概率。设银行监管有效和监管无效的期望收益分别为 H_3 和 H_4，根据三方博弈模型可得出：

$$H_3 = \eta[\beta \times B + (1-\beta) \times B] + (1-\eta) \times 0 = \eta \times B$$

$$H_4 = (\beta - 1) \times D_1 - \beta D + \eta[(1-\beta)(D_1 - L) + \beta \times D + B_1]$$

令 $H_3 = H_4$，得：

$$\eta^* \frac{(1-\beta) \times D_1 + \beta \times D}{(1-\beta) \times D_1 + \beta \times D + (B_1 - B) - (1-\beta) \times L}$$

当商业银行监管无效及有效具有同等的期望收益之时，通过 η^* 能够发现，融资公司失信前提下银行的期望损失 $\beta \times D + (1-\beta) \times D_1$ 越大，商业银行必然会选择强化监管，融资公司进行失信行为的风险越大，故融资公司会倾向于守信；$B_1 - B$ 作为银行机构监管有效及无效之间的监管费用之差，其越大，商业银行会权衡监管成本问题，融资公司会相信商业银行不太可能会选择投入高成本进行监管，因而更倾向于违约。

融资公司在做出决定之时同样会权衡物流企业要素，物流企业单独违约给银行造成的损失 $(1-\beta) \times L$ 越大，银行更倾向于强化监管，融资公司也会权衡这点，故更倾向于选择履行协议。

从以上结果来看，若要物流企业履约，融资企业守信，银行必须加强监管，打破它们三个主体之间的信息不对称，这是它们在动产质押业务中的博弈机制决定的，只有这样，动产质押才能持续健康发展，它们共赢的基础才能夯实。所以一个动产质押信息平台的建设目标以扩充价值为主，不仅体现监管的功能，也要让银行间接有监控的能力，从而打破彼此"零和博弈"的局面。而忽视对这三个主体内在联系的利益博弈，就走错了方向。信息平台如果尊重经济规律，深入剖析动产质押中的信息不对称的本质，处理它们三者之间的关系，以市场为基础，重视银行的主导作用，把有限的精力分配在监管和服务方面，而不是强调管理方面，也许会走得更长、更远。

3.4 案例分析的启示

从前面列举的实例来看，信息平台的发展历程还不到十年，对于一个复杂的事物来说，十年的时间实在是太短，只能说如今的动产质押信息平台还在初始阶段，往后还有很多问题待解决。"大易网"作为第一个被淘汰的信息平台，自然成了笔者进行成功经验和失败教训分析的重点案例，但不代表其他的信息平台就完美至极，其实它们中的很多已经出现了迟暮的迹象，如四川辉睿金仓远程监控平台和浙江新银通动产质押服务股份有限公司动产质押信息平台，这两个信息平台都很难正常浏览，页面内容也陈旧简单，说明很少有业务支撑，至少市场活力不够。另外，苏宁银行和无锡感知集团的两个平台都是内部小范围在使用，在技术上被承认其价值，被高级别的机构赋予科技创新价值，但在市场上并没有特别火热，笔者试着进入使用界面，并没有直接的链接网页。腾讯云和华为云都是近两年才上市的，除了几个成功案例可圈可点，看不出市场接受度很高的迹象。笔者从这些案例中得到一些启发。

3.4.1　信息化离不开系统地控制动产质押风险

动产质押融资作为社会经济系统的一部分，无论从外部还是其内部都符合系统的规律，以下以系统动力学的分析方法来分析动产融资的结构及动态发展机制，论证发展决策。在进行系统动力学研究之时，首先需立足于组成系统的基本构造，结合系统、环境与系统内众多要素的相互关系，构建一个较为全面描述物流系统的因果关系图，进而探寻不同要素之间的关系与相互作用，寻求解决问题的途径。因为动产质押融资活动有三个参与主体，即银行、融资公司及物流公司，所以在实施系统动力学分析之时，要发现这三者之间的因果联系，探寻对动产质押融资产生影响的不同要素的相互关系，以及与宏观经济之间的关系，具体见图 3 - 23。

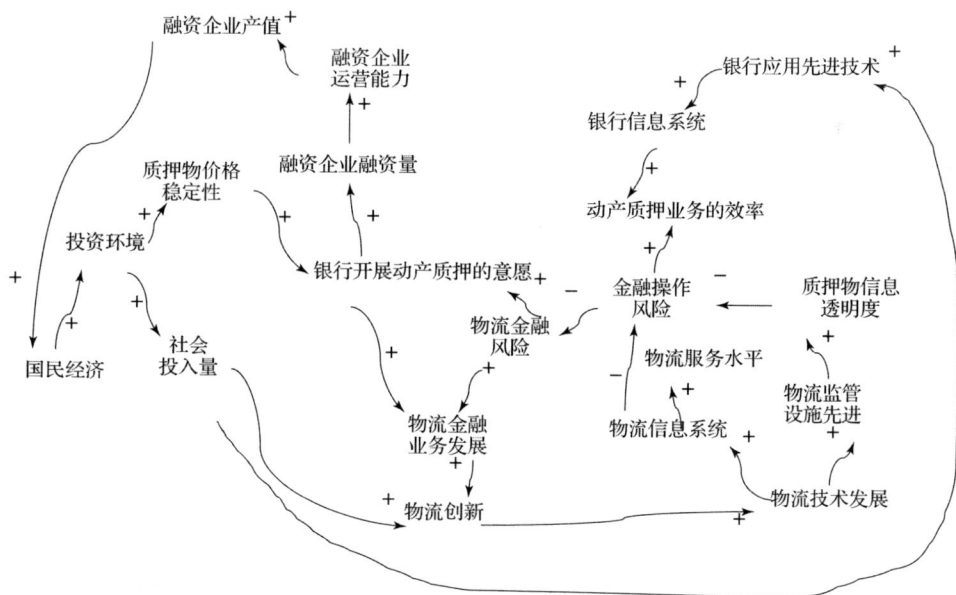

图 3 - 23　动产质押系统因果关系图

在图 3 - 23 中，连线表示动产质押诸要素与要素子系统之间具有因果联系，（＋）代表正反馈，若融资企业具有较好的发展，则宏观经济也会随之发展，这使得投资数目增多；（－）代表负反馈，若风险水平提升，银行一定会降低贷款金额，那么融资公司面临的融资数目会降低，银行业的安全性也失去保障。上图把动产质押业务中的要素及其子系统的因果关系明确地勾勒出来，为研究其相互关系并探索动产质押良性进步、降低风险开拓了新的思路。

图3－23中的架构，涵盖微观方面的银行业、物流企业及融资企业，也涉及宏观层面的国民经济发展，体现了经济的微观和宏观的互相制约、互相影响，也说明动产质押对国民经济的发展存在依存性。动产质押金融业务的增加有利于促进国民经济的发展，随着经济发展水平的提升，国家会改善相应的产业政策，形成完善的经济发展体系，从而形成一个良好的投资环境，有利于动产质押金融的健康发展，这是一个良性循环的正反馈过程；随着社会投资环境的改善，其他相关行业也不断发展，各领域的创新层出不穷，其中物流领域的创新，使得物流技术得到应用和发展，表现在物流信息系统和物流监管设施方面的投资和推广会逐渐深入，这种局面会使动产质押业务中核心价值载体——质押物信息透明度增加，从一定程度上降低动产质押业务的运作风险。物流技术的进步同样使得物流公司在动产质押活动中的服务水平有所提升，业务效率也得到提高，使银行满意，从而得到更多的合作机会。就银行业而言，社会投资增加后，银行的投资会相应加大，其信息系统的业务功能和效率得到改善，风险控制能力提高，物流金融风险降低。银行作为风险控制主体会有开展动产质押业务的意愿，从而推动物流金融发展。物流金融得到发展，直接受益的就是融资企业，其获得融资的机会和数量会得到扩充，其经营规模有扩大的可能，创造价值的空间将有所扩展，另外，其融资成本将有所下降，经营能力有所提高，贷款风险将有所降低。

图3－23中所有反馈都是正反馈，系统具有明显的路径依赖特性。在此分析中，可以得到的结论是，随着基础设施和信息系统的不断完善，质押风险水平减少，动产质押各个主体的操作效率水平增强，进而动产质押活动会得到增长。

以上论证了动产质押信息化中系统思维控制风险的重要性，在大易网中运用这种系统思维控制风险的痕迹不明显，即使其引入RFID技术对质押物进行实时监控，但它们引入该技术只是作为物业配套，并没有为质押物配上标签，这种缺乏系统性的方式，使物联网不能让传统智能安防监控从事后追踪变革为事前预警，没有让传统基于RFID、条码、二维码的物流信息化被动管理变革成主动无遗漏环节监管，所以也实现不了对质押物进行全过程的监管，信息系统达不到风险控制目的，动产质押监管的系统效率当然会大打折扣。

解读信息平台的系统性还包括另一个角度，即是否系统地利用好资源。例如，有些货物是来自外贸渠道，这些货物的相关信息在海关可以得到，如果把海关信息也纳入信息平台，就踏上了系统监管的捷径。上海银行业动产质押平台在这方面有些探讨，它们拉拢了上海市银行同业公会，其与中国银行业监督管理委员会及上海金融联系密切，它们之间共享信息的障碍门槛较低，实现系统性监管目的更进一步。

根据信息系统实践理论，信息系统要基于现实，把可行的功能优先实现，同时还要保证兼容性和扩展性。在信息平台发展起始阶段，出于技术、安全、经济及组织的原因，各单位只能以实现内部管理为主，优先保证自身信息管理系统化，与外协机构的信息相连是一个美好的理想。然而理论性地探讨如何在信息平台体现系统性，本是笔者写作本书的一个目的，将在第四章深入探讨这个问题。

3.4.2 充分考虑先进的信息技术和系统需求的匹配度

前面大易网案例中虽然应用了射频技术，然而用射频技术只能够对进入仓库的货物进行闭环管理，显然不能满足动产质押监管需求。动产质押监管本身要求全过程的持续性，需要兼备静态仓储监管和动态联运监管相结合的全流程管控，将新科技的监控结果能够从信息公开、货物控制、仓储监管等动产质押融资活动每个环节之中了解，阶段性地选择应用物联网就起不到全面控制风险的目的。另外，大易网的网络效应不明显，因为人们生产和使用平台的目的是更好地收集和交流信息，所以信息平台存在互联的内在需要，这种需求的满足程度与网络的规划密切相关。动产质押信息平台要尽可能多地共享既有信息，把各种有关信息纳入系统，如各融资企业以往的信用记录系统，借助这些旧信息对融资企业进行把关，降低合作风险。全面而多维的信息可以增加信息平台的智能性，也对各主体具有威慑力，使他们自觉履行自己的职责。充分挖掘信息技术功能，实现与信息平台最大匹配的目标是建设动产质押信息平台的必要工作。

相比于大易网而言，上海银行业动产质押平台做得就比较科学。它在充分挖掘技术功能方面做得比较全面，平台核心是属权登记，而其载体为电子仓单，在仓储信息公开、货物控制、仓储监管等动产质押融资活动环节之中结合云计算、大数据等先进信息技术，PRID 技术为该平台中的钢材加了一个身份证，可以通过静态仓储监管和动态联运监管确保交易货物的真实性，通过人力和技术的双重管理机制，实现对动产质押的全流程管控，具体的例子如下：

（1）库存管理

仓储现场虽然距离融资银行较远，但仍然能够对其进行实时监管，以维护质押物的安全。若质押物被移出虚拟围栏，则系统就将此状态认定为非法移动状态，定位系统坐标就会传输至云端控制平台，之后呈现出移动轨迹，若质押物遭受强行拆除，则系统会自动报警。此外，金融机构总部可以对全部质押物进行实时控制，用不同标记标注质押物是否属于安全的情形，若质押物遭受强行移动过，则监管员会加以关注，任何一个点都可以对质押物进行精准定位。保证质物的安全性，一方面有益于银行，另一方面使得融资企业受益。此系统能提升融资公司的声誉水平，其往往会获得更多的资金额。

（2）盘点方法

传统的盘点指的是人工核验质押物，并填写质押单，由于质押物数目很多，盘点是件费时费力的事情，建立动产质押管理平台之后，质押物是否存在、是否被替换等信息全部能够获取，在很大程度上减少了工作强度。利用上述系统，仅仅需要一张智能卡片、一套后台系统及一个智能机就可以在很短的时间内为质押物画上"虚拟围栏"，保证质押物的安全性。

（3）把融资企业、物流企业和银行真正纳入动产质押系统中

动产质押融资平台可以实现资金流、信息流、实体流的三流合一，满足三个主体的不同需求，同时又把三个主体都纳入体系中，实现了三个主体的地位的相对平等，有利于三方共同沟通解决问题，从一定程度上解决了信息不对称问题。

随着 IoT、VR、8K、AI 等新技术的不断应用，信息平台的应用会更加灿烂多彩，然而这些技术是否能够融入整个信息系统，事关该信息系统的成败。那么哪些技术可以呈现在信息平台上，笔者将在第五章深入探讨这个问题。

3.4.3 探讨适合平台建设和运营的模式

信息平台的本质是带来客户，这样才能充分发挥平台的作用，规模效应也才能显现。从前面的几个案例可以看出，大易网和四川辉睿金仓远程监控平台都是仓储企业作为建设和使用主体，这两者的信息平台是为了服务于业务建设的，所以这样的平台很容易被当作企业内部的软件一样使用，市场的覆盖面得不到推广，从而得不到市场的认可。再说仓储企业与其他参与主体

相比较，银行才具有相对优势，以物流企业为主承办的信息平台，单干的模式导致其他两个主体自愿配合的可能性降低，业务推广就显得势单力薄，对包含内容、享受服务的对象及用户等的包容及利益协调问题都无能为力，由于银行和融资企业没有被纳入共同体中，三方之间没有建立合适的信息通路，所以信息流的流动效率并不高。另外，以物流企业为主体的信息平台不容易建立合适的成本消化模式，高企的网站维护成本使大易网当然很难持续下去。

上海银行业动产质押平台和苏宁银行都是作为其中的参与主体，利用主导者的身份建设和维护这个平台，因此该平台也可以被当作其内部投入资源，符合动产质押的特点。值得肯定的是，上海银行业动产质押信息平台由宝钢股份子公司东方钢铁与上海钢联的合资公司为开发运营方，是上海市银行业同业公会在上海银监局、市金融办、市商务委、市高院等多方监管机构指导下推动创设的，运营模式以政府推动、银行主导、物流企业参与，并通过市场化招标，可以明显看出是社会多方面共同发力的，避免了唱独角戏的局面。由银行业控制的机构建设及管理，这样的模式还可以实现风险控制的有效性，其商业模式虽然没有社会化，但严格地体现了以银行为主导的局面，在动产质押信息平台的初始发展阶段，这种模式是可行和严谨的选择。该模式试行成功后，在维持银行先入为主主动地位的基础上，引入社会技术及资金力量，加入更多组合的参与主体，衍生出更加有机的商业模式，有望最终实现社会效率的提高。

浙江新银通动产质押服务股份有限公司动产质押信息平台、无锡感知集团、腾讯云以及华为云，这四个信息平台都属于非参与主体经营的，其盈利模式和运营模式面临着更大的挑战。好在如今提供公共平台的成功案例比较多，从其他成功案例学习盈利方式是比较容易的，笔者会在第六章继续探讨这个问题。

3.5 实例分析的实践意义

比较前述失败的动产质押监管平台，可以从中得到启示，合理应用物联网技术的动产质押信息平台明显可以契合业务需求，达到了比较满意的效果。除此之外，还要看到信息平台摒弃了单干的可能，由此提出信息平台的建设要求。

（1）探索科学的信息平台运营模式

动产质押从形式上看是三个主体共同参与才能完成，因融资企业参与动产质押多是临时性行为，不可能也没有动力自己专门建立一套动产质押信息系统，所以建设并运营动产质押信息平台的使命应该是在银行和物流企业这两者中。物流企业和银行从法律上看是代理委托关系，它们是动产质押业务的主要角色，所以信息平台不能绕开这两个主体，最好一同纳入系统中。

（2）以提高管理效率为基本目标

建立信息平台的目的之一就是要实现信息同步化和信息共享，使得信息在整个业务过程中同步，各参与者都能符合需求的变动，进而形成同步运作，这样也提高了整个业务的运营效率。应用物联网技术后，管理过程由"物—人—物"的方式发展为"物—物"方式，利用物和物的直接相连，在很大程度上降低了对人工的依赖程度，降低了人工出错率，实现了管理过程的优化。

（3）质押物的全过程监管

利用 PRID 标签可以追溯质押物的前世今生，物联网技术对流动的质押物进行跟踪，同时向所有参与者实时传送数据，使质押物在流通过程中的信息达到高度集成，减少信息失真。动产质押信息平台运用物联网技术后，能实现管理人员准确追踪和定位处于任意位置、任意来源的任意物品，实现了质押物的全透明管理。

（4）满足个性化的发展需求

伴随服务的不断完善，动产质押实施主体具有更多的个性化需求，如在质押物的市场价格波动期间，银行需要了解质押物的市场价值。为了满足这种需求，信息系统必须加快反应速度，保证信息的迅捷性和准确性。智能型的信息系统通过跟其他系统对接，借助大数据、云服务等现代技术，提供准确的可供银行参考的决策信息，增强对质押物的价值控制力。

从以上分析可以看出，动产质押信息化绝不是用信息的形式这么简单，其本质还是以动产质押为主，信息方式为辅。因此，我们在把"互联网＋"的理念应用到动产质押上时，要注意厘清"互联网＋"和"＋互联网"的区别，抓住问题的本质，把动产质押的监管提升到重要位置，选择物联网技术应用到动产质押信息平台中是一个值得大家努力的方向，物联网技术的应用无论在风险监管方面，还是提高管理效率方面都契合动产质押监管平台的需求。

3.6　本章小结

本章以现实中的八个信息平台为案例，先总结并论证了这些平台的三个共同特点，第一，信息平台突破仓储企业定位，以物流企业的角色参与动产质押业务。第二，体现了物流企业、银行及融资企业的关系。第三，把风险控制当作信息平台的使命。同时也指出这些平台存在的两个问题，首先风险控制的系统性不够，其次针对信息不对称的监管关系不够理顺。随后笔者从以上分析中得到三个启示：第一，信息化离不开系统地控制动产质押风险。第二，考虑信息技术与系统需求的匹配度。第三，建设和运营模式相匹配。最后总结了信息平台的其他方面特质，提出了针对信息平台建设的实践意义。

第四章 物联网技术助力 信息平台建设

4.1 物联网的功能满足动产质押信息 平台系统功能需求

4.1.1 物联网从技术上增强动产质押风险识别及管理能力

（1）物联网的互联网信息共享功能打破信息壁垒

顾名思义，物联网就是物物相连的互联网。其一层意思是物联网的核心和基础仍然是互联网，只不过是在互联网基础上多了用户端延伸和扩展，从而达到任何物品与物品之间的信息交换和通信。有了互联网技术，所有的终端都可以将自身的各种信息传输汇聚到中央处理器；通过计算机信息技术，大量有关信息可以被分析和处理，从而为决策者提供智能意见。

①互联网使银行实现收集数据方法的突破。作为动产质押的关键主体，银行亟须打破与融资企业的信息不对称状态，它们即尽可能获取融资企业的各种信息，如融资企业的具体状况、质押物库存及变动记录、融资公司信用记录等，在实践中，银行获取客户信息的方法有以下几类（见图4-1）。

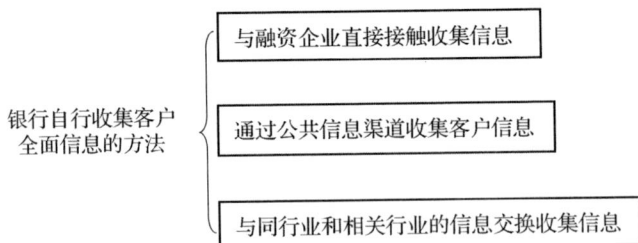

银行自行收集客户
全面信息的方法
{
与融资企业直接接触收集信息

通过公共信息渠道收集客户信息

与同行业和相关行业的信息交换收集信息
}

图4-1 银行获取融资企业的方法

从以上银行收集融资企业信息的方法来看，其实践中的操作难度显然很大，且成本很高，效果有限。譬如针对质押物信息甄别，要求查实授信动产首先必须是出质人完税后合法自有的存货和其他流动资产，这个证明由融资企业提供，但是进口海关监管商品、救灾物资、已质押物品、所有权已转移的物品、未纳税物品、来路不明或者非法渠道买入的走私物品、具有司法争议及法律纠纷的物品、捐赠物品、军用物资与其余所有不能证明产权关系的物品不能作为质押物，此时银行机构就需向有关机构进行核实，查验出质人的相关单据，如增值税发票、物品完税文件及购销合约，明确商品来源的合法性与所有权。要查实这么多方面的信息，工作量很大，好在互联网实现了收集信息方法的突破。举个例子，2017 年 9 月 20 日正式上线的"上海银税互动信息服务平台"[194]，可以为银税双方共享信贷融资信息和纳税信用评价结果，该平台由上海市税务局和上海银监局合作开发，真正实现了银行与税务数据的一线直连，"鼠标＋拇指"模式给予银行信息收集一个发展的新平台和新渠道。随着互联网发展从"广"到"深"，银行获取信息可以全面"互联网化"，收集信息的方式比以往任何一种方式都更快、更经济、更直观、更有效。

②实现主体间的交互畅通。从动产质押的操作流程可以看出，在动产质押业务过程中，三个主体需要很多频繁的接触互动，环环相扣以完成完整的动产质押过程。以委托方银行和受委托方物流企业为例，它们在业务过程中需要经常沟通，以确保银行对物流企业的工作情况等信息的理解和掌握，如果沟通渠道不畅，或沟通方法还停留在传统的电话、传真等方式上，银行在与物流企业进行沟通时，许多有用的信息就会被丢失或曲解，造成银行和物流企业产生沟通障碍。另外，银行给融资企业贷款后，银行还需了解融资企业的生产、销售、经营状况及经营环境的变化，判断企业提供资料的真实性，这时融资企业就要与银行有沟通的渠道，不时把报表报送给银行，以便银行分析企业贷款到期时的偿还能力，监督企业的现金流量及其财务变动情况。在信息系统建立之前，这种沟通多数是银行项目经理定期深入企业获得的。在互联网时代，这种沟通完全可以通过网络实现，当然这种不见面的沟通有数据失真的可能，因此银行可以要求融资企业把它们内部的 MIS 做一定程度的公开，甚至要求其对接到动产质押信息系统，以确保银行获得正确的实时信息。值得注意的是，在很多企业实施 ERP 等信息系统的今天，这种信息对接的方式也要求它们与外界的信息沟通能够完全信息化。另外，随着供应链金融动产质押业务的增加，下游企业及核心企业经营和生产异地化趋势增强，因而涉及多个金融机构间的业务协作，沟通主体的增加更加加剧了沟通的难度，只有共享的信息平台才可以实现低成本高效及时的沟通。

③充分发挥信息的二次生产功能。银行需要通过风险管理对融资企业进行风险控制，多渠道了解融资企业生产经营状况，然后分析其还款能力是基

本工作。然而真正有污点的融资企业往往在应对银行的检查时本能地掩盖事实，要么作假，要么精简数据及记录，使银行获得的信息可能失真。随着信息在互联网上的传播，不仅传播的广度有所扩张，而且信息的真伪也可以得到佐证。例如，当一个有关融资企业的信息发布出去后，可能会被若干个浏览者看到并转发甚至收藏，一定的时间窗口过后，这个信息传播的链条会非常长，它会跟链条上的其他社会上的信息、人物、事物发生杂交和繁殖，迅速地"生孩子"，这个信息的"孩子"会和其他信息再次发生杂交，然后产生一个漫长的链条，可能经过几代信息的杂交和繁殖，一定时间后，这些信息变成了多角度融合的信息，如果不能逻辑自洽，银行就可凭这个信息对融资企业提高警惕，加大风险控制的力度。反过来说，由于网络效应的存在，倒逼融资企业不敢轻易作弊。

（2）物联网的追溯功能解决质押物归属问题

动产质押不像其他担保形式，这种融资形式的最重要的基础就是质押物的价值。质押物历经多次流动，无论在商流中还是在物流中，其每道经历都会增加一些不可控的风险，甚至变成非法质押物。以往由于对质押物的监管落后，存在融资企业说服物流企业联合作弊的空间，银行和物流企业处于信息不对称状态，没有实时了解仓库质押物数目变动、价格等信息，同样不能开展仓储与运输工具的同步追踪与监控。而通过远程质押监控，就可以及时把金融风险降到最低限度。以上分析在互联网时代难以实现，因为互联网实现追溯的功能有限，还需要人主动地去搜索数据。要想人需要的数据自主地找到人，必须通过物联网来最终实现。

①物联网电子标签存储移动信息。以 RFID 为代表的电子标签，属于提高"输入"效率的技术，是条码与穿孔卡等技术的扩展，相比于条码，其具有更高的自动化程度，针对视频设备的 RFID Auto‐ID 中心的 EPC Global 体系可实现电子化的编码方式，RFID 作为编码的载体，实现各种跟踪和管理。以下是处理电子产品代码及其 EPCIS 数据服务器地址的映射控制（如图4‐2所示），这和已经十分成熟的 DNS 十分类似。

物联网以贴在质押物上的电子标签为依据，通过领先的软件技术对物品实施自动化、实时性的控制、定位、辨识与追踪且触发有关事件。被贴了 RFID 标签的质押物就可使用嵌入式的智能识别技术，使得质押物在流程中的相关信息透明化，这种透明化使得质押物的全部属性信息按空间、时间记录下来，在流程中利用，这是专业信息化的基础。透明化是无限的，处于流程中的资源具有与日俱增的特性，而这些特性激发了价值创新。为了应用于更

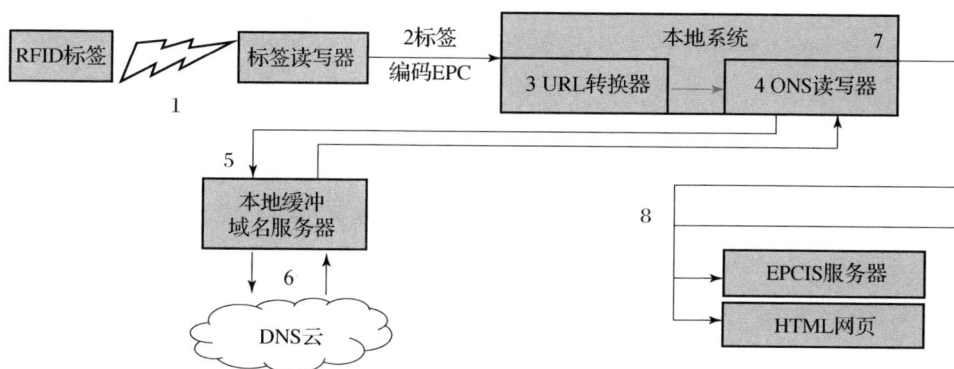

图 4 - 2　查询和映射管理

多质押物，RFID 电子标签也有所突破，如上海洲斯物联科技有限公司的专家们研发出最新的传感器，成功地将 IP67 运用到工业级有源 RFID 标签上。所谓 IP67，即总体避免灰尘进入及渗透、防护暂时性浸泡，现阶段于布线产业实现的最高层级为 IP67。此项标签具有超长信号传输、精准定位、超长寿命、超低功耗、循环使用、双向通信等特点。

②物联网可以借力更多网络类型。物联网可以通过在物体上植入各种微型感应芯片，做到对质押物进行定位，并对质押物进行全方位监测，从而准确确定质押物的信息，提升监管质量数据的准确性；利用无线通信网络，和目前的互联网相结合，能够使得物体"发声"。物联网能够借力的地方很多，除了互联网之外，还可以应用公众通信网络、行业专网、专用于物联网的新建通信网等网络基础，这样可以增强物流资源的管控能力，以及网络合理布局和动态均衡的调控能力，最终落实为资源的身份识别、资源属性的时空跟踪能力。从这个角度来看，物联网较互联网有了很多的突破，这种突破在动产质押业务中可实现质押物追溯功能。

③物联网保证质押物在动态和静态过程中的实时监管。

a. 存储过程中的管理。在动产质押合同中，最基本的条款中都会有这样一句话："在质押有效期内，乙方应负责妥善保管质物，并不得挪用"，这句话表明物流企业对质押物的数量和质量有保管义务，既是银行对质押物价值的诉求，又是融资企业对货物价值的要求。物流企业对质押物监管的过程中，经常面对找货难、盘点慢、发错货、系统复杂等问题，随着物联网应用于仓库管理，这些问题已经不是难事了。物联网的全部感知器械是相互连接的，形成具有多种触角的感知网络，上述感知器械不仅可以"感觉"，而且可以

"分析"及"辨识",把辨识之后的数据发送至后端应用中心,以满足领导者进行战略决策的需要。

◆质量和数量的管理。物联网基于智能传感技术、智能管理与智能处理等科技,具有信息实时收集、智能处理、辅助决策、无线传送等多种功能,通过对存储环境、质押物感应参数的准确检测、数据的可靠传输、信息的智能处理以及控制机构的智能化的自动控制,实现存储中的智能管理。例如,针对出质人以次充好的管理,事先把有关质押物的基本信息录入电子标签,这些信息必须符合质押合同,包括规定的质物品名、国内外权威机构或国家国际标准认定的商检证书和品质证书等。如果出质人钻空子,暗箱操作将同类劣质或不够标准的货物以次充好、以少充多,押给银行套取授信资金,物联网就会读取电子标签并识别有异样的劣物。

◆安防从"视频感知"到"智能感知"。近来很多物联网行业巨头都将研究的重点转向了视频的智能识别技术上,为"视频感知"这一物联网最为核心的科技难点提供了技术及硬件层面的解决思路。它们解决这一问题的核心技术即视频结构化描述技术,实现了视频资料的快速获取,还和其他信息平台实施标准信息互换、互相联通与语义互相运作。在以往的视频监控系统中运用视频结构化描述科技,形成新型的智能化视频监控系统,该系统具有情报性、智慧性与语义性特征。对于仓储管理来说,这一创举,使得以往视频监控获得突破性进展,引进了程度更高、层次更深的信息化控制,利用具有共享性质的管理系统,有效处理了不同机构之间的交流问题,还把传统的安全防范监控系统从视频的采集、管理应用等方面,都上升到更为智能化的层次,通过智能技术实现更为有效的信息处理。

b. 运输途中的管理。银行和融资企业都关注质押物在物流运输过程中的管理和货物安全问题,目前市场上研发成功的电子锁全程管控货物安全,保障货车运输的货物按计划、按行程安全运往目的地。该锁集 GPS/GPRS/RFID/NFC 通信系统于一体,应用云定位技术,具备平台/App/手机 SMS 远程控锁、无匙进入、远程报警、一键启动、卫星定位等全面功能,全面保证质押物的安全,另外配备了电子锁后客户体验也非常便捷,货主可在货物到达目的地之前,通过货车管理平台或 App 随时查询货车的踪迹,监控货物的运输,随时了解货车及货物在物流运输过程中的相关信息。

油罐车是在物流运输过程中物联网应用得比较成功的例子,由于石油石化产品价格诱人,不法分子针对这些产品的盗窃、掺假犯罪行为时有发生,而且行为多发生在运输过程中。油罐车辆负责将油品从油库运送至加油站等目的地，因为其具有移动性，所以很难对其进行管理。为保障油罐车辆将成品油顺利地送达目的地，避免盗窃、掺假事件发生，上海慧物智能科技有限公司专门研发设计了一套油罐车运输防盗电子封签管理系统。该管理系统基于物联网架构，运用 RFID 自动识别技术，通过与计算机管理系统结合，使用移动手持查询终端构建整个管理信息系统，彻底实现对油罐车辆数据的记载与全面共享，使得用户可以对其进行实时全程追踪。整个防盗管理系统包括电子封签、手持读卡器、台式发卡器、系统管理软件四个部分。设计时根据中石油、中石化油罐车的结构特点，在现有的防盗措施基础上，结合物联网 RFID 射频识别技术，采用 RFID 电子签封方式，通过对油罐车进油口、出油口及废油出口进行有效控制。在成品油库装载完毕，封上 RFID 电子签封，对施封结果进行拍照并留存，当油罐车到达加油站，加油站工作人员对 RFID 电子签封进行外观检查并对电子签封内的信息进行读取，并拍照保存。难得的是，该电子签易安装使用，不需要对罐车进行改装，直接就用原有的铅封位进行施封安装即可。该标签可在多种条件下全天候工作，受外界环境影响小。安装后坚固、耐用、防腐蚀退化、抗冲击性强、可靠性好、系统可扩充性好，建立后可随意增加新的车辆。

4.1.2　物联网的智能功能提高动产质押风险控制质量

随着现代管理技术的提升，信息技术在各行各业得到广泛应用，信息工作者不断挖掘其功能，从收集、传递、处理数据到信息通信直至智能，为人类提供了源源不断的信息价值。在动产质押业务中，信息智能化更是被金融机构看中，因为它实实在在解决了风险管理的难题。

（1）物联网对仓库智能监管

物流企业负有监管仓库的责任，当前一般的仓库都配有视频监控平台，但该平台依赖于安保人员时刻盯着屏幕查看情况，时间长了，安保人员难免精神疲劳，导致放松警惕。另外，有些安保人员识别能力有限，不能及时排查问题；更有甚者，有作弊者打通安保人员共同作弊，监控系统就形同虚设。物流企业对此负有不可推卸的管理责任，对银行将造成难以挽回的损失。应用物联网后，视频结构化描述技术可实现智能视频识别，使用语义化、智慧化、情报化的语义视频监控功能及时报警。如有异常发生，不依赖安保人员人工识别，系统直接以信息形式向物流企业管理人员作出提示，如果连接到共享的管理平台，银行也可以和物流企业同时获得消息，避免了因反应延迟带来的一系列问题。

在动态动产质押业务中，有些融资企业有多批次质押物进出库，物流企业还要防止融资企业在多批次进出库时以次级品蒙骗，在此方面物联网的智能监管优势更加凸显。

（2）物联网对质押物价值智能管理

银行作为非专业主体，很难及时知道价格波动情况，这会使银行处于商品价格波动的信息不对称风险环境中。质押物在质押后市场价格下跌，质押物价值低于贷款额的情形就会发生，银行的权益将得不到完全的保障。为了保证质押物的价值不低于贷款额，可设置安全存量，系统需能够及时了解市场价格，每当发现任何质押物的价值量已经少于其安全量时，自动及时提醒银行，以督促融资企业补足亏空质押物的价值。

另外，银行为控制风险会设置质押最高贷款额比例，为了防范质押物价格波动的不确定性所导致的风险，动产质押贷款额相对于质押物价值的比例往往较低，这种做法导致动产抵押物估值严重缩水，损害了融资企业的利益。智能的物联网监管系统就可以相对准确地把握价格波动空间，最高贷款比例的方式所预留的价格波动空间降低，贷款上限可以提高。

有了物联网，利用其网络功能与相关网站或机构建立信息共享，能够及时了解到质押物价格的波动状况。对质押物设定价值预警线，若质押物价值小于预警线水平，则系统会自动发出补充物品的提醒，保证质押物的价值可以满足还款的需要，商业银行能够提前对质押物加以处置，智能化的控制使得商业银行能够避免质押物价格波动所造成的风险。从另一方面讲，收集有关质押物价格的信息要素多了，还可以预测质押物价格波动规律，在设置贷款比例时会更科学合理。

（3）物联网对融资项目智能排除

现实过程中出险项目很少能在检查工作中主动排查出来，往往是在银行出现本金和利息逾期后才发现异常，这时失去最佳催收时点。为了及时甄别出险项目，银行需要花费很多精力，而这项工作复杂而烦琐，需要做多方面工作，具体如图4-3所示。

从图4-3可看出，排查风险的工作既需要多渠道地收集大量数据，又要分析处理这些数据，如果分析方法不到位，或信息来源不具体，该工作还会失真。使用物联网，比如云中的Hadoop分析平台，就可以收集、存储和分析大量不同数据，发现其中隐藏的联系、见解和相关性，智能地做出反应。例如，银行要监管融资企业是否和实际借款用途一致，贷款发放后15~20天内，重点检查企业的资金使用情况，贷款到期前一个月，重点审查企业贷款

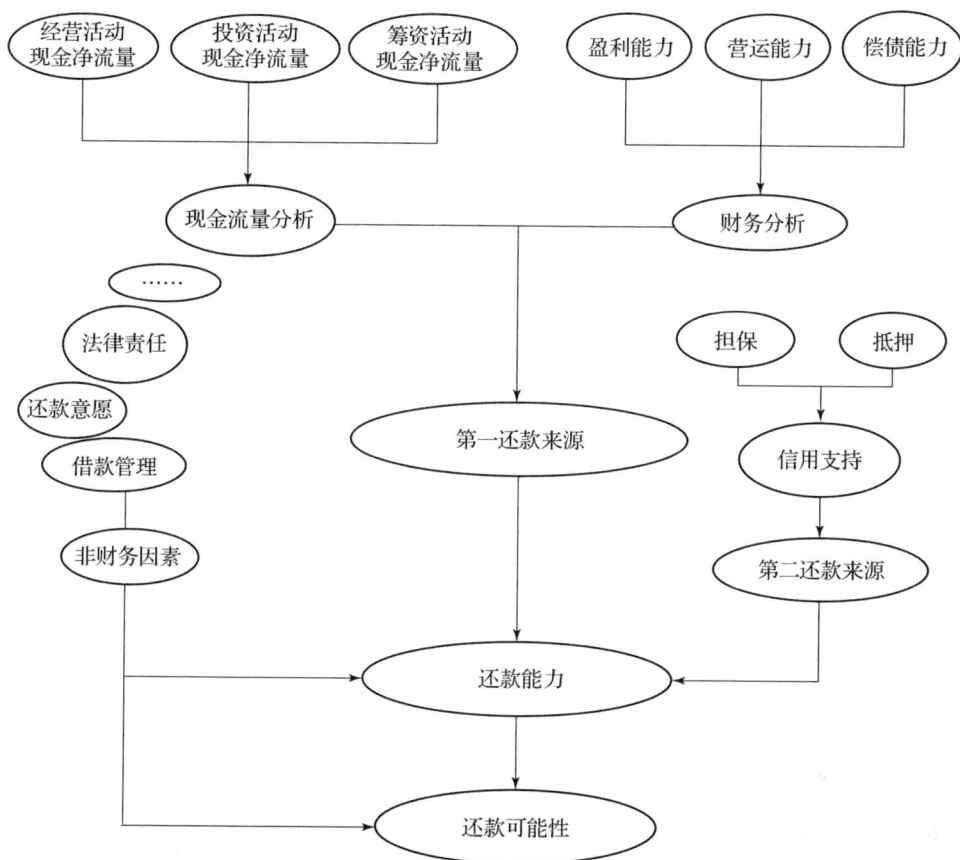

图 4-3　甄别融资企业还款风险流程图

的偿还有无足够现金流量，还款资金来源情况（除产品销售额外），还款计划的落实，有无其他还款来源。如果确认借款人在借款到期日没有还款意愿或没有还款能力，即进入风险处理程序，做好对质押物进行处理和对借款人和反担保人诉讼的准备。

4.1.3　物联网信息平台能实现科学管理

（1）信息平台可以消除动产质押主体关系的自然分裂

关系是现代社会中的一个重要价值，传统的关系多是基于人和人的关系。在商场上，大家首先以拉拢关系并且尽量是"一把手"的关系来造就"强关系"。社会学家认为，对于"强关系"来说，"弱关系"更像是将整个社会串联起来的虚线，它并非利用人和人之间的关系加以控制，而是利用信息将不同的人相互联系。在社会转型的今天，企业管理越来越规范，"一把手"一个人说了算的可能会降低，拉拢"一把手"后投入和收益比下降，所以在维系关系上需要另外一种形式，即信息平台可以把这种"弱关系"进行强化，以弥补中国传统文化凝聚关系的能力减退。

在金融创新越来越丰富的今天，利益关系挖掘价值的模式越来越多，以供应链金融的订单融资模式为例，某个中小企业与供应链上的核心企业构成了供应关系，就可以凭订单到银行贷款，银行恰恰就是看中了它们的供应关系，所以往往控制风险的步骤就简单得多，只是到核心企业确认它们的关系及订单的真实性。所以在当今社会，我们要看到关系的价值，通过一些做法不仅建立关系，还要维护好关系，并从中挖掘关系的价值。

以合作为基础的动产融资模式里，关系是实现价值的要素。原本彼此独立的分属于不同领域的利益主体，在动产质押业务中有了结合后，产生了奇妙的共赢效果。然而它们的关系原始基础以利益为主，一旦其中一个主体的利益受损了，它们之间的合作关系也就破裂了，动产质押业务就不能实行下去。

没有高质量的信息作为纽带，互为利益关系的参与主体便会承担收益风险，不确定性在经济学学说中指的是市场参与者不能明确了解到未来自身的运营状况，特别是风险及收益如何变动。不确定性在公司造成的影响程度是不同的，从小的方面看，可能影响一个项目的收益，就大的层面而言，或许会使得公司无法生存，出现倒闭局面。因为受到不确定性的影响，部分公司或者选择赌博式经营，或者畏首畏尾而不敢做长远发展规划。因此，企业对此必须高度重视，认真研究，趋利避害。企业应该对可能带来损失的不确定性进行转移及化解，将损失最小化。信息平台建立的关系因增加了信息联系的纽带，可以建立和维系三个主体的关系，在一定程度上减少了三个主体的受益不确定性，多了信息联系这个维度后，它们之间有了信息共享的通道，各个主体会在信息世界中有意无意地分享出更多信息，从而增加了信息共享的可能。共享的信息越多，互相增加了解和理解的可能就越大，从而拉近它们之间的关系，增加合作的意愿和质量。它们的合作会有些深入，提供敏感信息的可能也会提高。这种高质量的信息成为它们关系加速的催化剂，进一步降低它们合作关系断裂的风险。

共享信息的增加可以减少银行决策的失误，抹平合作主体的关系。在现实实践中，动产质押三个主体间存在明显不对等的关系，银行作为风险担当的最大主体，其地位明显高于其他两个主体，其他两个主体在一定程度上与银行成立依附关系，银行更多作为管理者、决策者和规划者的角色而存在，这就要求物流企业及融资企业为其提供全面准确的信息，以便对其决策进行支撑。这些信息主要有从上至下的政策、法律法规等引导信息，还有从下至上的如质押物价格水平、物流企业监管情况、融资企业还款能力等支持性信息。如果银行获取这些信息的来源单一、信息的了解水平及研究水平与收集到信息的可靠性等不能保证，就会影响决策的科学性。实践中，银行为了获取更多的有关质押物及融资企业、物流企业的信息，加大投入，扩大信息收集的渠道，特别是要获得工商税务、海关、保险等部门的信息，现实中不乏以物质换取关系从而获取信息的事例。然而银行转换思路，通过信息平台和物流企业及融资企业建立平等的合作关系，就可以实现低成本地获得有关信息，从而提高决策的科学性。

（2）信息平台的建立可以减少人为介入的机会，实现准确而规范的管理

动产质押业务由大量不同身份、不同利益诉求、不同角色的人共同完成，这些人由于在考虑问题时常常受到自身利益的驱使和诱惑，思维容易受到干扰，做出的决定存在一定的自身利益，而不是客观合理的，因此决策的结果与最优结果存在一定的差异性。当决策掺入人为因素时，决策常常与利益存在紧密的联系，表现为利益的最大化。在中国，人情和利益大于法，人为介入导致管理变形的情形更为突出，这从分析动产质押的诸多作弊案例中可见一斑。有的银行工作人员忽视流程的严谨性和法律的严肃性，通过酒桌上的觥筹交错来判断合作态度，调查企业具体运营情况时，调查人员工作时会存在个体差异，如认为自己外行，对融资企业经营情况不敢去问，还有些工作人员不知道怎么去了解，无从问起；甚至有的被融资企业公关过的工作人员为了自身的利益，评审工作粗放，无视各种规定和要求，绕开规定操作程序，在一些证明单证上做手脚，使得质押监管形同虚设。有的对毫不相干的第三方提供的质押物的动机仅采信口头解释，一般为朋友帮忙，碍于面子，不愿意讨论企业存在的问题，对其背后的真实动机没有深入了解，对拼凑贷款要素失察。动产质押的操作人员游走在法律边缘，在依法治国的今天，这种业务模式迟早会断了生路。

停留在以人为本的管理模式，很容易形成一种"事在人为"的管理逻辑，在商业社会长时间盛行，导致人们相信某个人或某个组织特殊力量的存在，在遇到问题时，往往就指望某个特殊力量强行介入。例如，在上海钢贸重复质押扰乱市场后，行业内的人还习惯性地期待政府出面，某些银行上海分支机构的部门员工，为了减小钢货贷款所产生的不利影响以及避免自身受

到惩罚，常常把希望寄托于政府管理部门出台相关的规章制度，对钢货贷款做出相应的规定；某些钢货公司或者仓储企业也希望政府管理部门制定出相关的标准，对不同的钢货公司或仓储企业进行等级划分，明确哪些企业可以获得银行贷款、哪些企业可以发展、哪些企业则必须倒闭等内容。然而全球没有哪一国的政府是全能的，在我国进入市场经济体制下，这种思维更是阻碍了市场发展。事实上，当个别地方政府出台相关的规章制度对市场进行强制管理和控制后，有人欢呼也有人愁，不断出现质疑和批评的言论。市场作为一个经济利益的组合体，当某项政策出台后，必将引起利益双方的矛盾，也就是说，某一方的利益增加了，而另一方的利益却减少了。所以在动产质押业务中，建立信息化管理系统，减少人为介入操作流程的机会是一项基本工作。

由于信息平台里操作流程是事先定义好的，随意地越过步骤及超范围的操作均无法通过，因此就避免了各环节工作人员因培训不到位而引起的流程不规范与服务质量参差不齐的问题。另外，信息平台从数据层面与融资企业的信息系统（如 ERP）直接对接，以往融资企业公关银行内部人员或人为修改企业资料的情况会被有效遏制，银行可以分享到融资企业的第一手资料，准确掌握企业的经营情况，进而分析其还款能力，实现准确而规范的管理。信息平台还可以通过物联网的识别终端，自动采集内置在质押物里的 RFID 标签上的信息，各环节的相关数据记录都能追踪查询，人为作弊的行为留底，这样可以使银行得到一手信息，可信度比较高。

（3）信息平台可实现业务流程的标准化与服务质量的标准化

科学管理创始人泰勒指出：将多种要素和知识融合在一起，并经过整理和分析，就形成了管理科学的基本规律，也就是一种新的科学。他认为在科学管理的环境下，实行劳动行为标准化、劳动操作标准化、劳动工具标准化等一系列标准化措施，就能实现以个人经验为主转变成以科学知识为主的管理模式。在工作过程中，统一实行标准化管理，可以提高工作效率，创造出更大的价值。

标准化管理的基础是统一，也就是对所有事物和思想进行统一。标准化的目的是对所有的市场经济客体进行规范。在动产质押业务中，银行、物流企业及融资企业作为操作主体，它们的行为带有个体色彩，在合作的过程中难免有冲突，它们的工作方式及设计的单证格式也千差万别，所以需要标准来规范。

在质押领域已有标准化的成功先例，即标准仓单。相对于非标准仓单，其实现了在市场自由流通的功能，从而实现了价值的最大化。没有标准化的非标准仓单，其质押物权的有效成立附有较多的实质和程序要件，如设定质押必须签订书面合同，质押合同应当载明抵押物的事项繁多，要求质押物的名称、数量、质量、状况、所在地、所有权权属或使用权权属，某些类型的质押合同要在相应登记部门办理相关的登记手续后才能具有法律效力。某些登记机构要求对质押物进行市场价值评估，质押合同必须公证，从而使得担保成本大幅度上升。由此看出标准质押业务是个很复杂的事情，而动产质押信息化就可以实现标准化，通过系统设置操作流程，规定操作步骤，规范作业方法，实现标准化业务管理和服务，实现网上标准化审批、标准信息查询等综合业务管理。

2021 年，《中国标准化》杂志第七期刊登一则报道：《基于物联网（传感网）技术面向动产质押监管集成平台的系统要求》，该标准是全球首个物联网金融领域国际标准，由我国专家作为主编辑制定。该国际标准适用于动产质押监管服务的物联网，也适用于传感网系统的开发和设计，规定了基于物联网的动产质押监管金融服务，明确了传感网集成平台的系统要求，体现了全新应用物联网技术解决动产质押监管服务中的问题。

2021 年 3 月 17 日，从无锡物联网产业研究院获悉，国际电工委员会（IEC）正式发布了物联网金融国际标准。记者了解到，实现标准化管理的信息平台会使信息不对称管理问题变得简单起来，将动产质押信息不对称从匮乏信息状态中解放出来，从而释放出巨大的能力，信息的"无限化"这一本质的回归，使信息透明成为可能。这种状态的网络会散发出巨大的网络价值，麦特卡尔夫定律中提到，网络价值同网络用户数量的平方成正比，从这个角度来说，动产质押信息系统还会有吸引网络用户数量的功能，而增加用户数量的目标，则倒逼了信息系统的服务标准化功能。诸如实现系统向质押物客户提供货物及限制额度查询服务，使他们及时了解相关的信息。还实现客户通过网上办理质押贷款合同续签或变更等。甚至还与其他标准化服务的物流金融业务进行对接，拓展仓单交易的市场，使质押贷款客户可以更加迅速地应对市场需求。

4.1.4　物联网动产质押信息平台具有优越的技术经济效果

高成本时代，融资成本成为有些融资企业的拦路虎，而物联网应用到动产质押领域可以带来优越的经济效果，从而降低成本，减轻融资企业的融资压力。

（1）从社会效益角度分析经济效果

信息技术经济效果的确定最重要的就是确定社会所产生的成本和效益。

基于社会效益理论可知，间接效益和直接效益组成社会效益。所谓直接效益就是指通过技术本身所获得的效益；所谓间接效益就是指技术对社会所获得的效益。通常情况下，直接效益为正数，而间接效益则存在一定的变数，正数和负数都有可能。从宏观技术评价方面来看，技术的成本是指社会消耗费，也可以称为社会成本，是指本部门和相关部门所产生的社会消耗费用。间接消耗费用和直接消耗费用共同构成社会消耗费用。所以，在确定信息技术经济效果时，应对所有的因素进行考虑，如直接成本、直接效益、间接成本和间接效益。

计算动产质押信息平台从方案投入开始，方案投入的直接产出表现为动产质押信息平台被用于经济活动的管理过程中，并获得了相应的经济效果。倘若经济效果比较好，就说明产生了一定的经济效应，这个经济效应是由物联网投入所产生的动产质押信息平台获得的效果，最终转变成经济货币的方式，可以看成一种效益。从宏观方面来考虑，社会经济作为一个统一的整体，彼此之间存在一定的联系和制约，当其中某个方面获得了较多的资金支持，那么其他方面的资金就会随之减少，并且信息技术产业部门作为一种特殊的部门，与其他部门存在紧密的信息联系，也就是说，用于信息技术发展的投资资金也属于社会总投资资金；信息技术所产生的经济效益不仅局限在某个部门或行业，而是扩大到整个社会经济市场。因此，应从社会经济市场的角度对信息技术产生的经济效益进行评价。

（2）从硬信息技术角度分析其经济效果

硬信息技术的效用规律遵循传统商品的信用规律，也就是边际效用递减规律。所谓边际效用递减规律，是指在相同的条件下，商品的边际效用随着商品消费者数量的递增而递减[195]。本书所提议的物联网信息平台有个很大的投入即物联网 RFID 标签及网络的投入，这些都属于硬信息技术。硬信息技术在整个生命周期中，其遵循的发展规律与一般通用目的的技术也不完全一样，这种本身跳跃式的发展模式，用最简明的曲线表示，得出其生命周期内的一般普遍的发展规律曲线，具体见图 4-4。

从图 4-4 中可以很清楚地看到：在 T_1 到 T_2 的时间段，曲线 AB 是研发信息技术阶段，在物联网应用到动产质押业务的技术研发过程中需要先后攻克物联网核心芯片与设备研发、物联网数据模块原型、物联网大数据全生命周期管理系统等关键技术的攻关与应用。这些技术凝聚了很多人的智慧和心血，目前这些技术其实在物流管理领域已经比较成熟。研发成功后，在很短的 T_2 到 T_3 的时间内，信息技术取得突飞猛进的效果，在各行各业有了具体

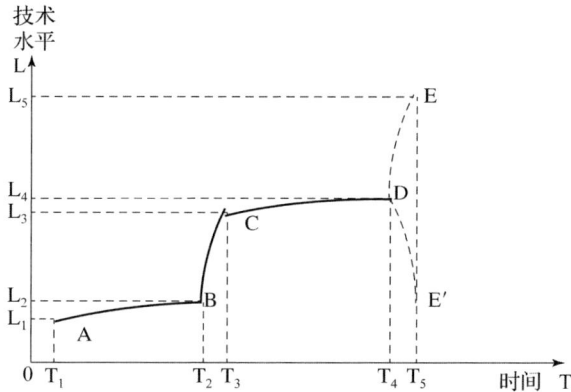

图 4-4　信息技术发展规律曲线

的使用。当前，物流管理的新技术包括物流管理软件、RFID 技术、客户服务软件、GPS 定位服务和移动通信等物联网技术。目前这些技术比较成功地在物流领域生根发芽，开发并投入了相关的系统。例如，车辆管理及车辆远程监控终端与服务系统、路侧视频采集分析系统、视频研判管理系统等。BC 曲线表明，信息技术的技术水平迅速提高，并有极强的市场竞争力。追踪物联网的发展轨迹，研究物联网和智慧地球理念能够得以实现的原因，就是其引导世界突飞猛进到迈入了 3I 时代。第一个"I"代表 Instrumented，意思是工具植入化，信息植入进 40 亿手机用户，300 亿 RFID，庞大的传感网络和工业信息化系统等；第二个"I"代表 Interconnected，意思是互联化，达到所有终端都能互联共享信息；第三个"I"代表 Intelligent，意思是智能化，实现 5A 化（anything——任何事物，anywhere——任何地点，anyway——任何方式，anytime——任何时间，anyhow——任何原因）的物联网世界。随着物联网在物流产业的发展和成熟，预计在 2030 年左右，RFID 产业的占有额将超过一半。那时，现代物流产业将大量引进地理信息系统、智能集装箱、全球定位系统、跟踪识别系统以及自动化仓库系统等一系列物联网新技术。在市场应用和推广期的 T_3 到 T_4 的时间段，CD 曲线主要是做局部的改良和维护，该阶段整体信息技术水平提高不大，但任何信息技术在推出后都要有个稳定和成熟的过程，到了 D 点后，该技术面临两个可能。如果在 T_5 时间之前，技术又取得突破，将意味着该技术发展曲线如 DE 所示，又将进入一个高速发展和稳定成熟阶段。如果没有取得突破，该技术将走向没落，迅速丧失市场竞争能力，技术也将被淘汰，如 DE' 所示。从这一点上说，把已经在物流领域有所斩获的物联网应用扩充到物流金融领域是一种突破，从而可以扭转其走向没落的趋势，继而开始一段新的辉煌。

（3）从软信息技术角度分析其经济效果

基于物联网技术建设的信息平台属于软信息技术，由于大部分软信息技术在消费过程中，后消费行为会因前消费行为而出现增值现象，称为正效应，遵循边际效用递增规律，边际效用的递增归根结底是软信息技术的效用增加[196]。换句话说，就是后消费者的消费行为比前消费者的消费行为所获得的效用有所增加，其具有边际成本快速趋近于零的特性，这是因为在刚开始阶段的成本投入往往比较大，但是随之后续的发展，无论是单个用户还是成百上千的用户，其成本都非常小，几乎可以看作零成本，这与美国著名趋势学家杰里米·里夫金在《零边际成本社会》一书中指出"零成本"理念是一致的。物联网即使具有很高的初始固定成本，但它未来几年连接数十亿人和数百万组织，把几乎所有经济领域都卷入"零成本"模式后，就能发挥很低的边际成本，平均成本越来越低，总收益越来越大，从而极大地提高人类社会的生产力。设 AC 为平均成本，MC 为边际成本，则软信息技术的成本曲线如图4-5。

信息的共享性决定了信息产品或劳务的消费具有无限性。边际成本 MC 在第一个单位技术以后几乎都近似为零，表现为明显的长尾效应，不随信息技术数量 Q 的变化而变化，相当于水平线，平均成本曲线则递减。这条长尾能有多长，恐怕谁也无法预知。无数的小数积累在一起就是一个不可估量的大数，微小的小市场集合在一起就能汇集成浩瀚的大市场[197]。

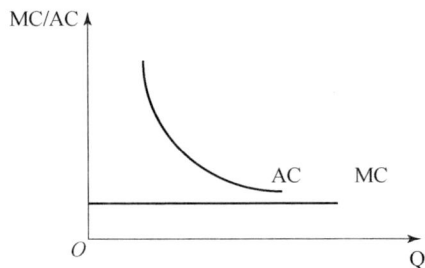

图4-5　成本曲线

物联网应用于动产质押领域后，随着平台里的货物种类变多，参与的企业越多，其初始固定成本也越分摊越薄。信息平台中其公共品的属性，信息的价值不会因为交换和消费而贬值或消失，甚至反而会增值。

（4）客户使用系统具有成本优势

由于动产质押中存在信息不对称，银行为此付出高昂的交易成本。融资企业清楚地知道自己的实际情况，如自身的信用水平、企业偿还贷款能力、资产负债率、利润情况以及违约风险状况等，但是银行无法获取企业的真正信息，只能依据企业递交的财务报告表等相关信息对企业做出相应的评估，通过质押物的价值来预估风险等级。但是这种情况存在信息的不对称性因素和人为因素等方面的影响，干扰市场的正常运行，因此银行应对融资企业的财务状况和信用水平进行深入的调查和分析，对质押物的市场价值进行详尽的调查和研究，准确评估相应的风险大小，建立完备的规章制度和操作流程，从而造成成本的大幅度增加。建立了信息系统后，交易主体的信息透明度增加，可以在一定程度上降低这种交易成本。

另外从市场经济方面来考虑，在市场经济中，商品的商业价值体现在商品的使用价值上，并不是商品自身的价值。对于软件服务产品，软件服务商向用户提供软件服务，用户只需要通过网络登录客户端来享受软件服务，自身无须安装相关的软件，既可以节省大量的时间，又可以降低企业的成本。一般消费者都不会轻易更换软件，当某种软件技术能够满足用户的需求，并获得用户的认可和肯定时，那么该软件的用户数量将迅速增加，与之有关的辅助信息技术也得到了快速发展，并且用户对辅助技术的需求标准也将随之提高，随着功能的不断强大，用户量也在不断增加，使用功能更加强大，这种正相关关系使得软件信息技术得到了很好的发展。同时，用户在使用过程中的边际效用也随之增加。

另外，由于信息平台的设计也是业务流程和组织结构优化的过程，通过系统规划和数据库建立层次关系，可以缩短动产质押业务交易层级，使交易关系简单化，从而使浪费在建立和维系关系上的成本有所下降。

若融资企业自身的仓库足够先进的话，配备了物联网的智能终端并链接到信息平台，让银行随时分享质押物的实时状况，这样银行就不要求融资企业一定把质押物移库到物流企业，少了物流企业这样一个主体的参与，就可以减少一部分监管费用的支出，从一定程度上来说，这也是融资企业融资成本的节约。

4.2　物联网的应用和发展给动产质押风险控制带来契机

4.2.1　动产质押各主体应用物联网的主动性加强

（1）银行

基于物联网技术的"智慧中国"战略在中国生根发芽，政府给各行各业充分的帮助，鼓励引进物联网技术来进一步完善信息系统，融资企业、银行和仓储企业等相关企业将有更多机会得到政府资助，智慧金融首先得到了发展。智慧金融是基于物联网、云计算等高科技技术诞生的，带来金融体系和商业模式的重大变革，成为推动资金更顺畅的流通、更合理的配置和更安全的使用的出路。2015 年 6 月 29 日，平安银行[199]在上海举行物联网金融发布会：平安银行与物联网领域领先企业感知集团将联手推进物联网动产融资业务，通过多种技术应用，开发了"汽车质押管理系统"[199]，对接平安银行的信贷系统，完成了物联网金融的先行探索，并凭借这一模式成功拿下全国唯一一个依托物联网金融的大宗商品交易中心的牌照，包括汽车、纸质品、钢贸和铜货贸交易等，促进动产融资业务逐步向智能化和标准化转型升级[200]。此次，平安银行与感知集团进一步联手推进钢铁行业物联网动产融资业务，通过多种传感设备及智能监管系统平台，对质押物进行全面监控，实现动产的自动识别、监控和管理。物联网技术的应用有助于化解平安银行在高利润增速背后所面临的资产质量问题，也将从根本上重塑钢铁行业的信用体系，在钢铁行业化解产能过剩初见成效、政府稳增长政策促进钢铁下游产业链逐步复苏之际，这一提升有助于平安银行在业务转型中平安着地。

（2）物流业

物流业是货物流通的行业，引进物联网技术具有非常重要的意义，以 RFID 技术为代表的物联网技术的广泛应用，既可以降低人力、仓储和货物装卸等成本，又可以大大提高货物的管理水平和效率。到"十三五"规划的收官之年即 2020 年，我国物流业的物联网市场规模达到了 805 亿元，增长速度飞快发展，具体见图 4 - 6。

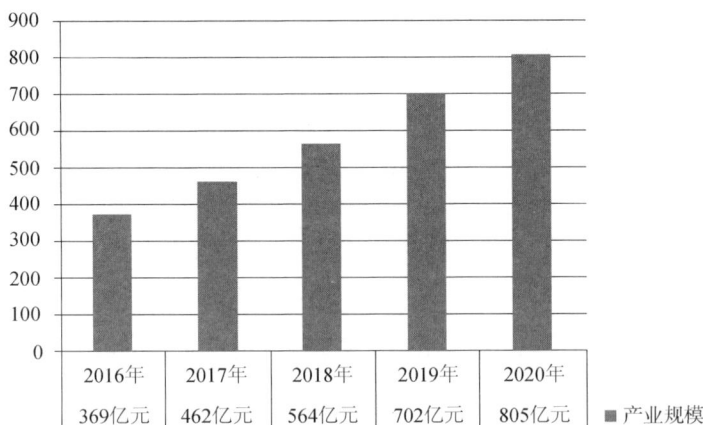

	2016年	2017年	2018年	2019年	2020年
产业规模	369亿元	462亿元	564亿元	702亿元	805亿元

图 4 - 6 2016—2020 年我国智能物流领域物联网产业市场规模和增长情况

物流行业的快速发展从侧面说明了物流企业从传统向现代的转变，传统的物流企业提升信息系统只是定位成管好自己的流程和资源，然而这个没有外部系统沟通的系统，作用是有限的。传统的物流管理通常采用"二八法则"。所谓"二八法则"就是企业的各个部门做好自身的事情，各项指标满足企业要求，也就到达了服务水平的百分之八十，即八成。但是由于其他客观因素的影响，如天气状况、交通状况等因素，都会影响服务水平，并且难以控制，这就使得服务水平的进一步上升比较困难。为了进一步提高服务水平，比如从八成提升到九成，就必须突破传统的物流管理思想，通过引进先进技术，建立信息共享平台，与其他信息网络互通，获取更多的信息资源，同时发布自身的信息，提高运营水平。

　　以物联网为核心技术的物流信息平台最近几年如雨后春笋般建立起来，以江苏省物联网（物流）应用公共平台为例，该平台集物流公共信息服务与物联网技术应用于一体，目的是向全省各有关企业积极推广 RFID、GIS、GPS、无线视频等先进技术的广泛应用，将企业的管理系统上升为数字化、智能化、网络化和可视化，并通过物流公共信息平台连接各级网络，组成一个完整的物流网络。通过引进先进的传感技术，依靠电信网、互联网和广电网等途径，构成信息高速传输、安全的信息网络，并采用 RFID 系统、GIS、GPS、无线视频技术等相关物流技术，建立物联网信息平台，为社会提供"危险货物全程关注""车货仓无缝对接""国内外交易信息互通"等服务，具体应用见该平台网页截图（见图 4-7）。

图 4-7　物联网（物流）应用公共平台网页截图

以江苏省为代表的应用物联网技术的物流平台将来在宏观上能够为规范物流市场、制定物流标准、升级物流产业、促进物流业健康可持续发展等方面做出贡献，在微观上也会引导一些相关企业以物联网为信息化方向，加入时代洪流，开创更多物流综合服务，创造更多价值。

（3）融资企业

在过去的半个世纪，IT技术掀起了两次高潮——互联网的诞生和发展，实现了企业个体生产活动与外部供应商、渠道和客户之间跨地域的协调与整合，深刻地影响了企业竞争和战略。现今迎来了以物流网为核心的第三波浪潮，物联网技术正成为企业信息化不可分割的一部分。据GSMA预测，到2025年我国物联网连接数将达到80.1亿，年均复合增速14.1%。这个数字的背后是强大的市场需求，企业正站在第三波竞争变革的边缘，经济提质增效和产业转型升级，将使企业清醒地认识到自己产品的功能和效能，在信息系统内置传感器、处理器和软件，并与互联网相联，同时实现产品数据和应用程序在产品云中储存并运行，海量产品运行数据让系统性能大大提升。

4.2.2　物联网技术不断成长，解决问题的能力会更大

从互联网大发展历程来看，其作为国防项目的一部分，先是在美国和全世界的科研教学机构发展，再延展到商业公司，其间也经历了一个孤岛、封闭、有限机构互联、全球互联的发展阶段。物联网的发展也会遵循这个路线，在不同的阶段，主导产业发展的主体和产业发展的形态截然不同。

纵观物联网的发展历程，物联网技术是个不断成长、不断强大的技术，其最初阶段是建立在传输标准和数据交换的网络监控基础上而发展的；随着物联网进一步发展，开始出现基于传输标准和数据交换统一格式的多行业、多业务的管理系统，如M2M营运系统和SaaS模式，自从有了SOA、Web Service、云计算虚拟服务的Ondemand系统，物流网进入高级阶段，出现基于物联网统一数据标准，最终建立了基于"公有云"的TaaS系统。

物联网能够在市场推广得益于它的智能化。纵观智能的发展历程是一个循序渐进的过程，我们人类也在不断增加内容。在自动化发展初期，智能也就是自动化，但是随着科学技术的不断发展和进步，市场上涌现出一系列智能产品，如智能洗衣机等。这种智能体现在设备根据环境采集相关的数据信息，然后做出合理的选择，已不再是传统的流程自动化，实现了自动化和信息化的统一。随着计算机技术的发展，互联网逐步成为生活中必不可少的一部分，以及物联网的出现，对智能化的理解又上升了一个新的阶段，突破了

设备自身采集信息数据并做出判断的智能化，将采集的信息数据通过网络传输到信息中心[201]，进行处理和分析，然后监控者根据信息的分析结果做出相应的调整，实现自动采集、传输、处理和实时监控相统一的智能化。正是物联网技术的加入才使其功能逐步强大，并具备三个特征，即自动化、信息化和网络化。

以已经成功在物流领域应用的物联网为例，其智能化是个循序渐进的过程，初期基于物联网建立的物流网平台功能是提供货物装载和运输时间表、交通情况、天气情况等与物流有关的实时数据，并且把这种服务释放到社会上去，后来上升到基于物联网定位信息服务的系统动态化管理。时空和识别是构成定位信息的主要元素，并与其他信息共同组成动态信息管理的单元，同时也可以传输如温度、压力和湿度等管理信息。这些信息采用传感技术实现组合，对组合的信息进行动态管理。采用这种方法来组合时空信息和识别信息，向公共提供动态信息服务，应用到交通运输的管理上，可以实时监控车辆、货物等的动态信息，很多物流公司可以用来监管动态的货物运输，物联网技术的应用还增加了仓储方面的内容，如提供从始发地到目的地沿途的仓储容量的最新信息，如今功能又有了一些突破，已经可以应用自动匹配功能，并使用大数据和分析方法开发出技术，来优化物流线路，以提高综合效率。

随着物联网的应用，现在各大企业都在加强信息化建设，可以想象，在当今技术环境比较开放，物联网作为一种新生的事物，必将融入更多的先进技术，如传感技术、定位技术等，实现可自修复能力、广泛的地理分布、通过单机虚拟化实现的同质性、面向服务的 SOA 架构、先进的安全措施和低费用等功能。与此同时，信息服务外包技术的发展也比较迅速，比如云计算就已经得到了很好的发展，并且对知识管理和数据挖掘人才和技术的需求也随之增加，这些都会给物联网技术的发展带来变化。物联网应用于动产质押建立信息平台，是新技术与传统产业在更高层次和更深领域的统一，采用智慧产业和智慧思想带动、提升传统产业的自主创新能力。本质上可以说是创新的高度集成，广泛应用于社会经济服务，在新技术领域内形成核心竞争力，能够进一步提升智慧产业的自主创新意识和能力，从而提供更高的智慧产品、智慧服务和智慧技术。

4.2.3 相关技术的成熟使物联网的功能呈指数级放大

"大数据定律"是金融业经营的一个重要数理基础，互联网与大数据云计算的紧密联系不言而喻，动产质押互联网化的诞生也就有其必然性。风险控制时如果还像传统工作那样进行收集资料、评估风险、量级管理，用户有需求即立刻决定业务，已经不符合时代发展趋势。数据的采集需要有所突破，比较幸运的是，现在物联网迎来了大数据、云计算以及移动互联网助力的时代，其数据采集及处理功能有望进一步扩大。

（1）物联网与大数据的结合可以使碎片化的信息发挥风险管理的作用

①物联网产生大量碎片化的数据。倘若 IT 流程如同一棵大树，那么树叶和树枝就好比物联网。在中国，不同的企业和不同的行业的物联网还是在局域网范围内，即使是具有一个行业性质的封闭阶段的物联网，相对于整个信息世界来说，还是碎片化的。杂乱无章的碎片自然没有什么价值，但是经过加工就会体现出一定的价值，比如通过相应的工具将不同的碎片进行归类和整理，并建立一定的联系，从而实现碎片的价值和意义。物联网与大数据的结合可以挖掘和整合碎片化的信息，在新一轮各种智能解决方案进展中扮演着重要地位。物联网融合了感知与网络，通过数据实现了彼此之间的连接，也就是说数据成为物联网的基本元素，随着数据的不断深入，智能化也有所提高，为用户提供更多的服务。对于连接到互联网的各种新的 Wi-Fi 设备，企业将可以收集、汇总、处理和分析海量数据，并且可以利用大数据技术进行智能化管理。

②金融机构信息管理期待应用大数据升级。经济主体在高额利益的驱动下，容易利用系统的漏洞，通过夸张信息失真或不透明，制造虚假信息，从而获取自身的不法经济利益，严重损害他人的合法利益。2003 年，我国的商业银行调查报告显示，不良贷款比例已经超过 17%，为此近年来我国金融领域的商业银行专门在信息披露方面加大力度，风险管理体系更加完善，具体见图 4-8。

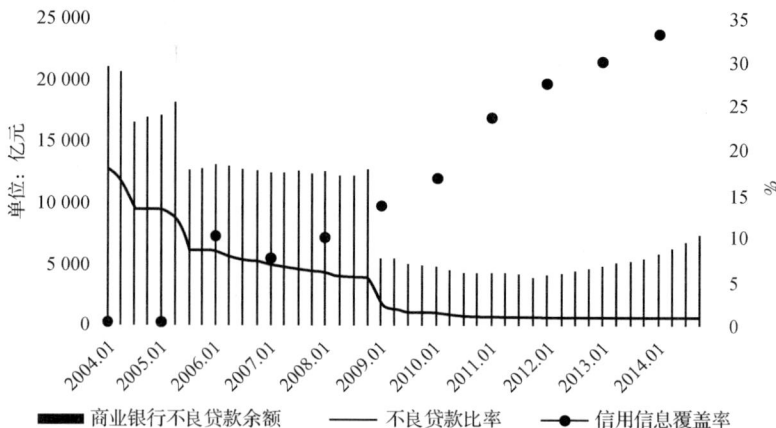

图 4-8　商业银行不良贷款及信用信息覆盖率（2004—2014 年）

从图 4 - 8 可以看出，2004 年后不良贷款状况出现了明显好转，到 2009 年不良率下降到 2% 左右，从 2011 年开始，不良贷款比率基本维持在 1% 上下。其主要原因是 2004 年四大资产管理公司协助大部分银行完成了不良贷款的剥离，信息披露和风险管理体系更加完善，2008 年四大行以及主要商业银行完成上市，2004 年和 2005 年是整个信用信息基础数据库的筹划阶段，因此覆盖率几乎为 0，但自 2006 年我国统一的金融信息数据库建立起来后，我国信用信息的共享便开始快速发展。从此之后，商业银行不良贷款余额和不良贷款比例普遍降低，并呈平稳下降的趋势，而我国信用信息的覆盖面呈上升的趋势。图 4 - 9 显示 2015 年到 2020 年，银行业的不良贷款都保持在低位。

单位：亿元

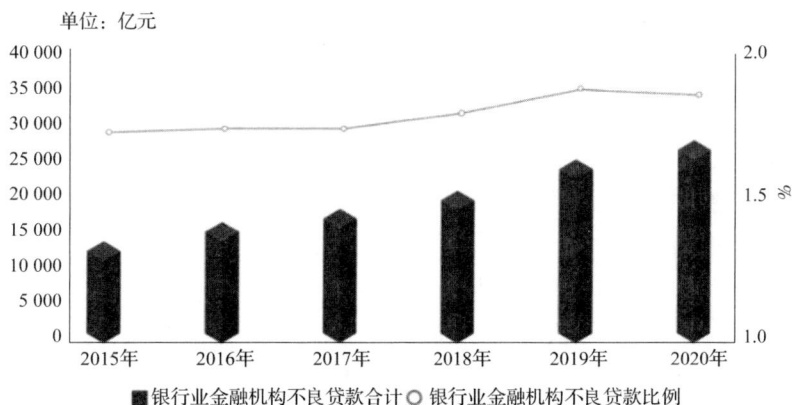

图 4 - 9　商业银行不良贷款（2015—2020 年）

良好的发展态势说明信息披露可以改善金融的风险管理，比较可喜的是，目前我国在信息收集方面已经有良好的基础。截至 2019 年底，央行征信系统收录 10.2 亿自然人、2 834.1 万户企业和其他组织的信息，规模已位居世界前列。如图 4 - 10 所示。

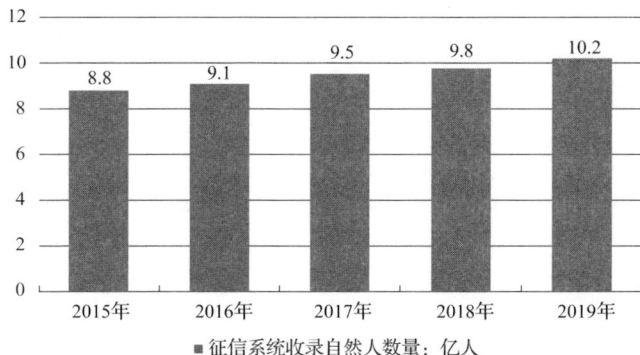

图 4 - 10　2015—2019 我国央行征信系统收录自然人数量

另外，截至 2019 年底，我国个人和企业征信系统已经接入个人机构 3 737 家，企业 3 613 家，基本覆盖各类正规放贷机构。尤其值得关注的是，与传统的征信相比较，依靠互联网的便利和掌握的大量信用信息资源的新型征信形式已经开始快速发展。中国人民银行征信系统能够覆盖所有网民的行为，中国拥有 8 亿多网民，这些人群只要在网上留下行为轨迹，如从未有过借贷行为的人、没有信用卡的人，以及学生群体、自由职业者、个体工商户等，互联网征信机构即可通过海量的数据挖掘和专业的技术分析出其未来风险表现和信用价值，是中国人民银行信贷记录的有益补充。大数据技术越来越多地在我国银行治理过程中发挥作用，分散在不同金融机构的碎片化信息得到充分利用，随着以政府机构为主体的社会治理者开始运用大数据进行社会治理创新，金融机构也会跟进大数据技术进行风险管理。

③与动产质押有关的信用信息为大数据提高数据基础。到目前为止，跟动产质押有关的基础信息已经相当完善，形成了多层次、多角度的数据格局，为大数据的建设提供了丰厚的基础资源。虽说这些信息系统没有完全智能化，但互联共享的思维已经有所体现，在大数据技术越来越成熟的将来，这些信息将可成为动产质押信息平台的基础支撑。

（2）云计算成就了大数据的功能，为物联网的发展添砖加瓦

大数据的"大"成就了成功，但它能否成功应用还需要三个条件，也就是对事件系统全面的描述、实时在线和差异化效果。云计算能够通过网络以按需付费的便利方式获取计算资源，并提高其可用性[202]，云计算能够满足这三个条件。第一，云计算为人们的存储和计算提供了方便，可以对海量的数据进行收集和处理。比如手机安装的 App 应用云服务就说明了这一点。由于云计算的存储和计算既方便又便宜，促使人们更倾向于云服务，从而使得数据信息不断积累。云计算可以将不同地点、不同时间、不同存储方式的信息进行分析和整理，从而彻底解决大数据的整合问题，大大降低了数据整合的标准，就如同核聚变一样，爆发出令人难以想象的效果。

运用物联网技术的动产信息平台可以在云计算的作用下实现以下好处：

①云计算增加互动效果，提高灵活性。云计算可提高物理资源的利用率，快速重新配置资源，提供灵活的开发环境。这种灵活性可以带来全新的客户使用体验，因为云计算平台为客户提供应用程序的试用测试版本，这样客户在使用测试版的过程中可以实时与开发团队建立联系，并为应用修改提供有价值的信息，这种互动行为突破了在传统应用开发环境的"瓶颈"，使系统开发过程中得到广泛的测试和评价，这是提升产品成功率的关键。

②云计算实现柔性化配置资源。企业如果推出一项新产品，则需要扩展计算资源来满足新产品的推广。传统方式下，信息部门要以最大化需求为标准，投入更多硬件资源到数据中心中，满足可能出现的需求高峰，但当产品活跃期过后，大量硬件资源就会被闲置。而云计算可以改变这种现状，目前很多供应商研发的智能云计算可实现资源的随取随用，企业根据自身数据中心的实际情况，通过签订合约预定计算资源，按需配置，当高峰需求时段过后，它们可以取消多余的计算资源。

③云计算降低了应用程序及软件的使用门槛。传统信息部门基建投资大，需要很多技术人员支撑，这些缺点限制了规模不大的企业的发展，在基础配置不达标的情况下，无法做到创新，在竞争激烈的当下，这是一个致命的缺憾。然而云计算时代，无论你是大企业还是小企业，都可以访问同样全局性、多元化的资源，这样降低了企业进入门槛，吸引了更多的竞争主体，使行业内的竞争更加充分，充分的竞争恰恰是推动创新的有效方式，社会创新能力将大幅提升，从这一点上来说，云计算对业务创新的贡献不可谓不大。

（3）移动互联网与物联网的融合，扩充了物联网的功能

①给用户带来了好的体验。2016 年，云计算和移动互联网的技术及应用使本已压抑的物联网市场气氛骤然升温，随着 4G 时代的来临，移动网络应用了 TD – LTE、TD – LTE 等 3G 标准 TD – SCDMA 的后续演进技术，这种移动通信技术比 TD – SCDMA 在系统带宽、网络时延和移动性方面得到了较大的提高，其速度是 3G 的数十倍，在这样的速度下，为我国移动互联网和物联网的发展奠定了网络基础。随着新科学技术逐步应用到传统产业中，市场迎来传统产业与信息技术相融合的新时代，从而为物联网技术的发展提供了有利的环境，为更广泛的应用奠定了基础，增加了社会服务内容，加上移动互联网随时随地都能使用的方便和快捷优势，给用户带来了好的体验。

②使物联网的监控功能更加强大。通过视频监控系统对监控点进行实时监控，并将监控视频传输到监控中心，对信息数据进行处理，及时解决出现的问题。对于重要区域的监视和控制，监控系统必不可少，如今视频监控技术已在电信机房、电力系统、城市交通、水利系统、工厂、小区治安等领域得到越来越多的应用。物联网技术的兴起和发展也突破了传统视频监控的狭隘思想，通过引入新技术、新方法和新思想，建立更加完善的管理平台，快速解决不同部门的信息共享问题，提高部门的工作效率；同时，通过物联网

实现监控系统的智能化，如视频的采集、存储、管理等，特别是监控摄像机里的高速球摄像机采用更加智能的系统，提高了视频数据的处理效率。随着物联网技术的不断发展和完善，视频监控的发展也逐步向信息化、数字化和智能化方向转变。但是由于地理位置的特殊性，监控点分布比较分散，信息传输距离较远，特别是遇到河流山脉等障碍时，因为物理因素难以架设线缆，如果采用传统的有线网络连接，不仅会导致成本的大幅度增加，而且会花费大量的时间。移动互联网因为不受有线网络的羁绊，与物联网融合后使难以布线的地区实现联网视频监控，而且利用无线网状网技术构建面向安防监控的物联网平台抗干扰能力强，成就了智能视觉物联网的优势。利用移动互联网的技术就可简化这种监控点的建设，并把这些监控点感应设备上的文件实时传输到监控中心，与监控中心实时交换信息。

移动互联网络采用无线网络，相比于有线网络的不同点在于可以提供无线语音和无线采集等无线服务，依次开发的系统在高速移动的环境下也能实现网络节点之间的快速切换，并且更加高效和可靠，从而实现了高速环境下视频数据的采集、传输和处理。

③降低了物联网的成本。移动互联网技术能够快速完成无线网络建设，具有高效、快速等特点，以无线 Mesh 网络系统为例，其能够实现大规模的无线监控网络。基于 Mesh 技术的 Access/One 无线网络支持完全无线的方式进行网络建设，无线网络相比于传统的有线网络其优点在于，在开始建设阶段的成本较低，只需要在网络上增添 Strix 无线节点设备就能扩大网络范围。所以，有效地降低了网络建成后的运营维护成本以及网络的扩容和升级成本。

（4）区块链和物联网是天作之合

目前区块链和物联网是科技领域的两大热词。早在 2015 年左右，区块链在物联网领域的应用探索就开始了，主要集中在设备管理和安全、物联网平台等应用领域，比较典型的应用领域包括智能制造、工业物联网、车联网、供应链管理、农业、能源管理等。

物联网包含传感器、车辆等移动的物体，基本上囊括了任何利用内嵌电子元件与外界通信的设备，尤其要用到 IP 协议。将物联网结合区块链，有利于物联网设备和应用的整个生命周期，是开展业务流程的助剂。基于区块链的分布式账本技术填补了物联网的五大关键缺陷。

第一，基于区块链的分布式账本可以为物联网提供信任、所有权记录、透明性、通信支持，信息平台的各参与主体都有能力查询到最真实的数据。

第二，利用中心化服务器收集和存储数据的物联网架构可以把信息写入当地账本，并与其他本地化账本同步，保证事实的安全性和唯一性，以极其安全的方式保存交易信息，这是杜绝动产被移作他用的"撒手锏"。

第三，区块链上所有物联网交易添加时间戳，保证后人可跟踪质押物的交易及流转情况。

第四，区块链的真正创新在于数字协议或者说智能合约，可以应用于区块链数据，在物联网通信中执行商业条款，这样围绕质押物的假交易就可以完全屏蔽了。

第五，物联网的最大缺陷之一是安全标准不到位。具备高端加密技术的区块链可以解决安全问题。

另外，区块链技术支持设备扩展，可用于构建高效、安全的分布式物联网网络，以及部署海量设备网络中运行的数据密集型应用；可为物联网提供信任机制，保证所有权、交易等记录的可信性、可靠性及透明性，同时，还可为用户隐私提供保障机制，从而有效解决物联网发展面临的大数据管理、信任、安全和隐私等问题，推进物联网向更加灵活化、智能化的高级形态演进。

使用区块链技术构建物联网服务平台（见图4-11），可"去中心化"地将各类物联网相关的设备、网关、能力系统、应用及服务等有效地连接融合，促进其相互协作，打通物理与虚拟世界，在降低成本的同时，也极大程度地满足了信任建立、交易加速、海量连接等需求。

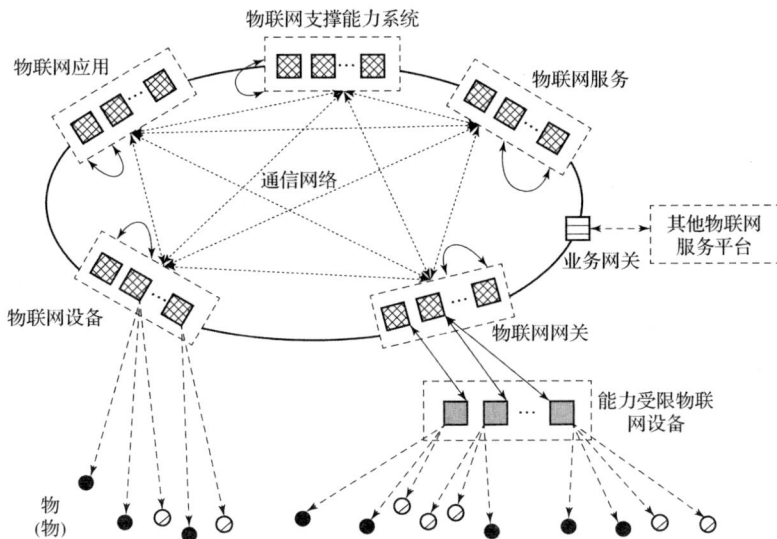

图4-11 基于区块链的物联网信息平台

4.3 物联网在动产质押信息平台应用的可行性分析

目前，中国针对物联网发展的政策在不断出台，国家大力支持该行业发展，技术研发取得重大进展，标准体系不断完善，市场化应用稳步推进。因此，物联网应用于动产质押融资的设想不是凭空设想，而是条件已成熟，机遇难得，无论在国家政策、技术方面，还是经济及应用方面都是可行的。

4.3.1 政策可行性

美国、欧盟、日本以及韩国都已经将物联网作为国家战略产业，近年来，我国国家和地方相关部门出台一系列政策和激励措施推动我国物联网发展。在国家"十三五"规划中明确提出，推进物联网感知设施的规划布局，发展物联网的开环应用。可预见的是"十四五"期间，物联网的应用将更加深入具体，在关键标准研究与制定、重大应用示范与推广、核心技术创新与研发、产业链制定与完善等方面得到明显进步，逐渐建立创新、发展、协同、安全的物联网新局面。早在 2013 年国家就出台了《国务院关于推进物联网有序健康发展的指导意见》，标志着我国打响了物联网起跑之枪，在此指导下，我国物联网产业在技术标准、应用示范推进及产业培育等方面取得了进步。同时建议经济领域以行业主管部门或典型大企业为主导，联合物联网关键技术、关键产业和重要标准机构共同参与示范工程，形成优秀的解决方案，并在时机成熟时将物联网应用推广至全行业、全社会。

同时国家和社会各组织的资金配套也陆续丰厚起来，早在 2011 年 4 月，财政部和工信部共同设定物联网专项资金，并制定了相关的规章制度，物联网的资金总额达到 50 亿元，5 年内发放完毕。2015 年 1 月 1 日到 2015 年 12 月 31 日披露的物联网投资案例达 120 多起，特别是针对早期初创的投资案例有 70 多例，对于初创的投资金额大概是 6.5 亿美元。这是我们知道的已经公开披露的，资本市场没有披露的体量比已经披露的体量要更大一些，在天使阶段或者在早期一般情况下的披露较少[203]。

4.3.2 技术可行性

利用 RFID 射频自动识别技术是物联网最早期的应用，作为很成熟的 RFID 技术，在计算机网络技术发展比较成熟后，采用计算机网络对物体进行自动识别已经成为可能。每个物体都有各自的标签，并且两者一一对应，标签内存储着物体的相关信息，具有统一的格式。信息通过无线传感网络传输到信息中心的数据库，对信息数据进行处理，从而实现物体的识别，同时利用计算机网络平台实现信息的共享和监管。所谓 RFID 技术就是通过射频信号在空间耦合的环境下实现信息的传输，用于人、物、车等物体的识别，大多应用于物流、交通、生产等行业。RFID 技术的工作原理可以描述为：物体表面粘贴 RFID 标签，当与阅读器的距离在十米范围内时，阅读器就会自动发出微波查询信号，当标签接收到微波查询信号后，标签的数据信息就会自动与查询信号一起传输给 RFID 阅读器；阅读器对反射后的信号进行过滤处理，获取标签里的信息数据，并通过解码将信息数据传输到信息中心。标签的信息可以通过阅读器读取，也可以通过阅读器修改和写入。所谓无线传感器网络就是由传感器节点自行建立的网络，并没有统一的组织结构，各自采集数据并传输到接收器中，同时信道环境、网络拓扑和业务模式根据节点的变化而发生相应的变化，将无线传感网络技术与 RFID 技术相结合，提高数据采集和传输效率。物流企业基于此信息系统可以实时掌握质押物的静态和动态信息，从而全面和系统地掌握质押物的所有相关信息。

在科学技术中，红外、GPS、激光、视频识别和扫描也具有自动识别功能，随着科技的不断发展，也将被应用到物联网信息采集中，为物联网技术的功能扩展提供了更多的可能。郑欣通过《物联网商业模式发展研究》对物联网进行了深入分析和研究，重点论述了物联网公共产品的特性，认为物联网在技术上拥有较强的前瞻性和行业适用性[204]。

4.3.3　经济可行性

物联网技术作为一门新兴技术，得到了快速的发展，技术逐渐趋于完善，价格也随之逐年降低。在动产质押业务中引入物联网技术，虽然在刚开始阶段资金无法满足所有的需求，但是随着物联网的发展，价格也会降低，并且在资金比较充足时，对其进行进一步完善。

从动产质押业务角度来讲，为了有效监管质押物，银行往往要求出质人把货物放在指定的仓库，这样的要求至少要增加质押物的入库和出库两次搬运作业和一次运输作业，对于出质人而言，就可能加大了融资企业的物流成本。装卸搬运是目前物流发展的"瓶颈"，它最容易造成货损，而如果允许在出质人作业库进行监管，就减少了货物的重复搬运，避免物流资源的浪费，实现整个社会物流的合理化，为出质人节省大量的物流费用。另外，与其他融资方式比较，质押可以使债权人将融资企业的财物真实地抓在手里。基于这个原因，在交易中质押比较受银行喜欢，融资企业更容易以这种方式获得银行贷款，它们选择动产质押的动力就会加大，从而催生动产质押市场的市场需求，增大市场容量，促进市场发展，规模效应明显。

目前国家投入专项资金，加大对物联网发展的财税和金融支持力度，专门设立物联网发展资金，并在国家重大科技专项"新一代宽带无线移动通信网"和"核心电子器件、高端通用芯片及基础软件产品"中大力发展物联网，重点支持关键技术研发和产业化。另外，各家银行及物流企业也投入相应资金予以支持，开展物联网应用在经济上是可行的。

4.3.4　应用可行性

20 世纪 90 年代首次出现物联网概念的时候，它仅是指 RFID 技术的快速发展以及其在物流仓储行业中的广泛应用，虽然目前物联网技术几乎涵盖了所有技术，如传感器技术、网络技术、无线通信技术、GPS 定位等诸多先进技术，但是在物流仓储行业应用依然是物联网产业中最重要、最不可或缺的一个实际产业应用。物联网应用于动产质押领域其实就是对仓储监管应用的扩展，在大数据及云计算技术的辅助下，为动产质押开发的物联网产品功能会越来越强大，结构却越来越简单。其由动产质押前端监控系统、监控中心以及传输网络构成，质押物的信息数据通过无线网络或者有线网络传输到监控中心数据库，然后对信息数据进行整理和分析，并自动生成数据报告表。监管人员可以在移动通信设备上登录监管客户端，实时对数据进行监管。该系统能够实现的功能和其他领域的产品同样具有操作简单的特点，在最核心的仓储监管环节，可以自动完成数据的采集、传输和存储，并且自身具有相对独立性，与管理中心自动交互，实时监控仓储及运输过程中的货品环境、货品出入库情况、设备使用情况，对于环境异常、货品非法出入库、设备未授权使用等情况系统有自动报警功能，使得软件管理功能更加精细和智能化，一般不需人为参与，只有少数应用需要专业技术人员操作。

另外，我国物联网硬件上的配套已具规模，据专家介绍，我国在道路建设中，铺设了大量光纤骨干网，但利用程度不高，而物联网的海量数据正好充分利用这部分光纤网络[205]。

4.4　动产质押系统的物联网应用

4.4.1　应用于动产质押的物联网技术体系

计算与服务技术、感知与标识技术、管理与支撑技术和网络与通信技术共同构成物联网的技术体系。下面对这四大技术进行简要的论述。

（1）计算与服务技术

随着信息量的不断增加，准确计算和处理信息已经成为物联网的关键因素，因此需要深入分析和研究数据融合、高效存储、语义集成和数据挖掘等相关核心技术，解决物联网的智能化、虚拟化、云计算以及服务化等技术难题；对规范化、通用化服务体系进行深入分析和研究，建立自身的核心技术，通过服务和应用来实现物联网的价值。运用于物联网比较常见的服务技术有信息发现服务，包括 ONS 服务、PML 服务等。

对象命名服务 Object Name Service，简称为 ONS[206]，其职能与域名解析服务相似，对电子产品码及相对应的 EPCIS 信息服务器地址进行映射和查询管理[207]。ONS 是结合现有互联网基础设施和相关规范进行的，基本上按 DNS 的原理实现，甚至采用了 DNS 的现有基础设施。实体标识语言 Physical Markup Language，简称为 PML，其功能与互联网的 HTML 语言相似，所有关于产品有用的信息用这种新型的标准的 PML 语言来描述。系统在 RFID 的基础上，通过应用 ONS 和 PML 语言，使物联网系统的应用达到开环应用上，实现真正的"物联网"。

（2）感知与标识技术

物联网通过感知与标识技术对现实世界的事件进行感知和识别，并转变成数据信息，将现实世界的事件以数据形式存储到虚拟世界中。质押物上粘贴有相应的传感器，每时每刻把采集到的数据发送到信息平台，提高了物流企业的管理效率，信息平台可实时分享传感器上的信息给银行和融资企业。传感器作为终端存在具有不可替代的作用，作为一种转变技术，实现由"物"到数据的转变，并在 PNL/ONS 和 EPC/UID 技术的基础上作为物联网的唯一参考技术。

应用感知与标识技术对质押物进行监管的硬件设备有摄像头、PDA、PC机、手机、针对大件物品的 FID 货物标签、针对散装小物品的 RFID 托盘标签、质押监管人员 RFID 标签、RDID 货位标签、电子语言设备、电子显示屏、天线、叉车载读卡器、光传感标签、温湿度传感标签、红外传感器和相应读卡器、门禁读卡器、通风和供暖设备等。

（3）管理与支撑技术

物联网设备自动感知环境获取物理世界的各种信息，然而由于物联网终端的多样性，每种终端通信的协议和对数据处理的方式不相同，系统要实现跨终端的物联网应用就非常困难；就算是跨网获取了设备数据，还要聚合各种设备资源的数据，基于个人和特定应用需求对数据和服务进行处理和选择。管理与支撑技术是提供面向资源的上下文建模和推理等服务的技术，基于通用的上下文模型和情境推理引擎实现服务的智能化和自动化，从而实现物联网的运行、管理和控制的统一，涵盖安全保障、网络管理和测量分析等方面。

（4）网络与通信技术

网络在物联网中处于基础地位，信息都是以网络为传输途径来实现信息的共享和传递，利用信息平台的互联功能，保障信息的可靠性和安全性。在网络的终端布局着各种传感网，布局在仓库内部，主要形式有 WSN、OSN、BSN 等，形成信息平台的末端神经系统，主要解决"最后 100 米"连接问题。根据仓库的规模、质押物的品种及质押要求，能够选择的通信网络也不同，具体包括以下几种：

①短距离无线通信网络包括蓝牙、RFID、Zigbee 等十多种标准网络以及 Mesh Networks 组合无线网络。

②短距离有线通信网络包括 ModBus、DeviceNet 等十多种现场总线以及 PLC 电力线载波等网络。

③长距离无线通信网络包括 3G、4G、GPRS/CDMA 等网络以及 GPS 卫星移动通信网络。

④长距离有线通信网络包括计算机网络、广电网、电信网和通信网等 IP 协议网络。

无线通信和有线通信共同构成通信技术，比如将短距离无线通信网络应用在仓库中是动产质押信息平台中物联网的使用重点。

4.4.2 动产质押的物联网应用系统

（1）硬件部分

①用于数据采集和获取。依赖硬件设备的物联网网络最好一步到位地配备好先进的硬件设施，特别是在技术更新很快的今天，容不得慢慢淘汰落后技术的设备。物联网的感应设备包括内置于或贴于质押物上的各种 RFID 标

签、二维条码或一维条码，以及置于各个位置的 RFID 天线和仓库的进出口 RFID 读写器，并在装卸叉车上也安装了读写器。用于质押物的监管，比较常见的传感器有：

◆温、湿度传感器。对于粮食、精密电子仪器等对温度和湿度有特殊要求的产品，为预防质押物出现腐烂或者变质等问题，需要控制质押物所在环境的湿度和温度。温度传感器会将质押物所在环境的湿度和温度实时传输到数据中心，当某项数值超出设定值就会自动发出警告，提醒监管者及时处理相关问题。

◆烟雾传感器。对于易燃易爆的质押物，通过监测烟雾的浓度来实现火灾防范。

◆防盗压力传感器。为了防止质押物被盗或以次换好，未经授权原则上不得挪动质押物，监控时采用压力传感器，通过监控压力变化，监控质押物的数量，一旦质押物被挪动，其压力就被进行测量并记忆下来。

②用于监控。用于监管仓的监控主机，可以实现本地监控、录像、回放等多种功能，银行、融资企业和物流企业各个有权限监控的主机可以远程监控质押物监管工作情况，并远程对监控历史数据重复播放，监管者可以将远程监控软件安装在便于携带的笔记本上，随时对仓库进行监管，及时掌握仓库的情况。

③GPS 终端。GPS 可以对车辆保险截止时间和年审时间提醒、车辆保养、维护、保险赔付、违章罚款、事故、出行时间表、司机档案盒客户服务进行管理，缩短工作时间，提高工作效率，便于物流企业全面和系统地掌握每个车辆的所有信息，及时解决相关的问题。

（2）网络传输部分

分布在各个节点的数据不仅被物流企业采集获取，还要进一步分享给银行和融资企业，实现这些数据传输的网络包括仓库所在的无线局域网络、与网络相关的系统控制主机及相关设备，数据通过无线电收发器存储到数据库中，并对所有信息数据进行过滤和整理，为数据中心提供数据基础，从而实现物联网的数据采集、报警监控以及目标跟踪等功能。

网络传输还涵盖视频、电源和控制等信号的传输线路的互联网络，即 Internet。运用 GPS 对运输过程中质押物进行监管时，将检测的车辆数据传输至数据中心服务器，还需要通过 GPRS（或 GGSM）传输网络。

（3）数据中心部分

采集的数据和视频处理系统的信号通过无线路由器上传到数据中心服务

器，其设计方案遵循 RFID 领域的产品电子代码 EPC 标准[208]，保证其扩展性，服务器与 EPC 物联网络对接，用于构建基于 EPC 物联网的 EPC 信息存储服务器，完全实现金融机构、物流企业和融资企业之间的信息共享与数据交换。

对运输过程中的质押物进行兼管时，GPS 运输管理系统与数据中心服务器数据集成，用于 GPS 数据存储和交换，并提供外部访问入口，见图 4 - 12。

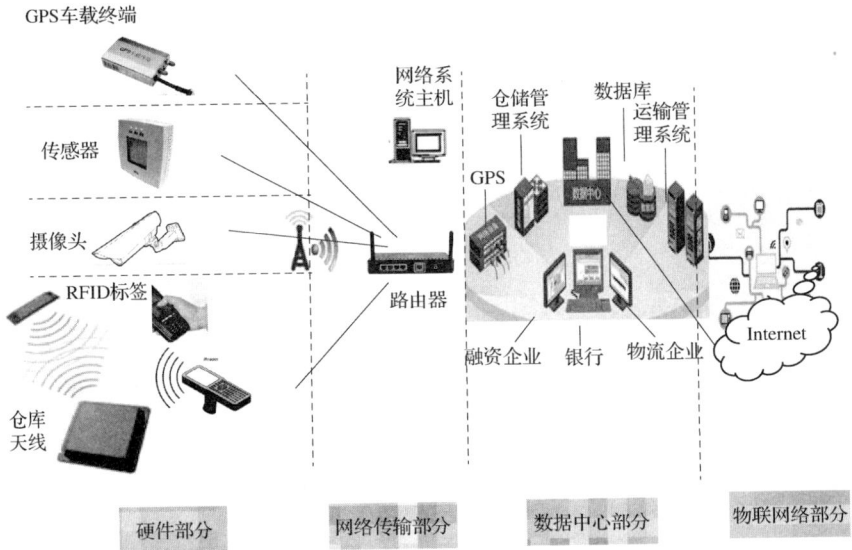

图 4 - 12　基于物联网技术的动产质押信息系统图

（4）物联网络部分

物联网络可以实现基于用户驱动的运营管理，动产质押信息共享的网络平台上的业务合作伙伴通过网络交换 EPC 相关数据，实现自动即时识别，以及利用高动产质押业务过程中各环节和各单元信息的透明度与可视性，以此来提高动产质押的运作效率。

4.4.3　动产质押系统的物联网系统模块

动产质押中的监管范围及质押物流动性决定其物联网应用以闭环应用为基础，闭环的理念强调 RFID 技术在物联网中起重要"使能"作用，其物联网应用多是建立在传感网和 M2M 技术的基础上，大多采用无线技术，感知层和传输层分别采用有线现场总线和长距离无线通信的方式，技术架构不需要上升到 ONS/PML，物联网对 RFID 技术的应用只需在监管仓库和设计的运输路线范围内，系统模块由质押物品识别、信息收集、后台信息服务器、质押物监控、业务系统及本地数据库服务器构成。

（1）质押物识别模块

每个质押物上都贴有 RFID 标签，标签上具有 EPC 代码与质押物一一对应。在 EPC 代码中包含质押物的名称、类型、货品编码、货主、入库时间、质押时间、货架号、是否已抵押、质押价格、市场警戒价值、质押银行、质押物流企业所有的信息都存储在数据库中，并且随着动产质押业务的变化而更新，确保信息的正确性。

（2）信息收集模块

当质押物进入动产质押环节中，通过 RFID 读写器扫描 EPC 代码，访问质押物的数据库，将质押物的信息存储到本地数据库，并由信息处理模块对信息数据进行处理。

（3）后台信息服务器

所谓后台信息服务器就是存储质押物的名称、类型、货物编号、入库时间、银行、融资企业和市场价格等相关信息，向融资企业和银行提供访问的权限，可以通过 EPC 代码提取相关的信息。

（4）质押物监控模块

仓储环节的监管：在仓库周围安装相关的传感器，如湿度传感器、温度传感器、烟雾传感器和视频传感器等，这些传感器自组织构成一个无线传感器网络，并与互联网相连，将收集到的信息实时传输到监控中心，便于监控人员实时掌握仓库的环境状况，及时处理相关问题，这些构成了质押物品监控模块。

运输途中的监管：将 GPS/GIS、3G 移动通信技术应用到监管系统中，对运输车辆进行实时监控，掌握运输状况，比如橙色表示汽车驶离安全位置，提醒监管员对其进行监管，而蓝色则表示汽车处于安全位置。运输途中的被监管车处于虚拟围栏范围内说明监管车处于正确位置，如果不在虚拟围栏内则说明监管车处于错误位置，应将相应的坐标传输到网络系统中，并根据坐标显示被监管车的运行轨迹。

（5）业务系统

在库管理、出入库管理和运输管理是业务系统的主要职责，其中在库管理是指在库质押物的保管、查询和盘点等相关工作，以上作业过程中均采用 RFID 技术。运输途中管理包括对运输质押物的车辆进行记录、跟踪、历史轨迹查询和报警通知等，应用 GPS/GIS、3G 移动通信等技术。

（6）本地数据库服务器

采集处理模块收集的质押物信息传输到本地数据库服务器中，质押物监管人员通过访问本地数据库来查询质押物的相关信息，并对业务系统提供信息数据。

4.4.4 动产质押系统的物联网系统实现

（1）标签及读写器

根据质押物的不同要求及特性，标签和读写器的配备也不同。建议使用在动产质押系统中的标签应具有价格经济、工作可靠、读写快速、存储方便、抗干扰能力强、环境承受能力强、通信速度快等特点，同时根据不同的需求选择不同的接口模块，以不同的业务控制方法和通信方式来实现通信。

（2）RFID 中间件及数据过滤

当大量的信息从物联网的传感器被采集之后，它可能经过一个公网或者一个私网，包括经过一些所谓边缘计算处理送到数据中心。这里需要物联网中间件对这些数据进行适当的处理与管理，而这些处理与管理是在物联网的商业应用要使用这些数据之前。业务系统模块、设备管理模块、逻辑读写器映射模块、RFID 数据过滤模块等组成中间件的功能模块。逻辑读写器映射模块可以实现读写器的多条天线映射或者多个物理读写器集成在一个逻辑读写器中。一个数据采集点对应一个逻辑读写器，两者一一对应，而物理上的多天线和读写器并不能改变这种关系。这种关系省略了数据采集点的具体实施过程，从而降低了数据过滤过程中下层数据与上层模块之间的耦合度。由于上层业务系统无法看到逻辑读写器之外的数据，也就对 RFID 数据起到一定的过滤作用；RFID 读写器接口的主要功能是实现 RFID 读写器与中间件的数据互通，收集 RFID 数据以及发出相关的指令；设备管理模块的功能主要是对 RFID 读写设备进行调整，根据实际条件配置接口参数等，见图 4 - 13。

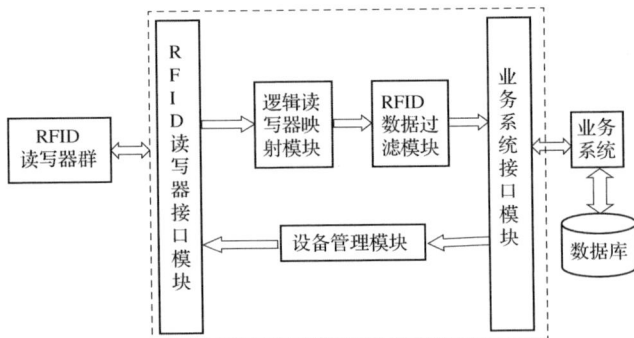

图 4 - 13　RFID 中间件设计

（3）传感器、未处理器和通信芯片及协议

在建立动产质押物联网过程中，为了实现质押物监控的功能需求，在 Zigbee 无线传感器网络与有线网络的基础上，用局域网和互联网相结合的方法对仓库进行监控。Zigbee 技术的优点在于系统简单、组网方便、功耗非常低、反应速度快和成本较低，满足监控系统的要求。为了减小能源的消耗，数据采集传感器通常需要功率消耗较低、体积较小和电路简单。

（4）业务系统

业务系统基于 Internet 环境，采用 B/S 模式进行开发。如图 4－14 所示，设计的业务系统应实现的质押物入库管理、质押物出库管理、质押物在库管理、质押物的途中管理、RFID 通信管理、货位优化管理、报表管理、系统管理、合同管理和费用管理等功能模块，使得动产质押管理系统的接口与其他信息系统接口可以实现完全衔接，从而完成信息收集、信息识别、信息管控和数据库及设备的维护等功能。

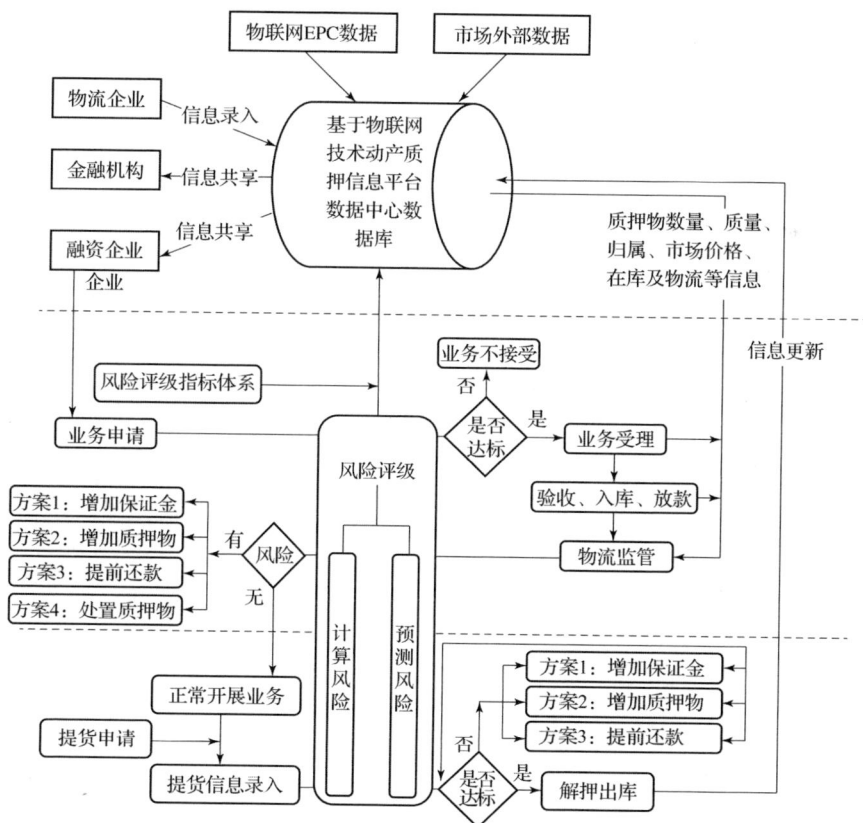

图 4－14　基于物联网技术的动产质押信息系统结构图

4.5 本章小结

本章论证物联网技术为动产质押风险控制提供技术出路，从信息需求角度论证物联网技术符合信息系统要求。首先从物联网可实现的功能角度论证物联网在技术、智能功能、科学管理及经济效果方面可以满足动产质押信息系统的功能需求；随后解释了物联网应用到动产质押领域，是动产质押主体和物联网技术的融合，在其他诸如大数据、云计算及移动互联网的推动下，这种应用比较先进；随后本章从政策、技术、经济及应用角度论证了可行性，最后从技术角度提出物联网应用到动产质押业务中的应用建议。

第五章　探索动产质押风险控制要素

根据全面控制风险理论，造成动产质押风险的原因是多层次、多要素综合作用的结果，只有探索出这些要素以及其层次和权重，才能确定信息系统内子系统及构成。然而造成基于物联网的动产质押信息系统内涉及子系统建设的问题少有人研究，使得信息系统内子系统构建缺少理论支撑。本书的研究正是基于当前的研究空白点，立足于动产质押专业，以动产质押风险管理为切入点，剖析造成风险的各要素并试图把诸要素归集为信息系统子系统，最终把这些子系统组合起来构建信息系统，为物联网信息系统建设提供理论基础。

5.1　基于风险控制探索动产质押信息不对称要素

2010 年，中国电信在多个城市为 11 个行业做了 30 多种物联网的行业应用，他们总结自己喜人的市场推广时说："这些应用可以普及的原因是这些应用能够解决实际问题。"[210]

Welsh 是哈佛大学工程及应用科学学院计算机科学教授，并获得了 Gordon McKay 教授称号，其在有关 WSN 的主题讲话中谈到，现阶段公司和科研部门对于 WSN 具有不同的关注点，可以使公司盈利的 WSN 技术对于科研机构来说极为简单，不能算作科技成果，而科研部门研发的成品实用性不甚理想，比如波士顿市根据哈佛 WSN 科技的 "City Sense" 计划未能顺利开展，而俄克拉何马州的 Microcast 计划利用较为简单的技术却进展得十分顺利。

可见，理论层面的风险管理要素分析和信息技术角度的风险管理要素分析并不是一回事，笔者在本书中的研究就是寻找适合信息系统开发的动产质押风险管理的要素，这些要素在信息系统中可作为子系统，既独立又具有现实可操作性，最终实现解决动产质押信息不对称问题。

5.1.1　研究设计

（1）理论框架

在动产质押实践中，基于打破信息不对称策略的风险控制普遍存在多个要素。例如，以伦敦清算公司为代表的企业在控制风险之时注重交易对手的法律风险、信用风险、市场风险和流动性风险等，理论界对造成动产质押风险的要素分析比较丰富，如刘金明（2007）[210]、杨娟（2009）[211]、张忠辉（2011）[212]、Ji Yingdong 和 Yang Xiaojie（2011）[213]等在前人研究基础上不断修复，普遍认为管理风险、担保风险、质物权属风险、政策法律风险、技术风险等是造成动产质押风险的关键因素。

　　然而理论界研究的所谓影响动产质押信息不对称的要素普遍比较抽象，要把这些项目融入在信息系统中就存在可操作性问题，如"质押货物是否投保"这一要素，如果按常规方式考证是否投保，往往是凭保险公司开具的保险单，严格来说，在假证横行的今天，这一项的证明力都有可能没法保证。再如，"物流企业安全管理制度"这一项，制度层面的东西普遍比较抽象，需要具体的安全管理措施才能达到具体。又如，"区域法制环境"[213]，这个指标在区域管理评价时本身是个综合指标，涉及法制学科的相关评价体系，在动产质押信息化体系中，对该指标的把控很难符合要求。另外，银行授信企业存货融资还是会考虑产业供应链的位置，有些地区出现"上肥下瘦"的局面，能够进行自主研发的大型企业从上游开始就由于技术优势获得超额收益，而处在中下游的企业唯有买进上游企业的组件，获得较低利润或者代工收益，但需承担价格变动及上游企业超额收益带来的风险[214]，银行通常不喜欢下游厂商的动产质押融资业务，但这种情况银行难以判断和把握。

　　在现实的动产质押业务中，信息不对称及由此导致的对银行的损害主要有虚假信息、合同不正当履行及获取融资企业相关信息的渠道不畅三个方面。

　　①虚假信息。在动产质押业务中，银行在接触不到融资企业和实际质押物的条件下，只能通过融资企业提供的书面资料来了解企业和质押物的信息，这就为融资企业欺骗银行贷款而造假提供了可能。虚假信息具体表现为两个方面：一是融资企业对其偿债能力、盈利能力、经营管理状况、营运能力等夸大其词；二是融资企业隐瞒其质押物的实际情况，如把属于走私物品的货物拿来质押，这种货物随时可能被海关查封并没收，再如融资企业把已被抵押的货物用来质押融资，我国抵押权大于质押权，如果涉及纠纷的质押物也是优先被抵押执行，质押银行将面临质押权落空的境况。

　　②合同不正当履行。动产质押合同履行期间货物由物流企业监管，不正当履行的行为多表现为三种形式：一是融资企业利用银行和物流企业对质押物不完全了解，质押有瑕疵的货物或质价不相符的货物；二是融资企业利用物流企业有时过于重视获取仓储费的特点，说服物流企业隐瞒质押物出入库

具体信息，在分批次出入库的情况下，和物流企业联合起来上演监守自盗的伎俩，尽量保证包装完整，把货物以次充好，更有甚者把已经质押的货物从包装中掏空；三是融资企业在质押期结束后逃避责任，不归还银行贷款，给银行造成不可避免的损失。

③获取融资企业相关信息的渠道不畅。缺乏掌握中小企业信息的部门和机构，从而导致银行只能靠自己的能力来获得融资企业的信息，通过这种模式全面和正确地掌握中小企业的信息难度很大，且增加了银行的成本。在银行正式同意融资企业的动产质押前，往往要对该企业做全面的审核，具体内容包括该企业信誉、经营管理状况、质押物市场销售情况等，因为有些信息涉及融资企业的商业秘密，融资企业或故意隐瞒，因而银行很难从融资企业处直接获取全面的信息，就算能够获得一些信息，其真实性也难以保证，所以要辅以一些政府机构或社会组织的相关信息来证明其信息的真实性，如工商、税务部门对该企业的记录档案，其他银行对该企业的信用档案，融资企业的合作伙伴及同行对他的评价，等等。在履行动产质押合同的过程中，银行委托物流企业监管货物，质押物的出入库的实时信息依赖物流企业的提供，特别是分批入库和出库的货物，其操作对应的信息量和复杂度增加，如何和物流企业做到准确而直接地进行信息对接将影响动产质押的效率。

针对以上涉及的三个主要方面，本书通过阅览相关文献及访谈所收集到的资料，结合目前已存在的研究成果，进行了调查问卷的设计，研究步骤如下：

第一，阅览国内外文献，搜集国内外动产质押风险研究经典理论及其风险评估指标，侧重信息的可操作性，设计动产质押信息不对称感知调查问卷。

第二，针对动产质押信息不对称感知调查问卷，对涉及动产质押业务的相关银行、物流企业、融资企业及动产质押研究人员开展调查。利用探索性因子分析方法，对动产质押信息不对称要素最初模型的效度及信度进行研究，最终探索出相关的因素。

第三，分析动产质押信息不对称的构成要素，把探索出的要素以子系统的形式组合起来，构建物联网信息系统结构。

（2）问卷设计

涉及动产质押业务主要有三个角色：银行、融资企业及物流企业，兼顾这几种角色对动产质押的信息不对称问题有不同角度的理解，本调查问卷设计了三大部分。开始部分要求被调查人员填写个人基本情况，包括被调查人员从事行业、在从事行业上从业持续时间、对动产质押业务的了解程度及理解等相关题目。

问卷的第二部分主要针对信息不对称问题展开，涉及 20 项造成动产质押信息不对称的问题，具体项目如表 5 - 1 所示。

表 5 - 1　问卷项目内容表

序号	项目内容	序号	项目内容
1	工商部门提供的相关信息	11	融资企业偿债能力
2	税务部门提供的相关信息	12	融资企业成长创新能力
3	参与融资企业的信用记录	13	质押货物的合法性
4	质押货物的行业前景预测	14	仓单的可靠性
5	质押货物市场变动情况	15	客户的信用评级
6	融资企业经营状况	16	质押物品品种选择
7	质押货物所在仓储安全管理设施	17	质押物的质量
8	对质押物的评估能力	18	质押物价格的稳定性
9	融资企业营运能力	19	质押物是否投保
10	融资企业盈利能力	20	仓储管理费用

以上 20 项内容以 20 道题目的形式提问，每道题以李克特五级量表进行测量，分值为 1~5 分（1 表示与动产质押的关系很重要，5 表示与动产质押关系很不重要）。

问卷的第三部分涉及了信息共享问题，这部分既是对当前信息共享现状的调查，也是为探讨解决问题的方法寻求参考。

2012 年 5 月至 2015 年 5 月，笔者针对从事动产质押的从业人员或相关人员进行了问卷调研，主要通过纸质问卷和网页（网页地址：http://www.sojump.com/jq/1940298.aspx）公布问卷两种形式填答。

5.1.2　样本分布和数据处理

由于本调查问卷主要探讨影响动产质押信息不对称的因子，涉及的项目多达 20 项，以单选题的形式回答，考虑到填写人可能存在倦怠及主观偏差，在设计问卷时附属了其他题型，内容本质上和 20 项单选题相呼应，但提问角度做些调整，这样可以检验填写人是否前后一致，如果前后有矛盾，该问卷视为作废,通过这种方式增加问卷的有效性。经过排查整理,从回收的 236 份问卷中剔除 24 份不符合问卷,有效率为 89.8%。对剩下的 212 份问卷进行分析,样本构成状况如表 5 – 2 所示。

表 5 – 2 样本基本特征

从事行业	频率	百分比	从业时间	频率	百分比	对中国动产质押了解程度	频率	百分比
商业银行	56	26.4	5 年以下	80	37.7	熟悉	53	25.0
期货公司	19	8.9	5~10 年	86	40.6	一般了解	104	49.1
物流公司	24	11.3	10~15 年	33	15.6	只是听过	55	25.9
一般企业	32	15.1	15 年以上	13	6.1	不清楚	0	0
科研院所	44	20.8						
其他	37	17.5						

5.1.3 问卷的信度和效度

为增强数据的效力,在正式研究之前需对调查问卷的质量进行分析,并对其实施质量控制,对剩下的 212 份问卷进行信度分析,SPSS17.0 统计分析结果显示 α 值,表明此问卷的信度颇佳,见表 5 – 3。

表 5 – 3 可靠性统计

Cronbach's Alpha	基于标准化项的 Cronbach's Alpha	项数
0.944	0.945	20

其中一项"行业前景预测与动产质押的关系"问题 α 值为 0.945,其值相比较表 5 – 3 中 Cronbach's Alpha = 0.944 不降反增说明该题项不好,应该作为剔除项。提出了 α 值不符合项后做信度分析,KMO 检验结果见表 5 – 4。

表 5 – 4 KMO 检验和 Bartlett 球状检验

	取样足够度的 Kaiser – Meyer – Olkin 度量	0.826
Bartletts 球状检验	近似卡方	884.343
	df	171
	Sig.	0.000

KMO 的检验结果为 0.826，Bartlett 球状检验为 884.343（df = 171），ρ = 0，表明项目间有共同因子存在，按照 Kaiser 给出的判别标准，当 0.8 < KMO < 0.9 时，表明数据结构效度良好，可以进行因子分析。

5.1.4 研究结果

探索性因子分析采用了主成分分析法，以特征值大于 1 抽取因子。并用方差最大法对因子进行正交旋转，通过 SPSS 软件分析，在该统计中从 19 个变量中提取了 4 个因子，从表 5 - 5 中可以看出，变量相关系数矩阵有 4 大特征根大于 1，它们分别是：9.671，2.234，1.511 和 1.153，它们一起解释了 19 个变量的 76.685%。也就是说，前 4 个因子集中体现了原始数据大部分的信息，因此，提取 4 个公共因子是合适的，能够比较全面地反映情况，得到结构矩阵，见表 5 - 6。

表 5 - 5　解释的总方差

成分	初始特征值			提取平方和载入			旋转平方和载入[a]
	合计	方差的%	累积%	合计	方差的%	累积%	合计
1	9.671	50.900	50.900	9.671	50.900	50.900	5.413
2	2.234	11.761	62.661	2.234	11.761	62.661	5.680
3	1.511	7.955	70.615	1.511	7.955	70.615	4.503
4	1.153	6.069	76.685	1.153	6.069	76.685	6.940
5	0.677	3.563	80.247				
6	0.593	3.122	83.370				
7	0.578	3.040	86.410				
8	0.477	2.508	88.918				
9	0.413	2.171	91.090				
10	0.373	1.962	93.052				
11	0.290	1.524	94.576				
12	0.268	1.409	95.984				
13	0.185	0.974	96.958				
14	0.159	0.839	97.797				

成分	初始特征值			提取平方和载入			旋转平方和载入[a]
	合计	方差的%	累积%	合计	方差的%	累积%	合计
15	0.146	0.768	98.565				
16	0.114	0.599	99.164				
17	0.083	0.438	99.602				
18	0.047	0.248	99.850				
19	0.028	0.150	100.000				

提取方法：主成分分析。

a. 使成分相关联后，便无法通过添加平方和载入来获得总方差。

从表 5 - 6 中可以看出该探索性因子分析结果如下：

①根据 19 个变量在各个因子的负荷量进行因子归属。变量 G11、G10、G6、G9 在第一个因子的负荷量分别是 0.891、0.877、0.750、0.720，G14、G5、G17、G13、G18 在第二个因子的负荷量分别是 - 0.908、- 0.836、- 0.835、- 0.791、- 0.684，G1、G2 在第三个因子的负荷量分别是 0.971、0.951，G7、G19、G20、G3、G8、G15、G12、G16 在第四个因子的负荷量分别是 - 0.847、- 0.837、- 0.828、- 0.821、- 0.781、- 0.767、- 0.749、- 0.642。

②在表 5 - 6 中发现有 4 个变量归属多因子的负荷量比较接近，说明这 4 个变量信度不佳，应该删除。这 4 个信度不佳的变量负荷量表现如下：G6 归属于第一个因子和第二个因子的负荷量分别是 0.750 和 0.701，G18 归属于第一个因子和第二个因子的负荷量分别是 - 0.495 和 - 0.684，G12 归属于第一个因子和第四个因子的负荷量分别是 0.575 和 - 0.749，G16 归属于第一个因子和第四个因子的负荷量分别是 0.567 和 - 0.642。

表 5 - 6 结构矩阵

	成分			
	1	2	3	4
G_{11} 融资企业偿债能力	0.891	- 0.523	0.164	- 0.344
G_{10} 融资企业盈利能力	0.877	- 0.290	0.344	- 0.493

续表

	成分			
	1	2	3	4
G_6 融资企业经营管理状况	0.750	-0.701	0.423	-0.487
G_9 融资企业营运能力	0.720	-0.573	0.496	-0.466
G_{14} 仓单的可靠性	0.516	-0.908	0.356	-0.472
G_5 仓单货物市场变动情况	0.348	-0.836	0.211	-0.424
G_{17} 质押物的质量	0.307	-0.835	0.490	-0.364
G_{13} 质押货物的合法性	0.599	-0.791	0.314	-0.251
G_{18} 质押物价格的稳定性	0.495	-0.684	0.516	-0.480
G_1 工商部门有关融资企业的信息	0.276	-0.257	0.971	-0.397
G_2 税务部门有关融资企业的信息	0.206	-0.340	0.951	-0.435
G_7 物流企业对质押物安全管理设施	0.271	-0.374	0.344	-0.847
G_{19} 质押物是否投保	0.131	-0.270	0.555	-0.837
G_{20} 管理费用	0.472	-0.091	0.418	-0.828
G_3 参与企业的信用记录	0.552	-0.118	0.505	-0.821
G_8 质押物的评估能力	0.355	-0.541	0.259	-0.781
G_{15} 融资企业的信用评级	0.411	-0.455	0.412	-0.767
G_{12} 融资企业成长创新能力	0.575	-0.305	0.311	-0.749
G_{16} 质押物品种选择	0.567	-0.424	0.345	-0.642

提取方法：主成分。

旋转法：具有 Kaiser 标准化的斜交旋转法。

③以上两步处理后，剩余的变量归属如表 5 - 7 所示。

④根据以上分析结果中变量与要素的组合，对 4 个因子分别命名。

第一个因素中对应的三个变量都是针对融资企业相关情况的，和现实操作的实际情况比较吻合，这部分的信息最重要，但也最容易造成信息不对称。因为提供这部分信息的主体就是融资企业本身，而融资企业主观上往往不情愿分享信息，所以通过谈判、契约等手段是很难获得全面而具体的信息的。但随着企业信息化程度的深入，这部分信息其实完全可以通过技术手段从企业内部系统（如ERP）获得，在本书所设想的信息共享平台中，这部分信息可作为信息模块单独获取，通过信息技术手段，把企业内部系统的有关数据通过数据挖掘技术以专用通道和信息共享平台相连，这样就保证银行或其他放款企业正确获取相关信息，又保证融资企业的商业秘密不被窃取。第一个因子可命名为融资企业相关信息。

表5-7　变量归集表

第一个因素	G_{11}融资企业偿债能力 G_{10}融资企业盈利能力 G_6融资企业经营管理状况	第二个因素	G_{14}仓单的可靠性 G_5仓单货物市场变动情况 G_{17}质押物的质量 G_{13}质押货物的合法性
第三个因素	G_1工商部门有关融资企业的信息 G_2税务部门有关融资企业的信息	第四个因素	G_7物流企业对质押物安全管理设施 G_{19}质押物是否投保 G_{20}管理费用 G_3参与企业的信用记录 G_{12}质押物的评估能力 G_{15}融资企业的信用评级

第二个因素中对应的四个变量看似没有联系，但它们有个共同点，即这四部分信息基本是围绕质押货物本身的。这部分信息看似最容易获取，实则很难保证信息的准确性。

首先，因为仓单往往是由物流企业开出，这个中间主体表面是第三方角色，游离于银行和融资企业之外，实际跟这两者都有利益关系。作为以追求利益为主要目的的物流企业，可能在这几重关系面前做利益博弈，从而做出违规的行为。在动产质押业务中，物流企业的业务费用由融资企业支付，这种利益关系使得物流企业被融资企业拉拢，从而不能如实开具仓单，造成仓单上的质押货物和实际质押货物存在偏差。质押货物主要由物流企业监管，作为专业从事货物管理的机构，在提供有关货物的信息方面既有专业性，又有市场的需求性。

其次，质押货物一直由物流企业监管，物流企业的监管效果直接影响了该质押货物在动产质押业务中的存在价值。物流企业的监管重点不仅表现在保证质押物的数量、规格、价值等静态数据跟仓单一致，还表现在质押物入库前、存储中及出库后的动态操作和银行要求保持同步。随着物联网技术的成熟，聚焦于货物本身的管理会变得越来越容易，所以可作为一个信息子模块加入信息共享平台。第二个因子可以命名为质押货物相关信息。

第三个因素中的两个变量对应的都是行政部门的信息,这两个部门是目前能够对融资企业直接管理的权威机构,这种行政机构不仅有比较系统的有关融资企业的准确信息,而且是值得信任的信息,特别是税务部门的信息,由于税基构架中的盈余是收入与支出相抵之后的结果,针对营业收入、费用、成本抑或资产负债表中的长期投资需要体现的营业外收支状况,融资企业为了能够完全保留经营盈余利益,减轻税负,常制造亏损的假报表,却也埋下银行不敢授信的危机,相反,对银行来说,这个信息反而是比较保险的。另外工商、税务部门两个机构社会服务性比较好,随着政府部门大数据的投入建设,从这种机构获得数据越来越可行。第三个因子可以命名为行政机构相关信息。

第四个因素中对应的变量较杂,涉及面广,信息来源有物流企业、保险公司、其他银行、评估机构、信用评级机构等,这些信息来源主体的共同特点是它们都是独立核算的经济实体,它们提供的信息对动产质押风险评估具有辅助作用,但相比于行政机构而言,其提供的信息显得比较分散,不具备完全的权威性,其准确性依赖于该机构的经营管理水平。在信息系统中,该子系统以模块添加的形式实现,不断扩充,可作为风险分级的依据,在大数据发展的将来,这部分信息的可得性会变得越来越可行。第四个因子可以名为有关联的外协机构的相关信息。

5.2 因素分析的实践意义

因素分析法最为重要的功能是利用数学手段对可观测的事物在成长过程中呈现的外部特性及联系加以深入、精准、真实、全面的处理,进而总结出事物的内在本质。上述分析,运用因素分析方法探索造成动产质押信息不对称的原因,保持其基本的信息量,但同时使用因素分析法,因为简化而使部分问题失真。

5.2.1 围绕各因子的实践意义

(1)"融资企业"因子

建立动产质押信息系统可以实现业务过程信息化,表现在信息获取、信息传递、信息处理、信息利用、信息再生等功能可以以计算机为主,即为一种智能化。这种信息化是以现代通信、网络、数据库技术为基础,形式上必须是数字的。在数字化融资企业具体操作时，因量化方法的原因或信息系统获得准确信息的难度不同，有必要区别对待有关融资企业的各种信息，如融资企业偿债能力、融资企业盈利能力、融资企业经营管理状况，这些信息可以由企业自行提供的相关资料，通过信息系统设定的方法进行直接判断，在获得途径上通过银行比较容易，在判断结果可适用性上看，银行比较主动。在第四个因子中也有涉及融资企业的一个信息，即"融资企业的信用评级"，目前这个信息银行并不能直接获得，需要花费时间甚至金钱从其他途径获得，另外对于第一次通过动产质押融资的企业，其信息评级为初始设置，没有历史记录，这个记录几乎是无意义的。

（2）"质押物"因子

保证质押物的价值是动产质押的基础，对质押物进行监管是动产质押风险控制的重点之一，因此第二个因子围绕质押物是符合实践要求的。本书提议应用物联网技术的主要原因就是针对质押物这个因子，通过物联网的智能化管理，可以支持银行对存放在物流企业的仓库里的质押物实时监控，降低了物流企业私自作为的概率。

另外，由于质押物随着市场的变化可能贬值，所以系统还要支持价值控制功能，通过对质押物制定价格策略，对动产质押采取数量或价值控制，利用上下限控制方式对客户监管账户进行价值管理，当价格下降到预警位时及时发出预警提示，实现风险控制的智能化管理。

然而就"质押物是否已投保"及"物流企业对质押物安全管理设施"都是外围主体在质押物上的管理，对银行来说，也是非直接的，不仅从信息的可得性也好，还是获得信息的可信度来说，都可能大打折扣，第二个因子里涉及的要素信息可以由银行要求融资企业提供。

（3）"行政机构"因子

前面两个因子都是有关参与主体的直接信息，但由于融资企业和物流企业出于自身的考虑，有可能故意隐瞒信息，这时候政府提供的有关它们的信息就可以作为很重要的参考。例如，第三个因子里体现的工商、税务部门的信息，这些信息对于融资企业来说是基本信息，所以这些信息既完整，又可信。值得说明的是，海关也属于有关联的行政监管部门，融资企业在保税区开展货物空转等，具有众多套利方式，这些方式都或多或少牵涉至动产抵押违规运作获得贷款。但在动产质押中，海关的信息更多用来说明货物的进出口身份，和工商、税务部门相比，能够证明融资企业具体情况的证明力不够明显，在现实实践中，有很多融资企业并不涉及进出口业务，况且有了物联网技术后，贴敷于货物的射频标签技术可以追溯货物的来源，包括海关的信息。所以本调查问卷中，没有把海关的有关信息作为一个项目，实际操作中，这部分信息可以作为选择性的信息模块，在涉及进出口业务比较频繁的地区或部门可以选择。

"行政机构"作为一个重要的因子，佐证了信息不对称理论中政府的作用。据了解，我国政府控制的信息80%未公开，随着政府信息公开工作的深入及细化，政府有关部门的信息可以为动产质押信息系统所用，政府信息在信息系统中的地位越发提高，政府作为信息建设和运营的主体的时机越发成熟。

(4)"其他"因子

相比于前面三个因子，第四个因子包含的要素显得比较间接，在各自为政的市场格局中，这是多方博弈的问题。可喜的是，随着网络范围的扩大、信息共享机制的健全，这个部分的信息共享越来越呈现开放格局。所以这是本系统的扩展部分，有前瞻性的先进信息系统必须具备该特点，待信息社会化发展成熟的时候，这部分就可以很容易在动产质押信息系统中发挥作用。这部分信息也体现了区别处理各因子的思维，前面的几个因子是本系统重点要素，覆盖了风险控制的几个主要方面，但不是说仅仅这几个方面就够了，还需要采集相关的其他信息来佐证，尽量使信息全面、正确，防止信息偏、窄、少。例如，针对融资企业这个要素的风险控制，不能仅局限于对融资企业本身的分析，有时其实际控制人因其他业务涉嫌行贿、职务侵占、诈骗、偷逃关税等各种罪名被羁押，也有可能会使融资企业失去指挥陷于无序和混乱状态。

5.2.2 四个因子的信息属性分析

从信息系统角度分析，系统的数据库要保证数据的独立性，即包括逻辑独立性和物理独立性。逻辑独立性是指数据库中数据库的逻辑结构和应用程序相互独立，物理独立性指的是数据物理结构的变化不影响数据的逻辑结构。所以在追求数据库的全面信息时，也要有分界，比较明确的分界是按照信息是否由三个主体直接提供和信息需要借助外界主体提供。然而在一个系统内，各要素又可能互相联系、互相影响，所以还有必要分析它们之间的关系，以便于在数据库建设时建立交叉，体现层次。以上四个因子列明了风险的主要来源，从实践角度分析，这四个因子在动产质押业务系统中互相影响。

首先从银行和物流企业的关系来看，虽然银行起主导作用，物流企业处于从属地位，但物流企业提供的关于融资企业和质押物的信息有助于银行提升工作质量，所以物流企业的信息起到协作的作用。因此在信息系统中，银行和物流企业之间的信息不仅具备银行监管物流企业的功能，还有合作的功能。

其次从监管对象看，质押物肯定是被监管对象，其动产的属性决定了它是流动的，而它在流动的过程中就会留下一些碎片信息，这些信息恰恰可以被信息系统拿来所用，不仅可以看到其动产本身，而且可以通过它了解融资企业的正常经营情况，看到企业融资背后的现金流情况。所以从这个角度来说，通过对质押物流动信息的分析，理解到融资企业经营管理及财务的信息，间接起到了风险管理的作用。

最后从银行和政府部门的关系来看，它们合作的历史背景使得它们合作的可能性提高。在我国由于银行为政府的重大高风险项目提供金融保障，它们在风险控制方面有共同的目标，在信息合作方面它们已经积累了丰富的经验和资源，为动产质押信息合作提供了良好的合作基础。另外，国家也在催生政务信息的互动，如2017年6月国家税务总局与中国银行监督管理委员会联合发出《进一步推动"银税互动"扩面升级》的通知，各地银监会开始自觉主动地与税务系统信息化互相链接，实现税务数据与银行的一线直连。可以看到，行政机构对外的数据共享为动产质押信息平台带来了福音，在信息不对称问题上打破木桶效应有望突破。

综上分析，以上四个因子在动产质押信息系统中分别扮演不同的角色，发挥着不同的作用，具体分类如图5-1所示。

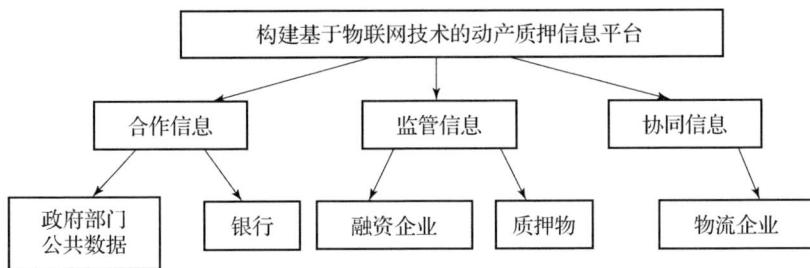

图5-1　动产质押信息平台构建图

以上从信息系统角度分析了四个因子的信息属性，然而这些因子背后所属的单位和组织在信息系统中如何合作，还依赖于市场及信息技术本身的发展规律，这就涉及商业模式的问题，笔者将在本书的结尾处基于本章因子探究的结果做进一步研究。

5.2.3 四个因子的系统性需求

（1）以系统效率为目标

动产质押业务的开展需要有信息系统的强大支持，因此动产质押信息系统平台的系统功能要求应基于现实问题，通过信息披露以解决信息不对称问题，同时实现业务系统效率的最大化。

以上四个因子分属于不同的领域，彼此保持了一定程度的独立性，这种格局使它们的管理各自为政，形成自然的信息孤岛，也为信息不对称打造了温床。只有建立统一的信息系统，使它们的隐秘信息无处可藏，才最终把它们拉回到合作的轨道中来。然而完全的信息共享显然不符合各主体的利益，M. Eric Johnson（2009）[215]研究得出：供应链金融中信息共享过程中信息的无意披露，造成了一些大型金融机构的实质性脆弱，所以银行、融资企业和物流企业以及其他机构在提供自身经营、财物、管理能力等方面的信息时需要有所保留，也就是建设动产质押信息系统时，不能简单地把它们的所有信息都共享，而是科学界定各个主体信息共享和保留的部分，在保证风险控制和提供业务效率的基础上，既保护它们的利益，又使动产质押信息系统效率得以发挥。

（2）实现统一管理

东方钢铁电子商务有限公司总经理张志勇总结当前动产质押存在的乱象[216]时认为：动产质押各方主体之间存在信息不对称问题，一些公司缺乏诚信，仓库管理缺乏规范性，质押物是否真实值得怀疑；第三方监管缺位，缺乏力度；尚未建立其系统化及规范化的全方位风险控制体系等。行业亲历者的如上总结，准确而尖锐地道出了现在动产质押信息管理问题[217]。2013年公布的《全球营商环境报告》中，中国有三项得分为零，其中就明确指出中国在动产的担保物权上缺乏一个统一的登记机构。据统计，目前大致有15个部门负责进行针对不动产、动产抵押、有关权利质押的登记。其中，动产抵押登记部门有9个，使得无法登记及多头登记共存，部分登记部门规定在登记之前还需进行资产评估或者合同公证。此外，登记方式滞后，部分登记机构尚未拥有质押登记网络页面，申请人不能利用网络进行便捷的电子登记。上述模式致使登记机构之间出现利益分割问题，无法实现信息的共享，同时约束了相关当事人对登记记录的查询行为。此外登记资料无法共享，使得贷款交易费用增多，增加了债权人的经济负担。

研究动产质押活动流程能够发现，业务得以实现的基础是三方主体大量信息的沟通及传递，其中物流公司具有核心作用，它是连接银行及融资公司的桥梁，而金融机构与融资企业是动产质押活动的主体。所以信息系统首先实现多主体的管理，系统采用优化的分布结构，支持大量的并发管理，尽可能扩展质押物的类型，以实现多银行、多仓库、多客户的统一管理。

（3）兼顾各主体业务需求

动产质押信息系统需要满足三大主体的信息处置要求，故该系统既需支持三大主体各自内部的业务活动，也需支持三大主体之间的协作。

质押融资活动三大主体都需在内部系统中加入动产质押业务。具体来说，这三大主体在质押活动中的信息需求为：

针对物流公司，动产质押一方面牵涉到公司内部业务信息的管理，如质物信息、金融机构及融资公司的信息、银行及融资企业之间的关系管理。物流公司提供动产质押活动源数据。物流公司在其内部管理系统中增加动产质押板块，实现银行与融资企业之间的信息交流与共享，为二者之间业务的开展提供便利，保证质物储存信息获取的及时性；同时，争取为银行及融资企业开创全方位的代理业务及物流业务。

商业银行为开创新收益来源开展质押贷款业务，而质押物的监管工作交由物流公司负责。但由于潜在信息失真、信息不及时及信息不对称的风险，商业银行希望物流公司提供真实、全面、及时的仓单信息，也希望物流公司引入的融资企业具有较高的信用水平。商业银行希望物流企业能够为其代理部分业务，如质物的处理。商业银行和物流公司一样都需要在内部管理系统中引入动产质押业务。对银行而言，通过系统可直接接受融资企业的贷款申请，甄别筛选和查询融资企业的详细情况及融资客户还款记录，在线接受融资企业的出库请求；获取货物仓储情况与以往变动状况；委托物流公司开展质物处置工作；取得相关信息，对公司内部信息数据库进行及时更新。

针对融资公司，把相关产品作为质押物获取质押代理，能够为其提供生产发展所需的资金，促进其利润水平的提升。在业务处理环节，融资公司的关注点如下：和银行进行有效快捷的沟通，通过系统直接在网上进行贷款申请、质押物出库申请，查询贷款、质押物出库申请的审批结果；更及时了解质物的库存状况；提升动产质押引入内部管理系统环节的便利性，使自己的系统对接到动产质押信息系统，在系统内部即可获取货物状况与限额相关信息，并能够利用授权进行预发商品，增强动产质押业务的流动性与灵活性，提升融资公司的市场反应能力。

5.2.4 信息平台增加风险控制的维度

以上动产质押信息不对称的因素分析结果给我们呈现了多部门、多角度的风险来源，不可否认的是，这些来源给动产质押业务带来很多正面价值，如何把这些来源的负面价值控制住，"信息平台"将成为解决它们信息不对称问题的制高点。在利益博弈后的银行、物流企业及融资企业，受平台管控力的制约，以平台思维应对彼此之间的信息隐瞒。从思想层面来看，信息平台还意味着有利益、有控制、有范围地开发、共享、平等，在传统的以银行为主导的现实实践中，这种形式会使三方关系变得更好协作。平台的一个好处是银行、物流企业及融资公司三方的信息公开，使得其能够快速便捷地找到交易对象。

首先，目前有关动产质押的信息相对独立，分散在不同的部门自成系统，这为本书所设想的构建信息共享平台提供了实践基础。其次，在依赖信用积累的情况下，融资企业和银行及物流企业在合作建立前受到陌生关系问题的限制，动产质押信息平台打破了用户的限制，为有资金需求的借款者、有资金发放能力的银行、有增值业务需求的物流企业提供了更好的对接，让无合作基础的银行和融资企业之间的借贷成为可能，其有力地延伸了贷款的机体，提高了服务面和用户面。再次，建立动产质押信息平台是信息化的必然要求，涉及银行、物流企业及融资企业等多个主体的信息系统，要发挥系统效率，就需要一定程度的开放，在网络技术成熟的今天，融资业务的信息化应该进一步深化，信息平台是信息化的高级阶段。最后，建立信息平台的必要原因是为了提高动产质押业务效率，特别是供应链金融中的动产质押业务，下游企业及核心企业经营和生产的异地化趋势增强，因而涉及多个金融机构间的业务协作，通过信息平台可以提高业务效率[218]，具体从以下几个方面来分析。

（1）打破影响放款速度的"瓶颈"

随着社会节奏的加快，融资企业对融资放款速度的要求也越来越高，所以动产质押信息化的一个基本目的是达到提高运作的速度。然而现实实践中普遍存在业务操作信息不全面、融资企业及质押物数据不完整、物流企业监管信息传递不及时的情况，造成了银行风险管理决策不全面、各参与主体无法及时方便地实现有效交互和信息获取、质押业务操作效率低等比较突出的问题，主要是因为各环节衔接以及流程冗长造成的，特别是银行对融资企业进行顾客分析审核，再决策是否允许贷款这一环节。信息平台具备网络化和信息化的优势，把各种零散的银行、物流企业及融资企业的信息，以及一些相关政府管理部门如工商、税务、海关及其他支持部门如保险、金融监管部门的数据集中到统一的信息平台上，充分利用计算机汇总和分析数据，不仅提高了决策的准确性，也节约了决策时间。

（2）降低成本

纳入动产质押信息系统的公共信息平台将整合分散于银行、物流企业、融资企业、海关、税务等机构的相关信息和数据，信息平台可以同时将信息流、资金流和以运输、仓储为主要形态的物流的各个环节紧密联系起来，实现动产质押各个环节的在线申请、审核、实时查询、远程监控等全程式管理，实现动产质押的各主体在业务进行的过程中的全方位交互式的信息交换，将彼此孤立的书面申请发展成集中化的电子申请数据库，把书面信息盖章确认演变成在线确认审批等，这在很大程度上提升了效率，业务管理水平可以全面提升。实现信息流代替纸质单证的流动，信息指令代替纸面指令，以及电子金融的网上支付代替传统支付，在线投保代替传统融资企业的自行投保，这样可提高信息平台资源的利用率，降低业务处理的成本。同时带来业务运作效率的提高，缩短了流通过程和加快了整体的质押物物流及资金流的流转，提高行业整体效益及社会经济效益。

（3）引导参与主体信息化方向

我国动产质押的现状是物流企业的监管水平明显不能满足银行需求，一是符合要求的物流企业比较少，发挥不了网络效应，能够开发的市场空间受到限制；二是在和银行交互过程中，物流企业与银行合作无法达到无缝对接，特别是信息无法实时互交。造成以上现象的原因不是说它们没有信息系统，而是银行和物流企业的信息系统由于缺乏统一规划，呈现各自为政的状态，各环节之间的联系不畅，其结果造成各信息系统建设数据格式不规范，无法互联互通，资源利用率不高，导致它们合作的可能性降低，形成具有聚合力的合作机会较少，从而达不到共赢的局面。

建立信息平台后，可以从根本上引导各主体信息化建设的方向，以共享和兼容为目标，这些分散的资源就可以通过具体业务形式实现其最终价值。信息平台的公共性意味着参与者越多，规模效应越明显，各个参与主体的信息屏障越少，它们加入动产质押队伍的可能性就越大。

（4）引导动产质押市场化发展

目前动产质押的发展也依赖物流企业和银行的合作发展，它们在动产质押业务中形成战略联盟，促进了动产质押的发展。但是，它们在合作过程中也存在合作效率低、合作格局僵化、合作关系难建立以及难维系等问题。在竞争激烈的大环境下，让市场充分发挥作用，通过市场优胜劣汰，资源整合，将作为动产质押发展的出路。

建设信息平台可以整合现有各种信息资源，打破相对固定合作关系的格局，由市场决定相互合作关系。对于物流企业来说，不仅与银行有合作历史的物流企业有优先介入业务的机会，信息平台上众多的候选物流企业均可以被银行选为合作物流企业。同样，从银行角度来说，它也可能因为信息平台上众多竞争者的存在而被物流企业重新选择，对于融资企业来说，在信息平台上它们和普通市场主体一样，具有更多双向选择的机会。

（5）有助于政府对动产质押市场进行监管和引导

动产质押是解决中小型企业融资非常重要的模式，然而以往的监管模式，政府管理机构或者行业管理机构监管成本很高甚至不能介入。建立了信息平台后，政府有关部门就可以通过信息的集成，对全流程的业务管理、融资活动的供需数据公开及查询、市场状况发布等达到低成本的管理目标，有利于政府加强动态管理，也有利于促成各主体的自律。同时平台具有较大的影响力和市场规模，在各相关部门间可以进行无障碍的信息交换和共享，政府机构同样能够在线利用相关信息的归类、统计、提取与自动研究，按照其管辖区域内相关公司的总体供需状况采取相应的举措，形成科学决策，从而提高整体经济运行的管理效率和决策水平。在必要的时候，政府还可以借助平台的影响力进行市场引导，对不同来源、不同层次、不同结构、不同内容的资源进行整合与配置，使其市场发展具有较强的柔性、条理性、系统性和价值性，并创造出新的资源。

5.3　构建动产质押信息平台逻辑框架

当传统信息系统里纠缠在一起的线被梳理出一定的脉络时，那么，下一步就将理论付诸实践。在网络化过程中，一个开放灵活的统一平台可以为企业实现互联网化奠定坚实的基础。从动产质押的整体性和宏观层面来看，动产质押具有层次性和系统性，信息平台的资源共享具有交叉的特征。根据全面风险管理理论要求，计算机信息平台应把造成风险的各个要素多层次地融入信息系统，为了满足四个因子的独立性需求和系统效率的双重需求，把信息平台的信息子系统以模块形式分成融资企业子系统、质押物子系统、行政机构子系统及有关联的外协机构子系统，见图5-2。

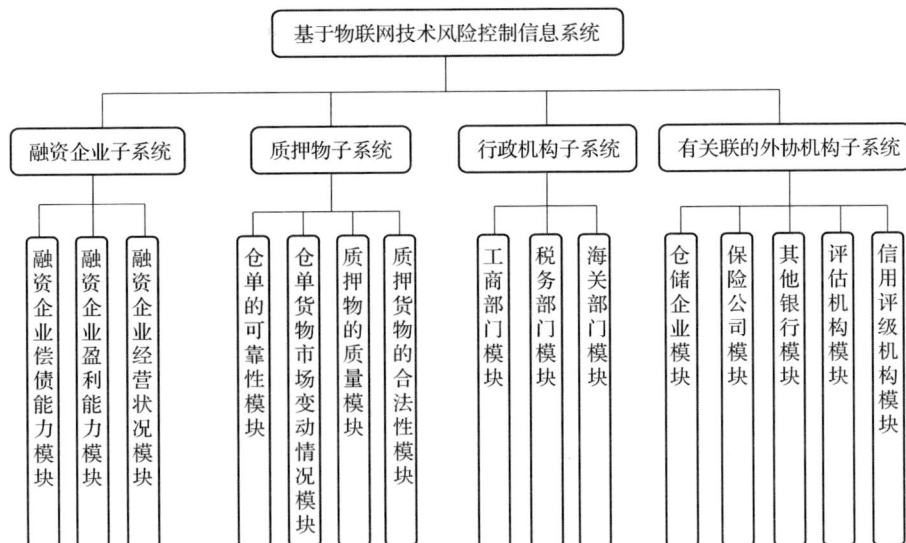

图5-2 基于物联网技术风险控制信息系统图

图5-2是在本书理论研究基础上，以物联网的功能为前提，基于模块化思维构建的动产质押信息平台，该构建正是本章的主要贡献所在，这种探索不仅可以为动产质押业务建立信息共享平台提供理论基础，而且可以为其他融资模式解决信息不对称问题提供参考。

5.4 本章小结

信息不对称问题是动产质押业务发展的"瓶颈"，出于建设全面风险管理体系以控制风险的目的，本章在文献分析和专家调查的基础上设计了动产质押信息不对称感知调查问卷，通过对全国从事动产质押的银行、仓储企业、融资企业及相关科研人员的调查，使用探索性因子分析的方法，探索了影响动产质押信息不对称的要素，研究结果显示，融资企业、质押货物、行政机构、其他涉及动产质押业务的社会机构的相关信息，这四个因子是动产质押信息不对称问题的主要影响因素。根据本章的研究得出的结论是，国家在解决企业融资，特别是中小企业融资时，可通过技术手段打破信息不对称局面，从而大力发展动产质押业务。这里提到的技术手段，就是构建信息共享平台，重点从融资企业、质押货物、行政管理机构及其他涉及机构这四个角度入手，对这四个部分的信息以模块的形式与信息共享平台连接，保证信息的准确性，降低信息可得性难度，从而保证该业务得到健康有序的发展。

第六章 动产质押风险控制 信息化实现

6.1 动产质押信息平台各主体需求分析

动产质押信息平台是为提高三方管理协调效率，实现动产质押业务高效运作而构建的，应该满足银行、物流企业及融资企业实现跨行业信息获取、共享和运作流程规范上的基本要求，特别是满足各方针对质押物的动态质押的实时监管要求。所以构建信息平台时不仅要遵从管理的理念，对各主体进行管理，还要从用户的立场出发，研究各自的需求，这是构建信息平台的基础，是创造平台价值的保证。

6.1.1 银行对动产质押信息平台的需求

（1）在与物流企业互动方面

①网上办公。在动产质押业务中，首先，质权银行、物流企业和融资企业同时在线签订《动产质押监管协议书》，并加盖电子印章，当然系统也应该支持后续的合同电子变更。其次，在质押手续办理过程中，银行和物流企业还会涉及一些有关单证处理和单证审核的工作，如文件共享、单证流转、单证审核等。最后，银行对物流企业的监管行为有一些事宜需要在网上实现，如在物流企业正式执行监管任务前，银行需要在线授权监管员。在线完成各项费用及资金结算结转业务。

②便捷沟通。银行和物流企业是一种基于委托代理的合作关系，它们必然要产生业务互动，如在线交流、操作通知、在线指导、在线汇报等工作。

③与物流企业的关系管理。

◆选择物流企业。动产质押业务具有一定的临时性，使得银行和物流企业的搭配也具有临时性，每一次质押项目产生时，银行都会存在寻找合适的物流企业的烦恼，特别是在特定地点特定质押物的质押需求时，银行往往在全新的局面中无所适从，它们希望在信息平台上有众多物流企业供它们挑选。同时银行也主动在信息平台上公示招募合作物流企业的信息，公布动产质押贷款业务介绍、业务流程介绍、网上业务办理等介绍。

◆与物流企业维系关系。与物流企业建立持续稳定的战略合作关系可以降低成本，减小管理难度，所以银行需要信息平台提供基于客户关系管理的工具，维系与物流企业的关系。

④实时了解质押物的监管状况。银行对仓库管理的信息需求包括对质押物入库出库、清点管理和位置管理等基本的仓储作业，还包括质量管理、调拨管理、移动管理以及存量预警管理等多方面智能管理[219]，对运输管理的信息需求包括对入库车辆进行记录、跟踪、历史轨迹查询和报警通知等。物联网技术的应用，可以使仓库管理智能化，另外，物流网与 GPS／GIS、3G 移动通信等技术融合，使运输管理智能化。银行需要信息平台实时分享仓库管理和运输管理的具体情况，使仓储和运输的信息透明化。

（2）在与融资企业互动方面

①商务需求。银行在平台上发布金融产品及成功案例，供动产质押需求方选择，同时银行也能看到所有融资企业发布的融资需求的公示，为银行开拓市场提供机会。

②客户风险管理。

首先，银行通过信息平台了解有关融资企业的企业资产、债务的真实情况、企业净资产状况、以前年度的经营情况、企业目前的财务状况、产品介绍、企业过去经营业绩、企业以前年度偿还贷款情况以及银行信用情况等资料。

其次，在了解了融资企业的具体情况后，银行要借助信息平台提供的分析工具，分析融资企业是否达到动产质押的硬性标准，分析贷款期内企业经营情况，预测企业未来经营、企业贷款期间的盈利能力，对企业的还款能力做出合理判断，分析担保的风险所在，并提出控制质押风险的具体可行性措施。

再次，银行可以通过平台确定融资企业出质的质押物的权属情况，明确权利归属与优先顺位。

最后，当融资企业出现经营不善，或质押物市场价格暴跌至警戒线时，银行第一时间与融资企业对接上，启动善后工作。

③网上办公。银行在网上接受融资企业的贷款申请，签订贷款合同以及结账、还款事宜。

④客户关系管理。每一个动产质押项目结束后对客户进行资信总结，为后续合作积累信用证据。对资信良性的企业建立专门信息通道，建立长期合

作的关系，并为客户定制金融产品，为银行提供增值服务。

（3）在动态管理方面

把资金给融资企业后，金融机构出于保护自身价值的考虑，会特别关注动产质押的市场发展动态信息，包括业界运行的各种动态信息、质押物市场价格波动、融资企业所在行业的发展动向等，平台发布与之相关的公告和数据，有助于银行及时做出反应，必要时可能采取措施以减少损失。

（4）在与政府部门互动方面

①在线登录工商部门的链接网站，查询融资企业年检过的营业执照。

②在线登录市场监督管理局的链接网站，查询融资企业年检过的组织代码证。

③在线登录税务部门的链接网站，查询税务登记证及融资企业交税情况。

④在线登录公安部门的链接网站，查询法人代表的身份证信息。

⑤如果质押人是个人，银行还需要登录民政部门网站查询质押人的夫妻结婚证，以及登录公安部门网站，查询夫妻双方的身份证。

⑥在线登录质量检验机构网站，查询质押物的品质检验报告及商检报告。

（5）在与其他有关部门互动方面

①在线查询保险公司针对质押物的保险情况。

②在线查询会计事务所开具的验资证明，确认融资企业的股东出资情况及银行余额明细等。

③在线登录各银行查询企业的基本账户开户证。

④在线登录中国人民银行网站查询质押物的权属状况。

6.1.2 物流企业对动产质押信息平台的需求

（1）在与银行互动方面

①网上办公。物流企业与银行在线签订监管合同，在线接受银行各种授权，在线接受银行实时分享监管数据，定期向银行在线提交质押监管总账和质押监管明细账。在线接受贷款结清通知书和提货通知书，放行质押货物。

②公示业务需求。物流企业可以通过信息平台公布企业信息，公示开展动产质押监管业务资质，向市场特别是银行发出合作需求。

③沟通。与银行有关业务的沟通，如在线交流、操作通知、在线指导、在线汇报等工作，有些沟通记录以历史记录的形式备份下来，以备后来出现纠纷时作为采信依据使用。

（2）在与融资企业互动方面

①公示业务需求。物流企业可以通过信息平台公布开展动产质押监管业务需求，为开展业务发布广告。

②网上办公。在线接受融资企业有关质押物的数量及监管要求，提前做好入库准备。

③分享监管实时信息。实时公布质押物的质押实时情况。

④方便沟通。与质押物有关的在线沟通，如在线交流、在线指导、在线汇报等工作。

（3）在对质押物监管方面

①质押物移交现场管理。

◆质押物入库移交现场管理。出质人将货物送到监管仓库进行移交时，通过 RFID 读写器识别质押物上的标签，采集质押物的相关数据，并自动识别实物与质押物清单在质量、数量上是否一致。并在线核实质押物的品质、权属、保质期及保险等资料的一致性。如果质押物与质押物清单有出入，立即与融资企业在线确认，并在线通知银行，交涉成功后重新确认质押物清单。

◆质押物出库移交现场管理。物流企业接到银行的提货通知书后，物流企业负责人员和现场监管员负责返还质押物，用 RFID 在线清点数量，检查质量，并在线注销质押物清单，如果有仓单，就要在线注销仓单正本，把质物清单、提货通知书及货物清单等质押专用仓单以档案资料的形式存入数据库。在线对仓库保管员的工作进行监督；仓库现场监管员在线填制质押物监管总账和质押物监管明细账；每日对仓储区、仓库及质押物进行巡查，把巡查结果在线填制成质押现场监管工作日志；按照一定频率（如一星期）备份并导出质押物库存数据，和现场监管数据一并形成监管经理监管报告。

②给银行和融资企业实时查询情况。银行、融资企业可以查到各仓库当前库存情况，实时掌握库存情况。

6.1.3　融资企业对动产质押信息平台的需求

（1）在与银行互动方面

①了解动产质押融资政策及操作咨询。包括各金融机构的动产质押贷款业务介绍、业务流程介绍、网上业务办理等方面。

②方便沟通。提供在线咨询、在线交流的渠道。

③业务办理。融资企业向银行在线申请动产质押贷款、提交各种文件、

签订贷款合同、结算贷款、申请办理贷款结清通知书、申请质押物出库放行等业务。

④信息推送。融资企业在填写动产质押申请后，信息平台可以根据企业要求，推荐一些优质银行提供服务。

⑤发布融资需求。在线发布动产质押贷款需求。

（2）在与物流企业互动方面

①业务办理。填制质押物清单、数据备份及打印，供物流企业移交质押物时查实。

②实时了解库存。查询各物流仓库当前库存情况，实时掌握存储情况。

③结算运输仓储等费用。在线支付物流相关费用。

④信息推送。信息平台根据融资企业的动产质押需求，通过相应的分析，推荐一些优质物流企业提供服务。

（3）在市场动态方面

发布有关质押物的产品特性，为质押物寻求市场出路。

6.1.4 其他部门对动产质押信息平台的需求

（1）行业对动产质押信息平台的需求

金融业及物流业需要充足的样本数据，为动产质押政策制定提供数据支持。

（2）行政部门对动产质押信息平台的需求

行政部门对各主体的监管，如税务部门收集相关的数据，为收税查税提供证据。

（3）征信部门对动产质押的信息要求

通过信息平台采集各主体的信用记录。

（4）其他相关信息网站对信息平台的需求

中登网采集质押物的属性，完善质押物的权利归属及优先顺序的信息。

6.2 动产质押信息平台系统分析

6.2.1 动产质押信息平台目标

建立动产质押信息平台的主要目的是为物流系统提供各种信息需求和功能需求。也就是说，动产质押信息平台既要对物流企业、融资企业和银行开放，提供相应的访问入口，也要对政府管理部门开放，满足其相关的信息需求。这些不同主体的不同信息需求决定了动产质押信息平台是一个复杂的、动态的大系统，它的规划、建设及应用是一项工作庞杂的系统工程，其应包含以下几个方面：

（1）统一性

统一性是信息平台的主要特征，就是说信息平台通常是由两个或者两个以上子系统的统一。信息平台的目标通过各个子系统的协调才能实现。在构建动产质押信息平台时，首先就要分析平台内部的关系，除了囊括银行、物流企业及融资企业的信息子系统以外，还要把相关外协子系统纳入信息平台。

（2）相关性

所谓相关性，是指信息平台内的各个子系统之间存在一定的联系，也就是说子系统虽然是相互独立的，但它们由于有业务往来，其发展也是相互联系的，所以在数据信息流动过程中会相互依存、相互联系，它们的业务联系造就了数据联系，决定着动产质押信息平台的运行机制，分析这些数据联系是建设平台的基础。

（3）层次性

信息平台作为一个完整的系统，各个组成部分之间存在一定的层次关系，通过分解法把平台系统划分成若干层次，从较高层次向较低层次逐层展开。

（4）动态性

信息平台是一个动态的系统，动产质押信息平台的动态性表现在以下两个方面，首先，随着时间的推移，参与业务的主体会有变化，如有的银行因市场竞争原因，退出动产质押的市场；其次，主体之间的关系也会发生变化，如有的物流企业因与某个银行合作关系破裂而重新与其他银行建立委托代理关系，这种变化导致在数据层面的关系也会呈现动态性。

（5）创新性

信息平台作为崭新的信息整合手段受到各领域的青睐，如雨后春笋般地建立起来，然而其是否具有持久的生命力依赖其不断的创新性，动产质押信息平台的创新性要求其可实现功能的不断扩大，采用的技术具有前沿性以及扩展的领域不断放大。

（6）目的性

建设信息平台都是为了明确的目的而建的。动产质押信息平台的目的就是提高动产质押业务的效率，实现动产质押风险管理的功能，厘清各要素的关系，这些目的决定着平台各系统的组成和结构。

6.2.2　动产信息平台逻辑分析

基于物联网技术的动产质押信息平台应该给用户一个有凝聚力的体验，构建信息平台时除了以用户需求为驱动，还要厘清所有有关数据驱动的关系，促成整个生态系统的合作伙伴关系，形成新型的智能客户和系统的相互作用。

（1）与外部信息平台的关系

如今很多机构或行业都建设了自己的信息平台，动产质押信息平台与这些平台存在功能和信息资源交叉与共享的特征，为减少重复建设，加快信息更新的速度，与这些平台建立链接，以达到实时共享是最优的选择。

从业务的角度来看，动产质押信息平台与如图 6-1 所示的信息平台建立链接。

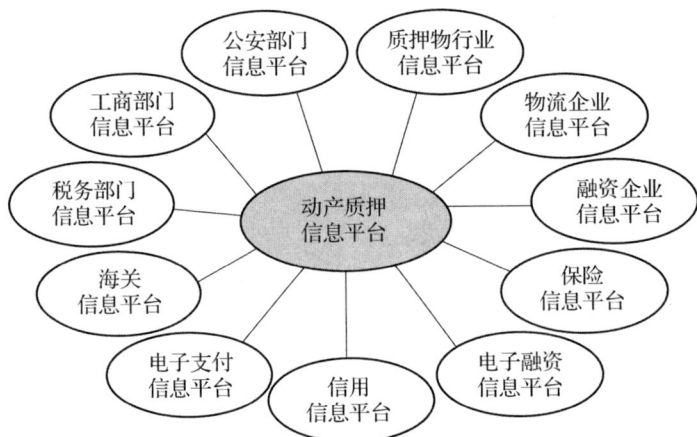

图 6-1　动产质押信息平台与其他信息平台关系图

①与电子融资平台的关系。设置了与主要金融机构网站的链接，可以帮助平台上的用户实现在线申请、查询、业务办理等操作，实现跟银行的无缝对接。另外还可以通过与其他金融机构网站的在线查询，排查质押物是否已被质押的情况。

随着金融衍生产品的繁荣发展，市场上出现了类似的融资模式，如集装箱动产融资模式。因为集装箱运输行业对于资金需求较大，且资金流转周期较长，最重要的是集装箱运输的流转性较强。货嘀嘀嘀平台首创集装箱货物及运费质押贷款，针对集装箱货物开展动产质押业务，线上撮合这些企业与 P2P 平台的类金融及银行等机构达成货物质押贷款、运费质押贷款、车辆抵押贷款等业务合作，为融资企业提供信息支持，基于集装箱货物全程可视化管理缓释了风险，并提供质押品物流门到门可视化监管信息支持、异常货物处理等增值服务。该平台针对性很强，属于动产质押业务分支，是对市场的一种创新和弥补，扩充了动产质押的业务范围，所以在动产质押信息平台上给它设置一个链接，既扩充了动产质押信息平台的功能，也为客户提供更多的选择。

②与信用信息平台的关系。风险控制是信息平台的一个重要功能，以技术为依托保障信用信息采集的高效，信用信息广泛分散在各个不同的社会职能部门，在动产质押信息平台上建立与信用记录有关的链接，可以方便金融机构查询有关融资企业的资信记录，另外，这些信息的公示对融资企业也有威慑力，使它们的作弊行为没有机会。目前与信用记录有关的网站越来越多，如下列举了不同体系有关融资企业的各类信用记录。

◆主体信息。所谓主体信息查询主要指查询融资企业的公司注册号、法定代表人、类型、注册资本、成立日期、住所地、营业期限、经营范围、登记机关、经营状态、投资人信息、公司主要备案的高管人员名单、分支机构、清算信息、行政处罚信息等，见表6-1。

◆涉诉信息。对融资企业的整体情况可以通过在行业内被广泛使用的有主体信息和涉诉信息查询，涉诉信息查询主要是指对融资企业曾经的信用以及涉及的诉讼进行查询，见表6-2。

◆财产信息查询。融资企业在向银行贷款时有时会以其他相关财产来证明其还款能力，然而其所出示的财产信息是否属实有待银行考证，当前可以在一些相关机构查询到该类信息，见表6-3。

◆投融资信息查询。银行在考察融资企业时往往不能从内部获得足够的信息，从外围获得的信息可以佐证其经营状况，考核其还款能力。如果其在其他领域有些投融资行为，可以由此判断其经济实力，投融资信息查询表聚集了一些机构和企业的投融资信息，也为信息披露增加了维度，见表6-4。

◆其他。项目出现大量的民间拆借是项目出险的重要前兆，融资企业出现资金问题时往往采用民间拆借的手段力求自救，大量的民间拆借实际上是拆东墙补西墙加速走向崩溃的原因，而这些借贷会影响到很多民间散户，在网络时代，有些民间融资散户会以互联网作为泄愤媒介，把融资涉骗经历公布在网络上。另外还有些担保机构、典当行等分散的金融机构为了制约融资企业的恶意违约行为，也会自主地把这些融资企业的不良行为挂到网上，这些分散的资源在网络上通过文件混搜，也成为大数据的基础资源。见表6-5。

表 6 - 1　主体信息查询汇总表

信息发布机构	信息系统名称	网址	
国家工商总局	全国企业信用信息公示系统	http://gsxt.saic.gov.cn/	2014 年 3 月 1 日正式运行，目前已经能查询全部范围内任意一家企业的工商登记基本信息，但企业公示信息尚未开放查询
	各省、市级工商局网站		如果在国家工商总局"全国企业信用信息公示系统"网站上查不到有关信息，到这些地方性网站查询也会有所发现
	各省、市级信用网		这些网站是地方性主导的，一般以企业信用信息网 http://qxsy.baic.gov.cn/、浙江企业信用网 http://www.zjecredit.org/等，基本信息都有为主，如北京市企业信用信息网 http://www.zjecredit.org/等，基本信息都有
全国组织机构代码管理中心		http://www.nacao.org.cn/	该网站可以查询全国范围内所有领取有组织机构代码证的信息，显示与实体组织机构代码证完全一致
中国证监会	"巨潮资讯网"	http://www.cninfo.com.cn/	适用于在上交所、深交所上市的公众公司该网站无须注册，可查询内容十分丰富，包括该公司就各重大事项发布的公告、分红情况、财务指标、公司年报等
	上海证券交易所	http://www.sse.com.cn/	
	深圳证券交易所	http://www.szse.cn/	

表6－2　涉诉信息查询汇总表

信息发布机构	系统名称	网址	备注
最高人民法院	中国裁判文书网	http://www.court.gov.cn/zgcpwsw/	自2014年1月1日起，除涉及国家秘密、个人隐私、未成年人犯罪、调解结案外的判决文书，各法院判决文书均应在该网站上公布。因该网站为"裁判文书网"，故仅适用于已届判决阶段的案件
地方法院	北京法院网	http://bjgy.chinacourt.org	最高人民法院"中国裁判文书网"查不到的地方，法院或许可以查到
	上海法院网	http://www.hshfy.sh.cn	
	浙江法院网	http://www.zjcourt.cn/	
最高人民法院	全国法院被执行人信息查询系统	http://zhixing.court.gov.cn/search/	
	全国法院失信被执行人名单信息查询系统	http://shixin.court.gov.cn/	对于不履行或未全部履行被执行义务的被执行人，自2013年10月24日起，可于该系统中查询被执行人的失信被执行人行为履行情况、执行法院、执行依据及失信被执行人行为的具体情形等内容
中国法院网	裁判文书	http://www.chinacourt.org/paper.shtml	这是《人民法院报》的系统，估计里面的信息来源可能是最高人民法院的，目前也收录了大量的裁判文书

续表

信息发布机构	系统名称	网址	备注
中国法院网	公告查询	http://www.live.chinacourt.org/fygg/index/kindid/1.shtml	按目前我国法院管辖的现状和公告要求，需要公告送达的，如果被告不属于本省的，一般要求在全国的报纸登公告，而一般都是《人民法院报》，据此可以查询到大量公告信息。同时对于被告是省内的，则可以了解到地方的法制报之类的涉诉情况，了解调查对象的涉诉情况，也可以了解到一些在地方法院的涉诉情况
北大法律信息网	北大法宝	http://www.pkulaw.cn/	这虽然是民间的网站，但收录的案例比较全，而且因为建站比较早，很多官方找不到的裁判文书这里都有收录，因此值得推荐
	汇法网和风险控制系统	http://www.lawxin.com/	属于民间性质的，可以查看。到目前为止，号称收录的当事人总数已经达到38 115 277个，作为民间网站也是相当了不起的

表 6 - 3　财产信息查询汇总表

信息发布机构	系统名称	网址	备注
国土资源部子网站	中国土地市场网	http://www.landchina.com	除国土资源部（http://www.mlr.gov.cn/）所示的全国范围内土地抵押、转让、招拍挂等信息外，可于土地市场网查询全国范围内的供averaged地计划、出让公告、大企业购地情况等
国家知识产权局	专利检索系统	http://www.sipo.gov.cn/zljs	除专利基本信息（如发明/设计人、专利权人、公开日等）外，还可查询各专利权法律状态、专利证书发文、年费计算及全国大部分省市的专利代理机构名录等内容
国家工商总局商标局	中国商标网	http://www.saic.gov.cn/ywbl/zxcx/sbcx	根据查询提示可确定拟查询商标的商品分类。具体可查注册商标信息及申请商标信息。"商标注册信息查询"又分为商标相同或近似信息查询、商标综合信息查询和商标审查状态信息查询三类。 需要注意的是，商标局明确该网站查询内容仅参考，具体的商标注册信息还应以国家工商行政管理总局商标局编辑出版的《商标公告》为准。
	人民法院诉讼资产网	http://www.rmfysszc.gov.cn/	可以查询全国范围内法院正在执行拍卖的资产情况。通过这个网站可以侧面了解涉当事人的一些信息
	淘宝司法拍卖	http://sf.taobao.com	网上拍卖减少了拍卖费用，竞价方便，越来越多的法院把没有争议，比较干净的资产通过这个方式进行拍卖，相信涉诉的信息会越来越多

表 6 - 4 投融资信息查询汇总表

信息发布机构	系统名称	网址	备注
	中国人民银行征信中心	http://www.pbccrc.org.cn	可查询企业应收账款质押、转让登记信息，具体包括质权人名称、登记到期日、担保金额及期限等
中国证监会指定信息披露网站	巨潮资讯网	http://www.cninfo.com.cn/	
	中国银行间市场交易商协会	http://www.nafmii.org.cn/	
	中国货币网	http://www.chinamoney.com.cn/	
	中国债券信息网	www.chinabond.com.cn	
	和讯网	http://www.hexun.com	
	浙江股权交易中心	http://www.zjnpse.com/	这些网站以及地方股权交易中心网站，如浙江股权交易中心，企业上市的毕竟不多，但为了融资除了证券市场还可以寻求其他的方式如发行债券、短期融资券、中期票据、集合票据等非金融企业债务融资融资工具进行融资，因此也可披露一些企业的信息及经营状况、融资方式、融资规模等

表6-5　动产质押其他信息查询汇总表

信息发布机构	网址	备注
文件混搜	http://www.zhaofile.com/	这个可以查寻各网盘资料、文档书籍
混合搜索	http://www.baigoogledu.com	集合了最大的两个搜索引擎，左边谷歌、右边百度，同时显示。另外谷歌和百度有平均85%的链接是不相同的

③与电子支付平台的关系。随着计算机技术和网络技术的发展，电子支付逐渐成为生活中不可或缺的一部分，电子支付平台也得到了快速的发展，但依旧存在一定的安全问题。

与动产质押信息平台相关联的支付网站包含网上银行、第三方支付平台网站和网上保险网站。网上用户通过这些平台来完成在线支付，保证款项结算和动产质押业务的安全性、便捷性和即时性。动产质押信息平台网上支付必须满足四个条件：商务系统、安全认证、支付网关和电子钱包。为了保证网上支付的安全性，安全认证是当前网上支付的关键所在。并且，支付平台和动产质押信息平台的利润分配等，也是需要协调好的问题。

④与电子政务平台的关系。随着电子政务的发展，政府机构的信息逐渐对外开放，为动产质押信息平台的完善提供了方便。在动产质押信息平台的门户网站上，设置与政府部门的链接，在线就可直接查询信息，既减少了现实世界跑腿的麻烦，又保证了信息的证明力。例如，金融机构需要融资企业提供年检过的营业执照复印件，开具这种纸质的证明材料既浪费资源，又缺乏证明力。

动产质押信息子系统包括工商、税务及海关部门，主要在线查询各主体的相关信息及质押物的信息。例如，可以查询海关系统，排查查询质押物是否为走私货物，保证质押物的合法性。与动产质押相关的其他电子政务平台还包括市场监管信息平台、公安信息平台、民政信息平台等。

与行政部门的电子政务平台链接可以在线完成相关手续的办理，如到税务平台下载电子税务发票，省去了纸质发票邮寄或上门领取的麻烦，降低当事人的办事成本，节约社会资源。

动产质押信息平台也是与动产质押相关的金融政策的发布平台，在此平台上，一些金融行业机构、物流行业机构及金融行政管理机构可以发布最新的信息。

⑤与行业信息平台的关系：

◆与物流信息平台的关系。物联网作为货物的监管利器，被物流企业信息系统纳入其信息平台，因"物"的所有权特性，物联网应用主要在内网（Intranet）和专网（Extranet）中运行，也就是说，物联网只能在物流企业内部的信息平台中运行，所以要从动产质押信息平台获得物联网上有关质押物的信息，就必须把动产质押信息平台链接到物流企业信息平台，进入其信息平台仓储管理系统后，才能分享物联网各个终端采集出来的数据。

在市场竞争越来越激烈的今天，银行开始主动寻求市场，变成动产质押市场的激发者，它们希望跟更多的物流企业合作，物流信息平台上面凝聚了大量的物流企业，它们可以根据银行所提出的条件给其推送一些物流企业，为银行提供更多、更好的选择合作物流企业的机会。

◆与中小企业信息平台的关系。近年来，以政府或行业为主导的机构建立了技术推广及市场推广的中小企业平台，这个平台是中小企业的虚拟家园，为中小企业提供众多的服务，包括融资项目的推广。动产质押信息平台与这些信息平台的对接，可以使这些资金需求方多一些融资的选择。从贷款供给方来看，从动产质押信息平台链接到中小企业信息平台有的放矢地实现需求与供给的对接。

◆与金融信息平台的关系。随着互联网金融大热，P2P借贷在中国发展迅速，这些借助信息平台的融资方式让传统民间借贷和中小企业融资对接起来，使融资市场变得尤为活跃。从市场角度来说，动产质押信息平台也是实现各种供需的对接，提供贷款服务的银行和物流企业都可纳入并供融资用户自由选择。在动产质押信息平台上应该有更多的银行供融资企业选择，建立与金融信息平台对接，就可以把很多银行纳入动产质押信息体系中。

◆其他与业务相关的平台的关系。在办理动产质押手续时，出于风险管理的需求，需要对参与主体进行验证，特别是针对融资企业和质押物的把关，要完成这些工作，需要与相关的部门打交道。例如，给质押物办理保险是动产质押的一项工作，建立与保险公司的链接不仅方便办理保险业务，也能证明保险的情况；另外有的质押中银行还需要融资企业提供会计事务所开具的验资证明，了解融资企业的股东出资情况及银行余额明细等，所以也要与这些会计事务所建立链接；考虑动产质押与期货市场的兼容性，也要跟期货市场建立链接，以扩展动产质押的发展。

（2）内部信息模块

基于互联网开放的信息平台从外部可以获得丰富的数据，然而这些数据最终还是要回到信息平台内部，在系统中进行数据流转。影响内部数据流转的因素包括以下两个方面：首先，内部信息模块划分是否科学。在设计角度来说，把信息平台的建设当作一个项目，这个整体上是按照模块来划分，分为几个小的子系统，然后在每个模块中应用分层开发的方式，这种方式类似于管理学中组织职能，为每个模块设置任务，使它们之间界限明晰，责任明确。其次，模块与模块之间对接是否畅通。从数据结构来看，每个模块可能都有自己的计算法和结构，这就像不同的人说着不同的语言，而且思维方式也存在差别，这时它们之间沟通就可能存在问题，最终影响信息的流转。

在动产质押信息平台中，内部信息平台包括基础架构平台、在线商务平台、咨询中心平台、动产质押知识培训及咨询平台、系统维护平台，考虑到动产质押业务的扩展性，还要设置一个增值服务平台。

（3）内部信息与外部信息整合

动产质押信息平台是一个规划上的概念，主要由动产质押业务与风险管理系统、物联网网络化智能仓储物流管理信息系统、智能物流集成工作站以及外部信息系统数据接口集成等多项功能模块组成，这些功能模块既可以各自独立运行，为客户提供贷款融资、物流仓储、行情资讯、动产质押业务管理等方面的信息与资讯管理系统服务，也可由全体或数个功能模块集成整体的服务平台，为开展动产质押业务的各方提供完整的解决方案。这些功能模块相互衔接，并可逐步扩展。外协机构子系统及行政机构子系统只能以外部链接的形式与动产质押信息平台链接，它们本身有的已经自成一个平台对社会开放，所以对于动产质押信息平台来说，它们是信息系统的外部数据模块，而融资企业子系统及质押物子系统是在具体业务当中涉及的，是系统的重要部分，与基础数据、系统维护、在线实务、内部资讯共同构成内部信息模块，形成如图6-2所示的系统与各系统的逻辑关系。

6.2.3　动产质押平台整合系统资源的诉求

（1）集合众多主体

动产质押信息平台的建设目的，主要是为融资企业、物流企业及银行提供各种信息需求和功能需求，为撮合各主体之间的联系和合作提供信息支持，实现对各主体的整合和管理。这就要求信息平台不仅要满足融资企业、物流企业及银行对业务过程的查询、监控、设计的直接需求，还要满足它们对来

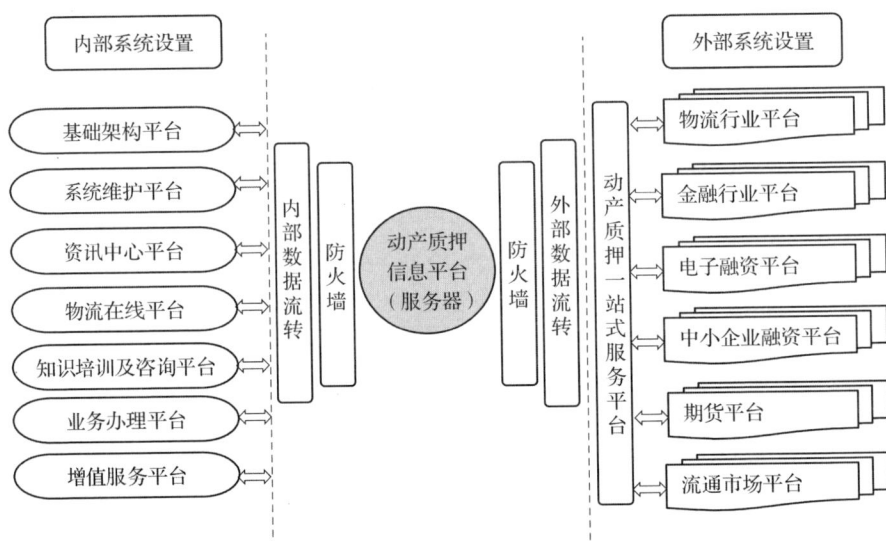

图6-2 动产质押信息平台内部数据与外部数据的关系

自政府职能部门、政府管理部门与业务过程直接相关的信息需求。动产质押业务中，显然金融机构决定着业务的形式和内容，是信息平台的主动者，物流企业在动产质押业务中起到辅助的作用，其业务能力决定着动产质押的业务质量，融资企业是市场需求方，推动着动产质押业务的发展，工商、税务及海关部门在动产质押业务中起到添砖加瓦的作用，它们能够为信息平台提供更多的信息素材。这些主体功能在动产质押平台中集合，具体结构见图6-3。

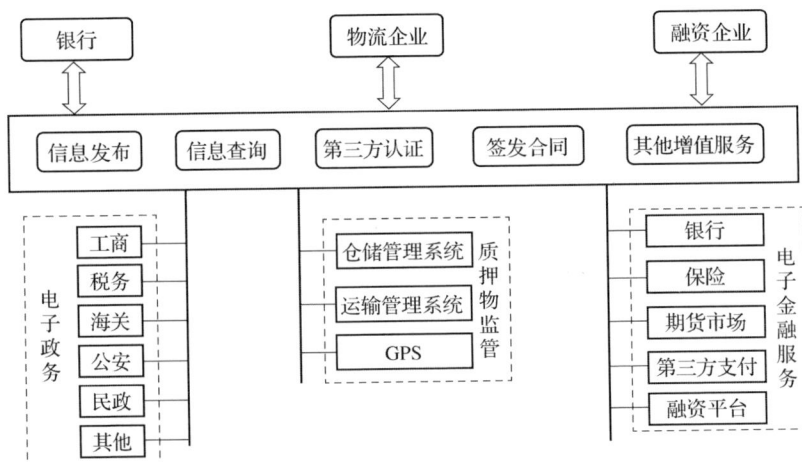

图6-3 动产质押信息平台参与主体

（2）综合多种软件和硬件系统

动产质押信息平台用物联网的方法对传统的动产质押问题进行处理，以流转中的货物质押为出发点，通过采用模块化和数据化的方法对利率和额度进行准确和全面的测算，利用网络为客户提供在线服务，实现业务的科学化及全程信息透明化。信息平台要具备信息收集、信息传输及转换、信息分析等工作，依赖一系列硬件和软件，其中软件系统主要包括操作系统及各种服务于信息处理的应用软件，如物流企业的仓储管理系统、监控系统、数据采集系统等，硬件有计算机及物联网的配套设备设施，如物联网的 RFID、传感网络设备等，它们共同构成如下的体系，其综合性具体表现在以下几个方面：

①综合的信息收集方式。不同于传统的用户直接输入信息的收集方式，动产质押信息平台借助于网络，把不同终端当作信息来源，这些终端可能是软件层面，如通过特定软件对其他各类子系统的信息进行收集和抽取，还可能是硬件终端，如摄像头、GPS 车载终端、各种传感器、RFID 标签、无线手持终端等，这些终端将各种物体变为智能物件，货物的实时信息传输到网络，从而实现对货物的准确跟踪和管理。

②综合的网络传输。物联网建立在传感网络应用框架的基础上，通过应用各种传感器，如视觉传感器、人体传感器和无线传感器等传感网，这些传感器根据自身的特点将特定的信息传输到网络。每个传感网络的节点由电源、微控制器和收发器组成。

③综合的数据中心。动产质押信息平台为各质押主体提供了信息终端，融资企业、银行及物流企业都可以在各自的终端进行信息操作，如果信息不集中是无法加工和提升的，所以信息平台需要建立数据中心，数据库集中管理，进一步提高信息的处理和服务能力。信息通过网络传输到数据中心服务器，另外物流企业的仓储管理系统、运输管理系统及汇总各种质押物及主体的数据库也被传输到数据中心服务器，这些传输到数据中心服务器中的数据被各种应用软件分析，分析的结果为业务的开展提供决策支持。

6.3 基于物联网的动产信息平台的建设

基于物联网的动产质押信息系统在向平台转变的过程中，涉及原有产品和服务如何重新规划和设计。平台的核心产品和服务开发，有一套全新的思路，也将出现很多前所未有的问题：首先是产品体系架构的开发与不开放之间进行战略选择；其次是通过模块化实现大规模定制下的敏捷产品开发；最后是标准之争与兼容性的取舍问题。一个好的信息共享平台建立在一个完善的框架之上，其内容包括以下几个方面：首先需要建立一个完备的数据中心，实现信息的共享，并为信息数据的分析奠定基础；其次基于数据中心建立数据分析平台，包括量化分析器和风险模型库，并考虑系统的扩展性，后续根据实际情况对风险模型进行增添和修改，利用风险模型来评估风险；最后通过平台提供的业务对业务系统进行管控。风险量化分析和流程管理控制在信息平台中处于关键地位，因此应选择最优的量化算法和控制流程。

在平台设计时也要考虑我国国情，设计适合的算法和流程，并结合实践中积累的经验，最终形成规范的、标准的信息操作平台。

6.3.1 平台应用技术

平台架构是一种松耦合的关系，其技术架构本身不能形成平台或产品，而是在应用建设中考虑究竟需要使用哪些技术、如何使用等问题。

（1）平台信息共享技术

在平台信息共享技术中，采用点对点的模式来实现平台信息的共享。按照 $N \times (N-1)$ 的规律[220]，平台的综合程度越大，接口数目就越多，随着应用的增加，参与交换的终端数目会不断增多。终端服务器操作系统、硬件设备、数据库系统、开发环境等存在差异，增加了终端的兼容困难，为了解决这方面的问题，提高终端设备的兼容性，在服务原理的基础上，实行服务平台与数据终端地址相映射的关系，并在协议列表中预备一定的映射空间提供进一步扩展的空间。在映射协议建立后，在数据中心和数据终端安装解析器，在逆向解析和地址信息解析的基础上实现信息的共享。当新的服务终端需要访问信息平台时，平台根据映射关系将服务列表传输到服务终端，从而实现地址的统一性。数据连接见图 6-4。

动产质押信息平台与各个信息系统建立链接后，连接适配器向数据平台提供不同数据库之间的数据访问服务，从而实现服务终端和信息平台之间信息的共享。适配器在 Java 技术的基础上实现不同服务终端在不同操作系统环境下的兼容问题；在 XML 技术的基础上实现异构数据库的信息共享，并为智能识别和共享提供基础。采用了这些技术后，访问用户既可以通过物联网向信息共享平台提出访问申请，也可以直接通过互联网访问数据库。

（2）平台兼容技术

目前我国各个行业都有自身的信息标准，在不同地区、企业或者部门中的标准千差万别，使各种信息系统对接程度较低，无法互联互通。从信息平

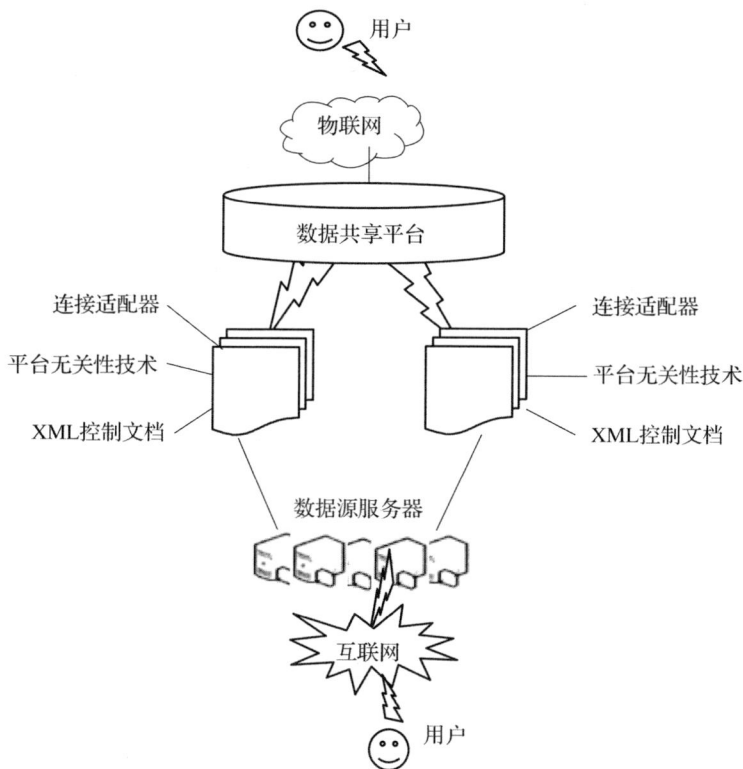

图 6-4　数据连接

台角度来看，由于发展历程比较短，其概念标准和技术标准还在"打架"中，加上物联网涉及的标准问题更加复杂，不同智能化的硬件设备能否与软件兼容增加了基于物联网技术的信息平台的开发难度。从动产质押行业来看，实践界和理论界都在不断探索中，但他们由于考虑问题的出发点有些不一样，导致实践运用与理论研究没有完全契合，进一步加重了实践中的差异问题。

①软件层面。信息平台应该动态地适应网络软件定义、网络数据包大小和延迟的需求。解决兼容问题需要依操作系统级别、数据库级别以及应用服务器级别。针对操作系统级别的兼容问题，建议采用源代码级兼容性，应用解释型脚本语言和基于虚拟机的语言；对于数据库级别的兼容问题，建议使用最小 SQL 通用语言集，应用数据库抽象层；对于应用服务器级别的兼容问题，建议依照 JCP 标准，并在具体部署时针对每个应用服务器都适当编写配置文件。

②兼容硬件。基于物联网的动产质押信息平台涉及的硬件主要是智能性的硬件设备，现在很多智能型硬件配备兼容逻辑有三个路径。第一种是传统

的硬件智能化，即硬件厂商基于对互联网或者对现在智能用户的需要点，加得更多的是机械化的功能，类似于现在市场上的一些智能洗衣机。第二种是基于衍生的逻辑，从移动互联网端做硬件，比如一个移动端已经拥有很大用户量，再生成一个配合这个硬件的 App，如大家比较熟悉的有美图软件的手机。第三种是基于兼容逻辑，即平台本身有一定的用户数据，用户数据在平台的 App 上面，再加上一些硬件产品。

（3）安全技术

丹尼尔·沙勒夫曾在《隐私不保的年代》中写道："网络在给我们带来便利的同时，也带来了隐藏的危害。它就像一个处于青春期的孩子，年轻、自由、任性、无所畏惧、不计后果……"当前，我们正处于信息时代，信息就是金钱。而动产质押信息平台作为信息中心，就像一个金库，随着信息量的增加，金库就越来越大，但存在的风险也就越来越大。在动产质押信息平台的建设过程中，对安全问题要严格控制，充分认识到可能存在的风险，为这种具有创意而且很方便的动产质押信息系统做好相应准备，不仅与系统的硬件和软件有关，也与整个网络系统存在关系，特别是防备具有操作系统的联网设备受到攻击，要防止各个数据终端可能成为攻击者入侵信息平台的后门，将未来可能出现的风险降到最低。应用物联网技术建立的信息平台后，使得某些人在利益的驱动下非法使用信息平台的相关数据，可能存在的安全隐患包括以下几个方面。

①未知攻击者利用漏洞攻击设备。在网络黑客杜绝不了的今天，难免有外围未知者也进入网络读取设备信息，如 2013 年就发生了一件事，一个未知攻击者利用流行的联网婴儿监视器中的已知漏洞来窥探一个两岁小孩，这个事件表明，IOT 可能给信息平台带来巨大的风险。

②增加新终端的同时确保设备持续可用。在网络中增加新终端是基础和经常的工作，如增加帮助电站运行或建立环境控制的设备，特别是采用机器对机器通信的自动设备，但在这个过程进行的同时要保证 IOT 设备持续可用，避免潜在的运行故障和服务中断，这将要求加强物理安全以防止对安全外围之外的设备的未经授权访问。

③保护不断扩容的网络资源。随着层出不穷的终端不断诞生，网络安全的保护对象也推陈出新，先开始的目标是保护个人计算机及网络服务器，随着移动设备的增加，针对移动和传统 IT 基础设施的保护也逐渐加强，而现在需要保护更广泛的网络设备，如可穿戴设备和传感器以及将来可能出现的新设备，随着这些设备在网络世界的用途越来越广泛，网络必须做好更新风险

矩阵的准备，确保基本的机密性、完整性和可用性。

④升级和修复物联网漏洞。在物联网环境下的另一大挑战是，如何快速修复物联网设备漏洞以及如何优先排序修复漏洞。由于大多数物联网设备需要固件升级来修复漏洞，就如需要固件升级的打印机一样，IT 部门不太可能像在服务器或桌面系统那样快速地安装补丁，升级自定义固件通常需要额外的时间和精力，远程完成修复工作将变得异常复杂。

信息平台安全问题主要有八个尺度：隐私保护，读取控制，用户认证，数据保密性，数据完整性，不可抵赖性，通信层安全，随时可用性[221]。其中"隐私权"和"可信度"（数据完整性和保密性）问题在信息平台中尤其受关注，不能确保银行、物流企业及融资企业等主体的数据和隐私安全，基于物联网技术的动产质押信息平台就不可能得到推广并应用，为此可以通过以下六个方面解决信息平台的安全。

◆为设备创建安全标识。现在手机和平板电脑中都内置了 TEE、SIM 等安全工具，可以有效防止黑客入侵，这说明如今安全技术并不缺乏，有越来越多的设备已经采取了安全措施。信息平台也同样如此，在网络环境中植入证书，可以为设备创建一个唯一且安全的标识，令其在通信中得到其他设备或系统的信任，当然相关的设备在出厂的时候也要进行安全评估，确保设备不被黑客入侵。

◆建立授权。既然这个信息平台可以给无数终端使用，黑客就有可能通过网络入侵并控制系统，解决这个问题我们需要从网络层入手建立授权系统，授权系统安全性高、使用方便，很容易让终端用户受益，用户通过账号认证体系保护信息安全，账号信息不仅限于系统登录，还用于线上支付系统。

◆设置网关。众所周知，在互联网中有网关的说法，网关就是两个网络之间互联的"关口"，将两个使用不同协议的网络段连接在一起，它可以对两个网络段中使用不同传输协议的数据进行互相的翻译转换，从这个角度说网关就是连接内网与因特网上其他网的中间设备。在基于物联网的动产质押信息平台体系架构中，在网络层和感知层两个不同的网络之间设置物联网网关，从而实现局域网的互通，并且完成公共网络的控制、信令交换、编解码等功能，在信息平台安全方面通过安全认证等功能来实现。

◆建立认证体系。物联网仍处于起步阶段，统一的安全标准正在逐步建设中，基于物联网的信息平台涉及多方面的资源，协调验证体系建立认证体系在建设过程中可一并完善。

◆建防火墙。在不同网络安全区域和网络系统之间建立防火墙系统，可实现可信任的内部网和不可信的公共网之间的网络保护，采取监控、限制和更改数据流等方式来最大限度地防止内部信息的泄露，保障内部网络的运行安全，还可以保护自己避免被跟踪。在信息平台上创建各种通信形式之间的防火墙，对外网访问内网的任何活动进行实时监控，防止出现网络安全问题。

◆融入可信算法。目前用于军方严密系统中的可信计算是信息界比较认可的算法，该算法运用到物联网信息安全领域中，从物联网信息来源出发，加强物联网信息的可信计算法，对系统进行加固处理，以此保障行为可预期，原状不被篡改，过程可被证实，保障物联网信息安全可控度。

6.3.2　信息平台结构模型

基于互联网技术，物联网得到了快速的发展，逐渐形成一个结构完整的信息平台，实现实体世界与虚拟世界在时间和空间上的相互感知和互动，使得虚拟经济与实体经济融合和统一。为了满足平台不同访客的不同需求，使平台发挥广泛的网络效应，在建设信息平台时，要做到内部数据与外部数据的平滑对接，所以在设计时要考虑多部门、多角度的技术现状，构建时进行多个领域的技术嫁接。物联网主要应用于对质押物的监管，由于各种智能设备的加入应用，如何确保所有的数据和被捕获价值获得认定，并被信息平台分享，使建设基于物联网技术的信息平台的技术难度加大，从而决定着设计的有效性。所以在建设平台时重点确定好技术架构、设计好信息平台的功能以及解决好一系列的管理问题。

基于物联网技术的动产质押信息平台从一定程度上说是传统物流信息系统的升级，重在控制动产质押融资业务监管风险，特别强调应用物联网技术控制风险的功能，一方面应用物联网技术实现实时监控，增强物流企业对质押物的监管能力；另一方面在信息平台中增加风险评级和预警模块，对质押物的价值予以保证。

基于动产质押业务流程的原理，建立系统结构模型（如图6-5所示）。网络传输层、应用层、感知层和数据处理层构成系统结构模型，与一般信息系统不同的是，基于物联网的信息平台依赖一些元件实现对质押物信息的采集、传输、处理和应用，这些由电子标签、读写器、传感器节点、传感网络、互联网、服务器及质押物等组成开放的系统，形成了结构模型的环境系统，提高物流监管服务能力和控制监管风险，是信息平台机构模型中非常重要的一部分。

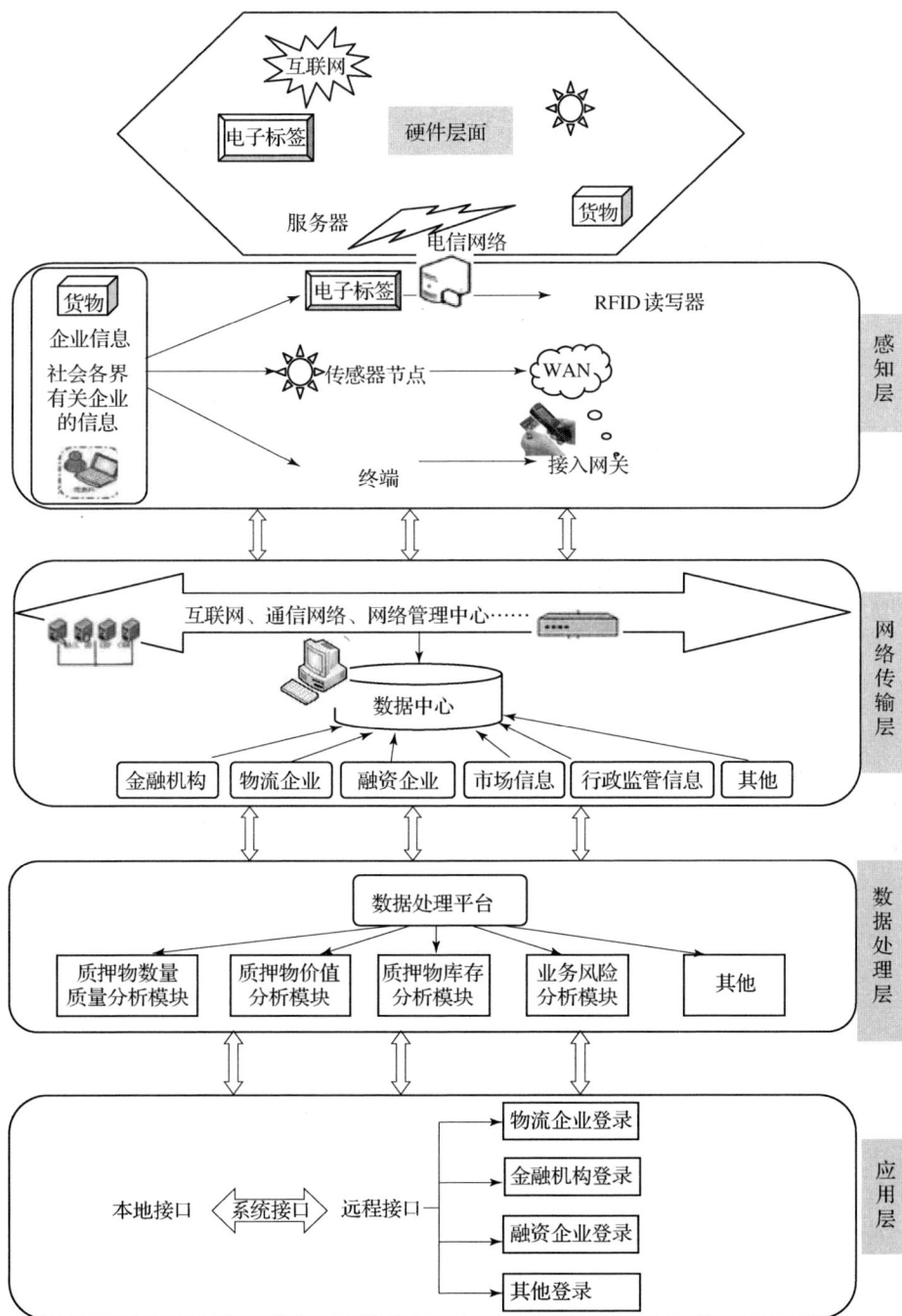

图6-5 基于物联网的动产质押信息平台系统结构模型

所谓感知层就是收集和存储与质押物相关的所有信息，分别在运输车辆、监管仓库和质押物上安装摄像头、电子标签和传感器节点等信息收集设备，实时传输相关的信息。

所谓网络传输层就是将有线网络和无线网络融合在一起，并将感知层收集的所有信息，通过通信网络、无线传感网和移动互联网等传输系统传送到平台数据中心，并对即时采集的数据实时更新。

所谓数据处理层就是对收集的信息数据进行处理，主要包括风险分析模块、质押物数量质量分析模块和质押物价值分析模块，其核心是风险分析模块。风险分析模块对质押物质押监管过程中的所有信息数据进行风险评估，只有在结果良好的情况下才能开展相关的活动。风险结果从两个方面进行评估：一方面，通过相关分析法对质押物的市场价格变动趋势、银行的贷款与归还情况以及质押物的流通情况等信息数据进行分析，得出企业的风险等级；另一方面，根据历史相关数据对信贷资金预测风险趋势，如采用回归分析法对质押物的历史数据进行分析，从而预测未来的风险趋势。

所谓应用层就是将本地信息平台接口与物联网监管系统连接，通过远程接口将其与金融机构和融资企业的系统统一，通过设置权限来操作和查询系统的信息，融资企业和金融机构也可以访问该系统，享受部分相关信息，既能提高信息透明度，又能有效地降低信贷风险和监管风险。

6.3.3　信息平台数据管理

相比于一般网站，基于物联网技术的信息平台这种新的架构在数据管理上面临重大挑战，因为信息平台将整个环境作为一个同质实体管理，连接着众多客户终端的信息平台使网络连接的规模增加，在平台投入使用的过程中，大量个人和企业访客又会产生很多有意义的数据，同时信息平台又需要能够监视和控制处于不同地点的感应终端，那些分布在各个角落的数目繁多的数据采集终端不断产生海量数据。此外，受制于网络及远程存储宽带，要将如此数量的数据进行备份，存在潜在的、不可解决的管治问题，很可能是无法负担得起的。因此，信息平台必须实现有选择地自动备份它们认为有价值的比较重要的数据，而这个筛选和排序过程会产生额外的大数据处理负载，进而会消耗额外的处理容量、存储和网络资源，因而需要对信息平台数据进行高效管理。

（1）数据存储管理

在动产质押信息平台使用的过程中产生的数据来自个人和企业，所以就存储数据类型来说是两方面的：个人数据和大数据。在大数据时代，这些数据和信息平台的关系就像人体细胞对人的关系一样，它们不断产生，也不断更新，随着数据管理需求的普遍增加，存储管理需要必须得到解决，目前存储管理的重点放在服务器存储容量上，然而物联网对存储基础架构的影响，会促进对更多存储容量的需要。所以接下来的存储管理不仅要把重心放在如何提升服务器技术存储更多数据上，还要考虑如何有效地使用数据。

面对分布在各地的海量输入数据，信息平台将被迫汇总多个分布型的小型数据中心的数据，然后相关的数据被转到数据中心进行其他处理。信息平台建设前需要部署更多的具有前瞻性能力的管理平台来保证数据中心的运营，应用数据中心基础设施管理系统方法，协调 IT 和 OT 标准和通信协议，根据优先事项和业务需求，提供处理数据点的运作设施。到了数据中心的规划阶段，则可以通过基础设施能力工具包或统计能力管理得到的模型将相关的数据流和业务应用程序包括在内，这些综合性方案将影响到设计和架构的变化，会趋向云服务和虚拟化，这会提高按需交付能力，降低复杂性，保证可靠性和业务连续性。

（2）数据交换

只有将数据表达、交换与处理的标准以及应用支撑的中间件架构问题解决了才能发挥信息平台整体效果。而物联网的最大"瓶颈"是没有统一的 HTML 式的数据交换标准，使得物联网 DCM 三层体系即应用层、感知层、传输层通道不能配合，所以基于物联网技术的信息平台也面临这个"瓶颈"问题。目前国外已提出很多标准，如 Telematics 行业推出的 NGTP 标准协议及其软件体系架构，还有 EPCGlobal 的 ONS/PML 标准体系，以及 EDDL、BITXML、oBIX、M2MXML 等，传感层的数据格式和模型也有 TransducerML、IRIG、SensorML、CBRN、TEDS、EXDL 等，目前的挑战是把这些现有标准融合，实现一个统一的 HTML 式物联网数据交换大集成应用标准。

（3）数据协同管理

动产质押信息平台作为动产质押业务的载体，链接着很多外部平台，这些外部的信息平台承载着不同主体，应用的信息技术千差万别，代表的主体利益也不一样。基于这些现实的差异化明显的基础，除了在现实世界做好相关的沟通协调工作之外，需要在信息层面做好技术协同、信息协同、服务协同和管理协同，保证动产质押信息平台与这些平台的无缝对接，实现信息平台的广泛推广。因而在设计信息平台时，通过调整序参量，控制系统平衡性，解决信息平台协同性关键因素的不确定性问题。针对物联网技术在信息平台协同管理中的问题，通过建立算法和模型，对网络、感知、管理和应用四个层次上存在的服务、信息、技术和管理协同中存在的典型问题进行处理，解决物联网技术的合理应用问题。

6.4　本章小结

继前文探讨了系统硬件基础和研究了动产质押信息系统的模块之后，第六章就来研究系统的建设了。本章遵循提高信息平台的系统效率和全面风险控制的管理理念，以满足需求和风险控制为目标，对信息平台的建设提出意见。首先分析银行、物流企业、融资企业及其他各有关主体对基于物联网的动产质押信息平台的要求；其次从构建信息平台角度分析信息平台的目标、逻辑及整合系统资源角度，对内整合信贷、客户、运营、结算等系统，对外对接金融机构、物流企业、融资需求企业、政府公共平台；最后提出在信息平台的技术、结构模型及数据管理方面的建议。

第七章 基于物联网技术的动产质押信息平台商业模式

7.1 基于物联网的信息平台商业模式概述

7.1.1 商业模式的概念

物联网技术给信息化进程带来了智能化革命，很多行业开始进行智能化升级，走在前列的电网、物流、交通、家居、医疗等领域均有所突破，它们建设的基于物联网的信息平台给人类的生活和工作带来了方便，成为一种势不可当的时代潮流。但与相关机构的预测相比，其市场规模及发展势头还相距甚远，远非我们当初所期望的那样迅猛。全球范围内的政府和企业对信息技术的发展进行了大量的投入，但各行业对传统的商业盈利模式存在路径依赖，还围绕促进行业内部个体竞争开展工作，而忽略了对应用物联网的信息平台的特性挖掘，特别是其在公益性服务和公共产品的本质方面的挖掘，导致相关公共事业机构的作用无从发挥。目前，基于物联网的信息平台的市场应用还只处在初级阶段，很多行业领域甚至还没有声色，专家学者曾不止一次强调要从商业模式角度入手，充分发扬行业应用中的良好反馈，找到适应市场需求的商业模式。基于物联网的动产质押信息平台由于涉及众多的利益相关者，因此有很多不同的方式支持动产质押信息平台的建设和运营，从终端、网络到应用开发、系统集成，再到客户，商业模式同样并不鲜明，所以也要探索其商业模式。

在以利为导向的市场中，人们往往更看重盈利模式，并弱化商业模式。实际上从概念上讲，商业模式与盈利模式是包含的关系，盈利模式是商业模式的一部分。所谓商业模式是各个主体因受一定的外部政策、技术、市场需求环境的影响和制约，因而在不同发展阶段，当中的定位、各个主体之间的关系以及其中价值流、资金流、信息流和物流的作用情况、主体自身的价值活动等体现出不一样的体系[222]。而盈利模式是企业为了能在市场竞争中盈利而逐步形成的企业特有的商务结构以及对应的业务结构[223]。

从以上概念可以看出，盈利模式是指企业赚钱的渠道，即通过怎样的模式和渠道来赚钱，其侧重阻碍了竞争对手与自己竞争。而商业模式则是公司通过什么途径或方式来赚钱，其更侧重于路径和布局，因此它是一个复合的模式，包括公司定位什么样的客户、做什么产品、用什么市场营销手法。任何企业都有自己的商务结构及其相应的业务结构，其商业模式和盈利模式的终极目标都是能够盈利，但并不是所有企业都盈利，因而并不是所有企业都有盈利模式。如今有一些新型的企业采用免费的商业模式，但并非没有盈利。

7.1.2　商业模式的基础条件

（1）社会环境前提

可喜的是，政府最近在做这方面的努力，他们为了提升数据中心的能力，依托云计算平台，培育了一些公共服务平台，特别是重点建立了行业的信息数据中心，从而更多的数据信息可以被社会共享，这种成功给动产质押信息平台提供了数据基础。

（2）资金前提

物联网产业令人向往，涉足该产业的践行者对其远大的市场前景信心十足，但多数初创企业和创业者因缺乏创业资源而望洋兴叹。2013 年 6 月，国务院下发通知，鼓励民间资本投资战略性新兴产业发展。2014 年 5 月 14 日，首个为物联网企业提供金融支持和管理咨询的平台建立，该平台由国际物联网促进会、物联网智库与深圳前海智汇谷资本管理有限公司联合创立，共同打造智能创业孵化利器，不仅为民营资本投融资建立平台，还专门建设了基地供孵化企业进行研发、生产和中试，为了这些企业能够走得长些，它们高举全产业生态链的牌子，在市场、品牌和营销方面做一体化包装，以达到高品质创新孵化模式。可以预见的是，开发动产质押信息平台的第三方企业也可以依托该平台技术、渠道、资金的三大支柱力量，加快进入市场的速度，解决困扰创业的各项难题。

（3）市场潜力

中国物联网产业的发展已进入快车道，一个令人惊讶的事实是：中国是世界上使用物联网最多的国家，埃森哲发布的《携手产业物联网，实现共赢发展》报告更是预计，中国如能落实支持产业物联网发展的各项措施，到 2030 年，GDP 将增加至少 11 万亿元人民币，市场潜力巨大。

7.1.3　商业模式的要素

一个好的商业模式能将企业运行的内外各要素整合起来，形成有独特核心竞争力的运行系统，满足客户需求，实现客户价值。

有关信息平台商业模式的要素研究层出不穷，白雪在分析我国物流信息平台时应用了 Alexander Osterwalder 和 Yves Pigneur 的商业模式九大要素[224]，即盈利模式、核心竞争力、价值主张、目标消费者群体、分销渠道、客户关系、资源配置、成本结构、合作伙伴网络，见表 7-1。

表 7-1　商业模式要素表

商业模式要素	解释
盈利模式	公司通过各种收入流来创造财富的途径
核心竞争力	公司执行其商业模式所需的能力
价值主张	公司通过其产品和服务所能为消费者提供的价值
目标消费者群体	公司所瞄准的消费者群体
分销渠道	公司用来接触消费者的各种途径
客户关系	公司同其消费者群体之间所建立的联系
资源配置	资源和活动的配置
成本结构	所使用的工具和方法的货币描述
合作伙伴网络	公司同其他公司之间以合作的形式提供价值，最终实现商业目标而形成的合作关系网络，这也描述了公司的商业联盟范围

从以上商业模式概述中可看出，一个成功的商业模式需要运作主体具备强大的资金支撑，能够充分调用市场的力量，对外部和内部资源进行高效整合。那么谁来承担这个运作主体呢？

按照供给理论，提供服务或产品的主体必须满足两个前提：一是有提供服务或产品的意愿；二是有资金能力。建设和运营动产质押信息平台的主体也必须满足这两个前提。围绕第一个前提，即谁有意愿建设信息平台，显然动产质押信息平台利益相关的主体更有意愿。笔者在第五章应用因子分析法探析了造成动产质押信息不对称的因子，即"融资企业""质押物""行政机构"及其他诸多因子，这些因子显然是最直接的利益相关者，它们可能成为信息平台的运营主体。围绕第二个前提，即谁有资金能力，笔者理解这个问题不是比较谁最有资金实力，而是从投入产出角度衡量谁最能从这个项目中具备资金比较优势。

相比第一个前提，第二个前提更具有决定性作用，因为基于物联网的信息平台本质上属于信息产业，随着社会化分工的成熟，信息产业外的行业进入这个领域，其投入产出显然不具备优势，利益相关的主体也会退避三舍。

事实是，涉及物联网的项目建设和运营更有难度，主要原因是物联网的硬件投入是一项复杂而庞大的投资，在我国物联网的发展初期，一般都是原来的移动通信行业做着相关的拓展服务。基于此复杂现状，笔者从现实出发，以物联网技术的信息平台的发展规律为出发点，围绕信息平台的市场发展规律，对照笔者第五章的因子分析结果，运用法默和里奇曼比较管理方法，研究基于物联网的动产质押信息平台的商业模式。

7.2 基于物联网的动产质押信息平台商业模式探析

7.2.1 基于物联网技术的信息平台的商业模式

实践中，物联网技术及信息平台技术这两种信息技术在市场上得以应用，都有其原始自发性，其根本动力来源于政府推动、市场催生及企业自发三种力量，这种实践表现出一定的规律性，所以研究基于物联网的动产质押信息平台的商业模式，既崭新，又有章可循，绕不开基于物联网的信息平台商业模式的发展规律，也绕不开商业模式的主体产生的市场规律，以下从物联网信息平台和市场主体两个角度分别展开。

（1）从物联网商业模式展开

基于物联网技术的信息平台应用难度主要是物联网的应用，涉及物联网业务平台、终端识读器、识读终端标识的建设，这些工作由一个完整的产业链共同完成，包括通信设备商、网络运营商以及提供网络节点服务的企业，如芯片封装制造商、传感器生产商及身份识别制造商。这些企业在整个产业链中专业分工明确，技术特点分明。

因为基于物联网的项目投入资金巨大、涉及面广、专业性强，所以目前参与信息平台开发的企业以具有用户群规模和经济实力、条件成熟的有关企业为主。由于运营商具备明显的优势，目前的物联网产业主要由运营商主导，但是随着物联网相关技术及应用的不断成熟，新的技术和应用层出不穷，造就了服务商、设备商、集成商等实力不断增强，也使物联网业务逐步趋向复杂化，原先拥有相对优势的运营商的力量显得捉襟见肘，难以主导整个产业链。这种市场态势使物联网个体创造价值的局面不再持续，而多样化主体共同创造价值的比例提高，从而其商业模式由单一中心向多中心发展[225]。

虽然目前业界和学界对于基于物联网的信息平台的商业模式的研究刚起步不久，但颇有收获，商业模式的分类逐渐明朗，比较公允的分类主要参照两个因素，第一个因素是商业模式中参与各方之间的主次从属关系，第二个因素是客户价值创造主体的不同，可分为以下四种类型。

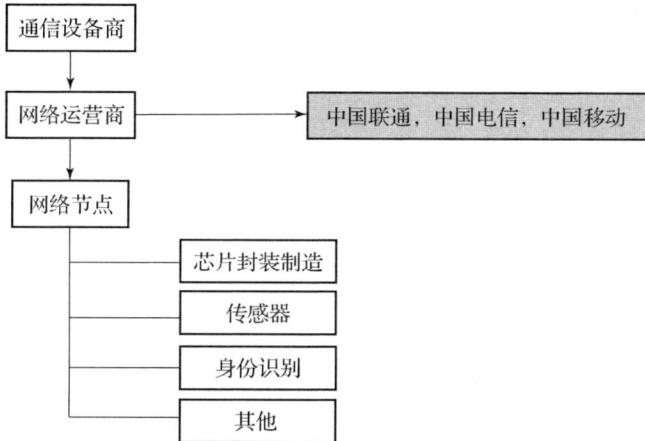

图 7-1　基于物联网技术的信息平台运营商结构

①客户全部自建模式。这是目前应用于物联网的主要模式，客户以租用运营商网络的方式进行通信传输，自建信息平台。这种模式下客户需要承担全部费用，需要有充足的资金保证，因而投资阻力大。典型的应用就是电力远程监控，因其客户私密性要求高，识读器和识读编码跟别的行业不同，不能跨行业共享。他们除了因租赁运营商的通信网络不需要投资之外，其他的工作都是自己投资，不仅要建设业务平台，还要配备终端识读器以便识读终端标识。为了便于进行信息收集，电力行业日益重视物联网建设，从而推动了整个电力行业的物联网的发展，但是整个投资及运维的成本压力就都由电力公司承担。

②政府 BOT 模式。即民间兴建营运后转移模式，是一种公共建设的运用模式，"BOT" 即 Build（兴建）、Operate（营运）以及 Transfer（转移）的缩写，即工程由投资方兴建，投资方取得一段时间的营运权，在约定营运权期满后，再转移给政府[226]。在基于物联网技术信息平台建设中，BOT 模式就是由运营商搭建物联网技术信息平台，由使用者支付给运营商通信费用，比较典型的例子就像公共停车位的收费管理，通信运营商搭建符合停车场的平台，并制定相关规范，通过项目的运营收入来支付相关费用。

③平台租赁运营模式。这是一种纯市场运作模式，平台运营商搭建公共平台，客户可以远程访问并使用信息平台，并支付相关通信费用。因平台运营商需要承担建设物联网识读器和物联网识读标识 GPS 车辆定位、视频监控的费用，这是一种特别巨大的投入，一般由通信运营商来搭建相关公共平台。使用平台的客户越多，这种模式得到生存的概率才越大。

④移动支付模式。银行移动 POS 的应用是移动支付模式的典型，这种模式下相关平台建设由客户自行承担，网络向通信运营商租赁，费用成本通过收取使用者的佣金来补贴。

（2）从动力需求展开

按照法默和里奇曼依照动力需求探索商业模式的方法，根据动力需求的不同，商业模式的类型分为孵化型、裂变型、自发型、中卫型及外向型。

孵化型商业强调政府的导向作用，政府在某些方面提供帮助。随着政府行政职能的转变，这类孵化成了政府服务社会的主要形式，在物联网应用领域，各种项目陆续展开，如政府为了在教育领域孵化物联网项目，扶植广东理工职业学院牵头实施项目，先后在人才、政策等方面提供扶持，并在 2011年建立了全省首个物联网工程学院，帮助组建孵化基地管理团队，负责基地的运行管理，并为入驻基地的创新创业人才及团队提供服务。

裂变型商业模式是公司内部创业的结果，在互联网时代，这种模式有着其他时代无法比拟的优势。例如，一个叫作 Afterlight 的公司就创造了一个神话，这个公司是一个 21 岁的美国人和一个韩国人于 2013 年共同创办的，实际上是只有两个人的跨国公司，它就是一个 App 软件，让普通人可以把一般的图片编辑成超级专业的作品，仅一年它的业绩就达到 2 亿美元。虽然他们这种模式不涉及物联网的应用，但也涉及租用既有互联网设施，也就是说，这是一种注重软件租用硬件的模式。在物联网也成为社会基础设施的将来，这种模式具有很强的社会调动性。

自发型商业模式因市场需求而生，当外界需求足够强烈，企业就会自发形成和发展该种模式。前面提到的电力企业自建物联网系统就是一个例子，这里不再赘述。

中卫型商业模式依附大企业生存，在实力雄厚的大企业把物联网基础设施搭建好了之后，接下来的重点就是要挖掘其使用价值，开发更多的应用。这个时候，中卫型的企业会大量产生，以租赁运营的形式开展运营。

外向型商业模式依赖地方政府给的良好的配套政策，以吸引外国的技术和资金，这种模式还是需要政府的辅助。我国发展物联网几乎是与国外同时的，在技术上没有太落后于国外，另外因物联网还涉及一些安全问题，所以这种模式在物联网领域的发展有待后续观察。

物联网信息平台的商业模式的动力需求并不一样，上述各种模式之间的界限日趋模糊，一些生态主导者在系统中会承担多个角色；而一些小企业也有机会在市场某个单一领域内做大做强。在激烈的市场竞争中，系统内的个体不断更新，因而系统具有强大的活力。由于企业间需要互利共生，融合型网络可能就是物联网发展的未来。

比较物联网技术角度和动力需求角度划分的商业模式，发现它们也有交叉的特点，如客户自建模式和自发型模式，其实这两种模式主体一致，运作目标也相同。也就是说，确定商业模式，要根据不同的情况具体问题具体分析。本书研究的具体问题以动产质押业务为核心，所以在确定商业模式时还要回到动产质押的具体问题上。以下将基于第五章的研究结果，结合物联网和动力需求探讨基于物联网的动产质押信息平台的商业类型。

7.2.2　基于物联网的动产质押信息平台商业模式类型

（1）政府部门成立专门机构建立物联网共享平台

中小企业融资难问题一直是一个国家经济发展的重大问题，很多国家都在努力以各种方式降低融资企业的融资门槛，在融资企业和金融机构之间牵线搭桥。动产质押作为一种解决该难题的良药，有理由相信国家会助力其开展。对于国家层面来说，要建立基于物联网的动产质押信息平台，需要由政府成立或指定某一具体机构搭建公共平台，平台使用者支付相关使用费。

对照笔者第五章的研究结论，"行政机构"因子说明了政府的作用，随着政府信息公开工作的深入及细化，政府有关部门的信息可以被动产质押信息系统所采用，政府信息在信息系统中的地位越发提高，政府作为信息建设和运营的主体的时机越发成熟。

由政府出台相应的政策、打通某些环节特别是有关行政执法机构的信息共享、出资筹建某个具体实体机构，以市场主体的形式或是敦促行业协会成立一个执行主体，在物联网发展初期，将非常有利于该行业的快速推广，GPS 车辆定位推广成功就是其中的典型案例。

理论界对于这个问题有所思考，建议在政府开建和管理的物流园中推行动产质押联盟，如高更君和江凯帆[227]在 2018 年发表了一篇文章，文中探析了物流园区动产质押联盟发展模式，他们认为这种模式有利于释放园区中沉没的资本信用，还能够充分利用园区的物流企业的闲置资源，缓解参与动产质押物流监管的企业各自为政的失信风险，同时也降低中小企业融资成本。

（2）银行作为投资主体，物流企业和融资企业共享信息平台

1958年，马克思主义社会学家雷蒙德·威廉斯在《文化与社会》一书中写道：不存在大众，只存在把人们看作大众的方法[228]。2013年银行遇到了劲敌，这一年余额宝、百度"百赚"、京东"小金库"、苏宁"零钱宝"、新浪"微财富"等一大批互联网金融产品先后进入大众视线，直逼银行主打业务。互联网金融的几个"宝宝"能够席卷全国，其实就是很多有钱的融资机构找到了把人们当作大众的方法，它们步银行的后尘，替代传统银行成为社会融资机构。

笔者在第五章探析动产质押风险因子时，没有银行的影子，这是因为银行在动产质押业务中处于主导地位，而物流企业及融资企业是其监管对象。在动产质押信息平台的建设中，银行也应该发挥主导作用，在互联网金融袭来的今天，银行有必要主动接棒新型网络商业模式。互联网金融这个迎头大棒已经打醒了银行家们，他们认识到其运作模式在互联网思维下已经落伍，商业银行利润增速下降已是不争的事实，抱着传统的思维，即使有400多年的历史积累也难以抵御被替代的危险。从这件事上，银行的决策者至少收获了一个教训，那就是在科技发展的今天，不要等别人涌过来抢走了市场蛋糕才开始转型，而要积极拥抱新科技，主动出击推动惠普金融，捍卫金融市场的主动权，不仅保住传统金融产品的市场蛋糕，更要挖掘新兴金融产品的纵深市场。

在动产质押这种新兴业务转型中，银行要通过开放性的思维重新审视自己的运营管理以及组建价值网络，对早于别人进入的市场领域加强建设，提高其他领域竞争者进入该领域的门槛，在最靠近市场的地方用互联网抓获客户，寻求合作物流企业进行资源的反向匹配策略，通过自己建立和控制信息平台的方式，挖掘信息平台价值[229]。入选2016年物流金融十大事件之一的平安银行就抢了先机，其作为投资主体，与感知集团联合开发"汽车质押管理系统"，目前已完成应用试点，等到完成与银行的信贷系统对接后推向市场。凭借这一模式，感知集团已成功拿下全国唯一一个依托物联网金融的大宗商品交易中心的牌照，钢贸、纸质品、汽车和铜贸交易都将陆续开启。

（3）物流企业主导建设

第五章的探讨结果是质押物是影响动产质押风险的一个重要因子，围绕

质押物开展业务的物流企业可以在监管环节起到把关的作用，这一身份也使其可以围绕质押物的更多价值大做文章。学者高更君和江凯帆探讨了在物流园区中把众多物流企业联合起来，以发展动产质押，特别强调质押联盟间的合作与融合，以及联盟与成员之间的信息共享，同时完善监督体系与信用评估。在实践中，由物流企业主导建设基于物联网技术的动产质押信息平台的不在少数，前文提到的大易网就是其中一例。因为在物流界有这样的规律，3%的利润率做货代，5%的利润率做运输，10%的利润率做集装箱，20%的利润率做仓储，30%的利润率做市场，50%的利润率做金融物流，世界上最大的物流企业马士基和 UPS 的第一利润来源都是金融物流。

以 UPS 为例，其能够实现金融物流成为第一利润来源，就是因为建设了完善的信息系统，使其更加便利地开展业务[230]。多年来，UPS 不断加大在新技术方面的投入，开发一些促进物流管理效率的信息系统。这些投资不仅使物流运作的效率大大提高，而且带动了全球范围内新一轮商业模式改变的浪潮。其服务质量快速改进，目前其客户已经可以通过移动终端随时随地了解自己托运货物的行踪了。

（4）第三方动产质押信息平台

20 世纪 80 年代，我国刚开始发展改革开放的时候，有人从体制内下海，现在这部分人都变成了这个社会的精英，那时候大家觉得他们疯了，可现在他们掌握着这个社会中的大量财富；20 世纪 90 年代，有很多人专门炒股，那时候大家说他们是骗子，可他们确实有不少人赚了大钱；15 年前，从事保险行业的人也被认为是骗子，但他们也赚了不少钱；10 年前，有企业做电子商务，有人觉得他们是网络骗子，但现在他们很多已经是这个社会的精英了。今天，那些曾经被说成骗子的人已成为成功人士，甚至是时代的标志；而那些说别人是骗子的人却只是默默无闻的一员。每一次机会都会造就一批社会精英，如今，物联网浪潮摆在我们面前，我们是否会珍惜这个机会？

在商业社会转型的今天，很多行业的盈利模式已经跳出传统资源要素创造财富的模式，很多信息平台运营商来自 IT 产业而不是具体产业，他们的主要商业模式一般沿用互联网站的商业模式。随着这种转变的加快，产业利润也在发生转移，现代成功的企业特别是信息企业，往往是在产业利润发生转移的过程中最先从充裕的资源中跳出来，在另一个层面找到新的稀缺之处，并以创新的思路和盈利模式在这个产业发展的薄弱环节进行深耕，从而获得不少利润。在这些成功的企业中，谷歌是值得我们借鉴和研究的，其作为平台，介入具体事宜的控制很少，但掌握的资源反而更多。谷歌带给我们的启示是：如果企业的盈利壁垒是继续建立在那些将要变得充裕而且越来越难以把握的要素或资源上时，企业的竞争优势将是脆弱的。

如今理论界中还出现了第四方物流企业推动和建设信息平台的思路，周洁（2017）[231]提出了由第四方物流企业主导，让银行参与的物流金融创新模式的推广思路设计，她还提出该模式下的风险识别及控制，找出可供目前的物流企业效仿与借鉴的道路，拓宽其运营模式，打造货主企业、金融机构、第三方物流、第四方物流四方共赢的物流金融服务。

7.2.3　各商业模式优点比较

（1）政府主导型物联网动产质押信息平台

①战略性。在物联网的应用中，光载无线通信设施的建设是配套性建设，这种配套是物联网应用效率最大化的前提，但这种配套的建设需要大量的战略投入，在我国目前的体制下，不可能由企业单位和个别社会组织能够做成这件事，只有政府主导的有关部门出面才可以成功。政府部门主导动产质押信息平台的建设，可站在战略性的高度，前瞻性地解决一些配套性的基础。

②先进性。信息技术更新迭代的速度异常快速，而最先进的技术往往资金成本比较昂贵，这是一般的建设主体所顾忌的。当今国际先进的光载无线通信 ROF 技术，有诸多优点，利用光载无线通信技术可以将多业务无线电信号通过光纤传送，是目前车辆行进过程中最好的通信方式[232]，但该技术优质功能使得建设成本居高，一般建设主体会望而却步。

③规模性。物联网工程是复杂的系统工程，其市场需要一个规模发展、有规模共性需求及丰厚行业利润的物联网企业才能够支撑。依照这个标准，一般企业很难推动市场使其具备规模效应。况且物联网的应用基数很大，其行业利润太分散，不足以支持主要的产业参与者获取大部分的利润而生存下去，规模发展也很难。如果还是以原先做信息化的公司在一个行业或者一个客户那里从事作坊式的应用拓展，就会使物联网的发展难以突破长尾效应。

④政策依托性。中国特色的"独特"中包含着政策上的倾斜，当国家重视某一产业的发展时，其发展的能量是巨大的。中国物联网产业也需要这种独特的发展方式，以无锡物流园区内的物流网项目为例，它们进入"国家传感网创新示范区"后，获得很多政策的支持，得以从小幼苗发展到市场中的佼佼者。

（2）银行主导型

①市场基础好。就目前发展现状而言，动产质押的市场推动者主要是银行，它们在市场中不断积累客户和经验，成为决定动产质押发展方向的掌舵者。

②经济基础。相比于物流企业及融资企业这两个动产质押主体，银行的经济基础比较雄厚，在当今提档升级的形势逼迫下，银行挪出资金投资信息平台的可能性比较大。

追溯多种信息技术发展历程，银行在应用并推广信息技术方面毫不迟疑，最早可以追溯到电报的使用，之后陆续使用制表机，到 20 世纪 50 年代晚期，开始大面积使用计算机，并不断开发应用各种软件系统，比较常见的是数据库管理系统，在网络和电子商务开始在市场横行的年代，银行当然也是快速反应，并应用到极致，以至于有人笑称如今银行布局的 ATM 机器比厕所还多。2013 年底，余额宝横空出世的几个月内，各银行也应用互联网金融的理念陆续推出自己的"宝宝"。这些应用体现了银行对信息技术的接纳度，从深层原因来说，主要是它们的管理理念比较先进，以提高管理效率为前提，广泛接受先进的信息技术。

（3）物流企业主导型

①实践基础好。从当前应用的实践来看，物联网应用到物流企业的技术更广泛，在仓库管理应用的比例比较大，所以以物流企业为主导建设新兴平台的技术基础比较成熟。

物流领域新兴的第四方物流，其实践基础比较有优势。第四方物流的概念是 1998 年美国埃森哲咨询公司率先提出的，其又称为供应链集成商。它专门为物流参与各方提供完整优化的供应链解决方案，却不参与实际的物流运作[233]，因此第四方物流不是任何一方的竞争者，它利用物流信息系统和对第三方物流业务的熟悉，来协助金融机构对第三方物流进行监管、考核与评估，防止道德风险的发生[234]。

作为独立第四方物流，参与动产质押模式能够避免对第三方物流监管的不足，满足银行等金融机构对风险控制、信贷安全、信息共享、优化方案的需要，满足融资企业对仓储位置、存储条件、货物运输、监管方式等个性化需求，提高银行和融资企业的积极性。所以由主导建设和运营的动产质押信息平台，本质上是采用信息技术、资源整合及专业服务为合作伙伴提供独特及广泛的动产质押整体解决方案，此外，以自身信用与第三方物流企业的联合，可进一步保障金融机构信贷安全，将风险降到最低。

②纽带作用明显。在动产质押业务中，物流企业是融资企业和银行之间的连接点，其一方面接受融资企业的委托保管质押物，另一方面又接受银行的委托监管质押物。仓库是物流企业连接融资企业和银行的服务平台，动产质押信息化要求物流仓库首先发挥好纽带作用，动产质押信息化的起点和首要前提就是仓库要取得双方的信任。

③金融政策决定。我国金融政策规定，金融机构仅从事金融服务，不得从事其他领域的经营。所以银行不得不依赖物流企业对所质押动产进行监管。当然，物流企业有其自身的规模化、专业化优势，其对质押物管理衍生的融资信用担保，可以分散银行信贷的系统性风险。

（4）科技型创业企业

①创新能力是关键。创新能力是保持科技型创业企业集群活力的催化剂，这种能力是其他类型企业所无法比拟的，就如一个生命体的演化一样，科技型创业企业作为一个有机的、具有生命力的市场主体，存在自身的生存机制，对市场环境的变化和经济发展的不同阶段具有自适应能力，其在积累中不断具有竞争优势。

②创新性企业借助集群的力量。我国政府近几年鼓励创新创业，出台很多政策促进科技型企业集群的发展。科技型创业企业集群对促进企业家、资源和机会之间的连接发挥积极的作用，有助于企业家和创业者关系网络的形成[235]。集群内各企业间的交流是一种资源交换的过程，有助于企业间合作机会的产生。同时集群内部通过激烈的竞争和密切合作，也可实现资源共享和技术的快速扩散。

③由市场占优的主动性决定。在信息技术领域，市场占优优势明显，微软操作系统诞生后，长期一统江湖；微信社交平台占据先发优势后，阿里巴巴推出的"来往"就再难成功。在革命性技术突破出现之前，原有局面很难打破。所以当物联网技术诞生后，市场嗅觉比较灵敏的信息企业在各行各业安营扎寨，形成规模效应，占据先发优势后，插足具体应用就能坐收渔利。

④灵活性强。所谓船小好掉头。体系复杂的银行和物流企业，创新性的企业应对市场主动调节的能力比较强。就如百度这样的大公司，都能做到立即响应。2016 年 1 月 13 日，百度被媒体曝光把"血友病吧""肝病吧"等病种贴吧公共平台卖给社会上的营利机构，第二天，百度公司就发表声明，不给"作恶的生意"提供网络平台，全面停止商业合作，仅对权威公益组织开放[236]。从这件事情足以看出科技型企业具有灵活的思维方式和管理方式，在需要改变的事情上不犹豫，具备快捷的变通性。

7.2.4　各商业模式缺点比较

（1）政府出资引导建设的信息平台

①经营者选择。政府出资建设的企业在性质上属于国有企业，为了防止资产的流失，政府一般会委派经营者，并赋予企业的经营者一定行政职位，这样的形式造就了企业的经营者与所有者分离，并且经营者不能在企业的良好经营中获得自己的一部分利益，相反，其也不会由于企业的经营不善而使自己利益受损。这种选择人才的方式不能做到择优而用。再者，由于国有企业的经营者不断被替换，他们为了干出政绩，会做出牺牲长期利益来换取短期利益的经营行为。另外，为了自己的利益，他们有侵吞国有资产的利益驱动。还有，由于现在国有企业的经营者没有对企业剩余利润的索取权，在一定程度上导致了经营者隐藏自己的才能，不关心企业的运行发展情况。

②运作效率不高[237]。国有企业在竞争机制和利益分配机制等多方面存在严重缺陷，在管理过程中由于其僵硬的预算和决算制度、经营自主性不足、权责利的不明确与多重规划等原因导致效率驱动因素不足，使得国企充满惰性，技术门槛比较高的国企，还存在垄断经营，这更加剧了低效率，导致政府和国有企业支出环节效率低下[238]。效率的实质就是在现有的约束条件下实现经济主体效率最大化。这意味着经济主体必须是行为理性的主体，它必须追求成本的最小化与利益的最大化。

③不掌握核心技术。一个互联网商业企业，本身无法掌握核心技术，那将是发展中致命性的打击。"即刻搜索"的发展悲剧就是如此。具有国资背景、资金实力较强的"即刻搜索"在资金上还算不差，邓亚萍任总经理。但即刻内部团队只能算是一个外围的工作者，根本接触不到核心技术。即刻搜索的平台技术完全掌握在云壤的手里。即刻支付一定的费用，就会从那里体验到一些技术服务，纯粹是属于一种简单的买卖交易。即刻看到的只能是一个怎么也搞不懂的黑盒子和搜索平台的运作改善。发展到后来，情况越发严重，甚至要和云壤打官司，为了平定云壤的不合作，即刻只能付出更多的钱来解决这些困境[239]。

政府的重视和支持，是物联网发展的良好契机。发展物联网，还必须依靠市场和企业行为。

（2）银行主导的信息平台

2015年，50多位银行高管离职，更多的人迫于互联网金融的攻击无法再创高业绩，因而投向了"圈外"，还有7位主动离职转向与互联网金融相关的企业。针对这个现象，不由得让人要问：金融业务优势明显的银行，为什么不紧随时代要求，自己也开展互联网金融？要回答这个问题，就要看到银行在转型互联网金融的两个致命问题：

①信息网络劣势。以腾讯微众银行为例，成立不足一年高管就离职了，其中包括分管金融平台的黄埔（副行长级别）。原因众多，其中远程开户问题是技术"瓶颈"。因为央行规定网络银行独立开户需现场开户，远程开户只能在此基础上实现。如果网络不够广泛，现场开户的用户规模不可能达到理想数字，网络效应也无从发挥[240]，网络银行也就成为"空中楼阁"。腾讯银行高管集体辞职这一问题显然不是银行所能独立解决的。

②经营理念落后。传统银行经营理念落后，其盈利点落在为客户服务的各种项目上，连查询账号都要收费用。而互联网金融通过信息平台开展业务，提供给网民的是免费使用的信息平台，其盈利模式不在为存款客户服务项目上，而是拓展到其他贷款事宜上，客户在这样的服务中得到的用户体验比传统银行好得多。

以上分析的银行在互联网金融方面的失败，正是银行在转型信息的过程中通常会有的问题，在建设基于物联网动产质押信息平台的过程中，这两个问题同样是银行的致命缺点。

（3）物流企业主导型

①难以体现银行的主导地位。物流企业主导动产质押的监管是当前的主要模式，这种模式的弊端如本研究开头所描述的一样，除了融资企业骗贷的动力比较大，物流企业的配合也是关键一环。它们两者的合作很容易把银行架空，这种缺乏银行主导的动产质押最终还是无法真正做到风险控制。

②网络科技的短板。从业务角度来看，让专业做物流的企业来运作网络，有外行人做内行人之事的嫌疑，这样很难在管理和成本上显示优越性，最终能够被市场接受的可能性比较小。

（4）科技型企业

①抗风险能力弱。由于科技型企业的主营业务是高新技术，高新技术虽然附加值高，但由于科技进步速度快，科技的市场价值含量会随之锐减，因此科技型企业承受的市场风险也比一般企业大。

②资金能力。发展新技术，企业要有资金投入和承担风险的资金来源，这一点往往是科技型企业的发展"瓶颈"。就算得到足够的资金投入，科研也未必一定取得预期成果。在较长的研发周期中，资金链断裂将导致后续研发难以为继，这就是小微型科技型企业一般需要引入资金实力雄厚的

风险投资基金的原因。

③物联网的网络效应很难发挥。近几年来，网络行业的兼并活动层出不穷，如 2000 年美国在线兼并时代华纳、大众点评网兼并美团网，这些兼并活动的背后都是"网络效应"在起作用。在供给方范围经济中，平均成本随范围扩大而降低，网络传媒、航空运输、金融等行业普遍存在网络效应。对于科技型企业来说，要发挥网络效应，就要不断扩大规模，显然对于资金能力、技术能力有限的企业来说，这是很难做到的。

7.3 商业模式建设建议

综上分析，由政府、银行、物流企业及科技型企业主导建设信息平台各有利弊。比较而言，由银行或物流企业牵头建设信息平台基础比较现实，但因建立基于物联网的信息平台是个很复杂的工程，这两类主体显然以追求核心竞争力为主，非核心业务需要外包化，这种信息工程由它们自主建设并不合适。

结合物联网在其他领域成功的先例，笔者建议采用公私合营的模式。例如，在美国的智慧城市建设史上，就有私人资本注入交通和基础设施建设的先例，公私合营的模式可以建立合作和资源共享的新模式。"公"是指政府，政府要重视和支持，出台相应鼓励政策，增加公共设施投资力度，培训相关人才。真正建设及运营信息平台应由"私"企来完成，巨大的市场需求可通过私企的高效转化为市场行为。

7.3.1 政府方面

从经济层面看，基于物联网的动产质押信息平台的价值远超动产质押业务本身的价值，政府在考量这类项目时，应该加入政府控制和公共福利等重要考量因素。

经济学中普遍认为政府需要对信息进行投资[241]。早在 1983 年，保罗·罗默（Paul Romer）提出，信息是一种重要的生产要素[242]，我们要重视信息对经济发展的作用。罗伯特（Robert）和巴罗（Barro）[243]等人曾经通过大量实证研究，他们认为有形资本并不是造成世界各国经济发展不均衡的决定因素，而知识、教育和信息等相关无形资本的差异才起决定性作用。基于类似的观点，莫里斯·斯科特（Morris Scott）呼吁政府最好在信息、知识等方面进行单独投资[244]。

国家采取很多利好措施促进经济的发展是当今国际惯例，对于社会效应明显的新生项目尤为如此。以智慧城市建设为例，政府出资应该是正常的路线，现在欧盟的资金已经在智慧城市的建设中扮演了重要角色，并大大促进了许多服务的应用，这些欧盟资金导致了欧洲物联网市场与美国的差别，也使欧洲成了智慧城市的引路人。

我国政府在物联网的具体工作有所深入，这几年各地新建了诸多特色产业园区，投资于特定区域硬件设施建设，以吸引科技型企业入驻。为了降低创业者门槛，有些地区还提供专业化的培训，给予税收优惠政策。具体到基于动产质押的信息平台的扶持，政府部门大致从以下三个方面着手。

（1）公共建设

首先在硬件层面，政府加大投入公共基础设施的建设。美国信息基础设施完备[245]，大大促进了物联网的发展，这得益于美国政府近些年出台的"国家信息基础结构"（NII）行动计划[246]。我国这几年在物联网的发展上面已经推进，具体在各行业应用方面，尚有很多深入的问题需要解决。

其次在信息共享层面。不可否认的是，现阶段我国信息共享状况不太乐观，笔者研究的目标就是在一定程度上解决动产质押信息共享问题，信息资源不能共享会影响动产质押信息平台的使用效率。特别是本研究中提到工商部门、税务部门等数据资源，若还是不能连接到本平台供大家分享，就在一定程度上影响到对融资企业状况的判断，从这一点上说，这类基础信息的互联互通是本应用的前提。打破部门、行业、地域的壁垒，是市场经济中政府当然的职责，整合跨行业 ICT 资源，建立共享数据库及信息交换平台，才能真正实现信息资源共享[247]。

随着政府职能的改革和政务信息的放开，原来由政府部门占有和控制的信息陆续无偿向公众公开，数据开放和共享已经显示出强大的力量，为信息的社会化开掘了出路，有一些企业以政府政务信息为对象建立了信息平台，如服务于智慧政务的万达信息，主要提供的智慧政务解决方案包括行政审批管理软件、电子监察与绩效管理软件、政务一体化平台、社区精细化管理平台。

（2）牵线搭桥平台的参与主体

动产质押涉及主体包括银行、物流企业及融资企业，囊括范围广、主体多，服务于该业务的物联网属于公有物联网，政府在解决动产质押内部关系上大有作为，首先在三个主体的关系上面，对物流企业及融资企业放松管制，破除银行的垄断壁垒，推动这三类主体的合作，使以物联网技术为基础的动产质押业务走向"无限化"成为可能。其次在政府的协调下，把物流服务商、承运人、海运、采购商、供应商及金融服务等机构都放到公共信息平台上面，完成交换数据和提供动产质押服务。

（3）对科技型企业进行技术和资金的扶持

公私合作新模式的主要创举就在这一点了。在前段时间开展的有关物联网发展的剑桥论坛上，人们认为在物联网行业上欧洲将领先于美国，原因是欧洲政府的资金投入远超过美国政府的投入，而对比华盛顿方面却有自己的理解，认为政府技术和资金的双重投入才是物联网发展可持续的保证。

技术扶持主要是体现在政府对科技人才的培养，因为人才是科技型企业的主力军。基于物联网的平台建设需要与动产质押相关的物流管理、金融等各方面专业人才，高等院校和科研院所可以满足创业企业对人才的需求，因为科技创业园有助于聚集人才，所以政府也可以建立科技园为企业提供人才，园内的人力资源之间进行正式与非正式的交流与合作，激发他们的创新活力和创业精神，形成上、中、下结构完整人力资源综合体。除此之外，发展现代科技中介也是提供人才的一种方式。

科技型企业要有资金投入和承担风险的资金来源，这就需要政府完善和落实各种优惠政策，从税收、法律、财政支持、银行贷款、价格及创新技术市场保护政策方面提供帮助，同时改善投资环境，建设多元化的融资途径，满足科技型创业企业对资金的需求。

7.3.2　银行方面

企业战略往往随市场和国情的变化而变化，在动产质押信息平台建立后，银行的发展战略有必要做相应调整。2014年，诺贝尔经济学奖得主法国经济学家让·梯若尔教授提出，把产品或服务需求方和供给方联系在一起，使他们之间发生关系，就能挖掘出新的盈利模式。平台就具备这样的功能，以银行业为例，其给客户提供免费服务的成本，最终将会由商家来承担，而商家会因为获得新的利润消化掉这些费用。英国《金融时报》评论道："如果你没有为此付出，那么你只能是产品中的一部分。"

为此，银行的组织结构和行业的竞争策略也要相应调整，与其他同业竞争的银行建立关联，与它们进行正式或非正式的分工与协作，同时围绕自身的经营业务，创新金融产品，借助平台进行推广，争取更多的市场。

7.3.3　物流企业

物流企业可以借助基于物联网的动产质押信息平台，将原本属于物流企业内部的物流信息系统为外界共享，打破了外界对其长期信息不对称的顾忌，增加了外界与其建立联系的机会。信息平台的使用改变了物流企业信息系统仅内部使用单一性现状，成为其调整服务模式的重大契机。物流企业可以扩充其业务范围，推出多样性的质押服务模式：

第一，当质押仓库系物流企业所有时，物流企业可以根据客户的需求，安装硬件及相关系统软件，费用由客户承担，物流企业提供相关系统管理与维护服务。

第二，当质押仓库系融资企业所有时，在质押期，物流企业可以采取出租监管系统及硬件的方式，授权客户在一定期限内使用部分功能，系统由物流企业进行管理和维护，融资客户支付相关使用费。

第三，除仓储业务外，融资企业将其运输业务也一并外包给物流企业时，融资企业将承担全部费用，而监管业务及相应风险则全部由物流企业承担。

7.3.4 科技型企业

与其他类型信息平台项目不一样的是，基于物联网的动产质押信息平台，由于物联网的属性，使其建设、运营和推广具有很多难点，下面从科技型企业性质、商业运作、技术要求及推广工作提出建议。

（1）运营商主导物联网及其基础设施的建设

由于物联网项目和传统网络具有相似性，需要基础设施覆盖整个国家，至少包括主要城市的网络，这就需要大量的投资。运营商应该作为物联网及其基础设施的业主，以采集和定位应用为主。具体可进一步细分为三种子模式[248]：一是运营商直接提供网络连接模式[249]；二是运营商合作开发推广模式[250]；三是运营商独立开发推广模式[251]，其中运营商合作开发推广模式是目前国内电信运营商进入市场的主流模式。

（2）系统集成商主导商业运作

在现实物联网产业中，系统集成商比运营商更活跃[252]，在物联网中系统集成商往往走在前面。因为动产质押的物联网应用专业化特征明显，需要由行业内专业的系统集成商提供服务。系统集成商软硬件开发能力强，技术水平和行业地位高，与银行、物流企业及融资企业无竞争关系，由系统集成商租用通信运营商的网络向用户提供业务服务，运营商与客户无直接联系，系统集成商是收入分配者和利益获得者。

（3）借助云聚合技术

云聚合可实现信息全面、安全、自由的流通，从而实现价值增值。借助云聚合技术和已有的运营平台，科技企业就可根据自身的业务能力，与银行、物流企业等市场参与者共同创造新的价值[253]。

（4）信息平台推广

刚刚建立起来的信息平台要想受众广泛、提高品牌知名度，必须进行高强度的信息平台推广，只有这样才可能被广大用户知晓及接受。要想获得成功的推广，首先，信息平台本身要覆盖面广、信息量大、服务质量高；其次，商户免费使用，随后以会员制的形式提供附加值比较高的增值服务；再次，进行以点带面式的推广，所谓"点"，可以是某个小一些的地理范围，也可以是少数银行及物流企业的加入，还可以是少品种的质押物，随后不断增加到地理范围广、多家服务主体、多品种质押物；最后，多建立与各专业平台的链接，如与各融资平台建立链接，还可以借助一些推广平台，如中国最大的免费网络推广平台——推广网。

7.4　本章小结

基于物联网的动产质押信息平台，其生命力和经济价值取决于它能否"落地"于实体经济，只有找到合适的运营模式，各种新的需求不断被开发，才能真正落地。笔者在本章以第五章中的研究结论为基础，围绕商业模式驱动力，运用生态学理论，按照动力需求和控制风险的需求，探析出几种基于物联网的动产质押信息平台的商业模式，并对这几种商业模式进行优、缺点比较分析，提议公私合作的模式，即科技型信息企业在政府的引导和扶持下运作该项目，最后基于提议的模式，对政府、银行、物流企业及科技型企业提出发展建议。

第八章 结 语

8.1 研究结论

本书围绕物联网应用到动产质押业务展开研究，涉及面广，议题庞杂，最重要的是物联网还处在急速的变化过程中，有关动产质押的市场也在不断变化着。本书通过对实践的总结、政策的解读、以往学者的研究结果的研读分析，结合物联网、信息平台及动产质押等领域知识，提出一个系统的理论框架，形成一套完整而清晰的理论谱系，并开展持续深入的研究。主要的研究结论如下：

第一，通过对一个失败的基于物联网的动产质押信息平台案例分析，剖析失败原因，以正确处理好银行、物流企业及融资企业的关系为现实起点，从经济的规律运用博弈分析方法，以加强系统的风险控制为管理目标，以体现动产质押的系统效率，指出要实现信息平台的成功运营必须做到解决三个重点问题，即系统化、技术手段与系统需求的匹配及商业模式体现银行的主导地位。对应于以上三个问题，提出解决问题的方法，即运用信息化管理方法。书中以探索信息平台建设为研究角度，分别从硬件和软件层面，以及信息系统角度展开研究。

第二，物联网在技术、智能功能、科学管理及经济效果方面可以满足动产质押信息系统的功能需求，作为实现智能化的技术代表，是动产质押信息化真正落地的技术；融资企业、质押货物、行政机构、其他涉及动产质押业务的社会机构的相关信息四个要素，是动产质押信息不对称问题的主要影响因素，可作为确定信息平台风险控制子系统的理论依据。作为服务于动产质押业务的信息平台，对内整合信贷、客户、运营、结算等系统，对外对接金融机构、物流企业、融资需求企业、政府公共平台。所有的元素必须从客户的立场出发，在构架系统时要从系统构架的角度来解决问题。对应于商业模式要落地实体经济的要求，笔者也对商业模式进行了初步探讨，商业模式既要以银行为主导，又要加入社会的优势商业要素，以体现其社会性。

为了体现本书研究的价值，最后以一个成功运营的案例进行实证研究，佐证了本书的研究在风险控制方面抓住了关键本质，研究中提出的管理策略是符合实际需求的。

综上所述，基于物联网的动产质押信息平台，不仅需要在业务上追求功能的完善，还要在风险控制上加强管理，本书为动产质押融资业务风险控制的信息化管理提供了理论基础，并设想了包括各个环节的一整套方案，利用平台强大的信息获取、处理、整合和共享能力，可以使各参与方实时掌握具体情况，这样平台能够有效控制动产质押中的风险，从而提高动产质押的效率。

8.2　对策建议

本书针对动产质押的研究聚焦于信息化风险控制角度，这个问题的研究有望打破动产质押的发展"瓶颈"，为动产质押的发展开拓更宽、更广的道路。

（1）在技术层面上研究物联网和信息平台如何更好地应用到动产质押信息系统，以保证风险控制的管理目标

①品种范围。到目前为止，主要是钢材、棉花等产品才可能被当作质押物来融资，而食品特别是有冷藏要求的食品等尚没有先例。究其原因，主要是这些质押物在监管期间的质量无法保证。以冷藏食品为例，这些冷藏食物对温度要求很高，整个监管期间要保持连续的温度监测。由于技术限制的原因，无法监测到每个冰库的温度实时值及历史值，操作员也无法在监管期间监测每个冰库的实际储存温度，保证整个库区不同区域的温度均处在安全水平。如果有些温度发生偏移，操作员无法第一时间获知情况并采取纠正措施。这种监管的境况使得后续产生一系列问题，首先物流工作要被问责，实际情况是物流管理中是分段负责制，运输和仓储各负责本段职责，这种情况就不能确定是物流哪个环节发生问题，两个部门都难辞其咎，管理工作无法进行。基于这种情况，也就没有物流企业乐意承揽这样的质押物监管工作。

金融机构对质押物的品种有特殊限定，是动产质押模式没有在市场上获得大范围推广的原因之一，到目前为止，主要是钢铁、汽车、化工产品等大宗商品[254]，究其原因，是这些质押物的价值比较有保障，而其他质押物的监管难度比较大。应用了基于物联网的动产质押信息平台后，可以最大范围地降低质押物的风险，保障质押物的价值，动产质押的质押物品种的限定有望打破，由此衍生出有关物联网应用于不同质押物上的监管课题。

②存放点范围。从节约融资成本角度来说，融资企业希望减少质押物物理流动过程，自行选择质押物存放点；从监管风险控制角度来说，银行希望质押物移库到自己信得过的物流企业监管仓库。这两个矛盾的需求在基于物联网的动产质押监管中可以实现统一，因为物联网技术的应用可以实现智能化仓储管理，银行通过信息平台可准确了解质押物的实时情况。如何把融资企业选择的仓库纳入信息平台，并把监管实时情况分享给银行，是信息平台发展的可扩充问题，也是一个纵深的课题。

（2）以合作为基调的银行和物流企业，在动产质押风险控制时，角色定位需要体现主导及从属关系

动产质押的发展历史，从最开始的银行独立开展，到后来的银行主导、物流企业辅助质押物监管。论证动产质押的发展模式，必须以银行和物流企业合作为必要条件。在物联网时代，质押物的监管变得自动而透明，对银行来说，物流企业这个辅助者的角色定位有待调整。

目前，以 UPS 和马士基等为代表的跨国物流企业已经将物流金融作为重要的业务领域。它们在强大的物流服务网络平台和信息技术的支撑下，开展一体化的供应链管理服务，使物流、资金流和信息流的关系日趋紧密，另外它们在物流金融业务中的作业也将越来越重要。基于物联网的信息平台建立后，物流企业与银行在动产质押业务中的作用会有所变化，它们之间的博弈关系也会发生变化，因此它们的合作模式也会发生转型。

（3）在其他物流金融模式中也要重视风险控制这个主题

①仓单质押和动产贸易。按交付对象来看，动产质押属于物流金融的一种，动产质押的发展经验可以为物流金融的其他业态分享，包括仓单质押和动产贸易。下面以仓单质押为例说明它们的可复制性。

仓单质押融资模式解决部分中小企业尤其是贸易类企业的资金短缺问题，该模式是融资企业以仓单这种有价证券为标的物而开展的融资方式。所谓仓单，是指物流企业在收到融资企业交付的质物后开具的表明质押物已收到的凭证。仓单质押和动产质押的操作流程基本一致，二者的本质区别是：仓单质押的质权自权利凭证交付质权人时设立，而动产质押的质权自出质人交付质押财产时设立，这是二者在设立要件上的区别。在监管事务上，同样依赖物流企业的介入，物流企业在两种质押中的作用和地位不同，前者物流企业仅做质押物的保管人，后者不仅要充当保管人，还要承担对质押物进行流动性监管的责任和义务。表面上物流企业在仓单质押业务中所承担的责任和义务要小一些，但银行对物流企业在这两种融资模式中的监管要求同等重要，

都是要求物流企业对质押物严格把好数量和质量关，同时银行也有实时了解质押物具体状况的需求，所以基于物联网的信息平台在仓单质押融资中也有需求。

相比于动产抵押和动产贸易，虽然货物的法律属性和权利属性不一样，但在运作过程中同样都有金融机构委托物流企业打理货物物流事务，物联网对货物的监管和风险控制同样发挥作用，所以本书的研究成果对其他融资模式具有借鉴意义。

②集装箱动产质押。目前我国集装箱运输发展迅速，展现出蓬勃发展的态势，为此市场上衍生出集装箱动产质押金融产品，然而该模式发展出现了"瓶颈"，造成该"瓶颈"的主要原因，一是银行等传统金融机构不能对集装箱动产提供专门的解决方案；二是市场集装箱体系不成熟，信息滞后，制约了集装箱动产质押服务平台的发展。随着电子锁及电子铅封技术的发展，集装箱及集装箱内的货物已符合动产质押的要求，可以作为具有担保作用的动产。电子锁是物联网应用中最常见的感应终端，其是基于物联网的典型应用，拓展了流通过程中运输环节的融资项目，与一般的动产质押侧重于仓储环节形成互补，这两种模式的相互借鉴值得日后研究。

③动产担保业务。从法律上讲，担保物可分为不动产或动产。不动产担保，贷款人无法转移担保物，且不动产一般具有保值和增值的属性，可保证贷款人的偿债能力。而动产担保，因担保物容易被贷款人转移，增加了银行的风险。银行为防范金融风险，绝大部分贷款都需要提供担保物。因此，不动产担保是银行广泛采取的融资担保方式。但对于大多数企业来说，可用于抵押的不动产毕竟较少，不足以满足其融资需求，而动产担保又不被银行所接受。如果通过有效监管，保证用于担保的动产价值，动产担保融资方式就有了发展的机会。基于物联网的信息平台从技术上将监管对象在移动和静态状态下的全过程纳入监管，可以保证其价值实现，从而打破了动产担保的发展"瓶颈"。也就是说，基于物联网的监管方式可以移步到动产担保中，但动产担保无论是监管对象，还是监管主体都和动产质押不一样，如何兼顾这些差异性是一个研究方向。

8.3　研究展望

第一，从信息平台角度研究动产质押是一个理论创新，前人与此直接相关的理论成果几乎没有，对相关概念的厘定、假设的验证更是很大的挑战。

本书所讲的在建立动产质押信息平台前，首先就涉及动产质押参与主体的更正，把传统动产质押的主体银行、仓储企业及融资企业改为银行、物流企业及融资企业，这是一种对传统动产质押概念的调整。建立信息平台过程中涉及信息平台子系统构成问题，本书通过实证分析探索信息平台子模块，但该探索的正确性有待进一步验证。

第二，当"互联网＋"这个理念遍布各行各业时，互联网这个载体面临着和各行业的关键技术与本质特点相融合的问题，如何将物联网、动产质押及信息不对称问题有机融入基于物联网的动产质押信息平台，存在一定难度。本书的所有观点、模型都是在相关实践的观察、思考后通过理论思辨的方式得出的，之后仍需要接受产业实践和实践的考验，并做出适当的调整。

第三，动产质押信息平台涉及银行、物流企业及融资企业等方面的信息的汇集，但考虑到各主体的商业秘密及信息安全，所以有必要选择性地进行信息筛选，本书在涉及信息筛选时做必要的边界定义，使可供连接到平台的信息和各主体信息区别开来。

参考文献

［1］刘冰. 虚假仓单、重复质押揭开钢市融资黑幕［EB/OL］.（2012 - 12 -
10）［2021 - 04 - 05］. http://info. bm. hc360. com/2012/12/100940502731 -
4. shtml.

［2］李玉敏. 18 家银行涉案青岛港金属贸易融资骗局银行紧急起诉［EB/OL］.
http：//finance. sina. com. cn/money/future/20140617/084519435339. shtml，
2014 - 06 - 17.

［3］徐萍. 疫情之下中小企业加强营运资金管理的对策［J］. 经济管理文摘，
2020（19）.

［4］尹杞月. 中小企业融资难研究［D］. 成都：西南财经大学，2012.

［5］金玉姣. 浅谈我国商业银行信用风险管理［J］. 科技经济市场，2009
（7）：59 - 60.

［6］Birnbaum H F. Form and Substance in Field Warehousing［J］. Law and Con-
temporary Problems，1948，13（4）：579 - 592.

［7］Eisenstadt M. A Finance Company's Approach to Warehouse Receipt Loans
［J］. New York Certified Public Accountant，1966，36：661 - 670.

［8］Lacroix R，Varnangis P. Using Warehouse Receipts in Developing and Transi-
tion Economies［J］. Finance & Development，1996（9）：36 - 39.

［9］Mann R J. Explaining the Pattern of Secured Credit［Jl. Harvard Law Review，
1997，110（3）：625 - 683.

［10］Wright J F. Accounting：Inventory - based Lending［J］. Commercial Lend-
ing Review，1988，4（3）：97 - 99.

［11］Poe T R. Subjective Judgments and the Asset - based Lender［J］. Commer-
cial Lending Review，1998，13（2）：67 - 70.

［12］Gertzof M. The Changing Face of Asset - based Lending［J］. Commercial
Lending Review，2000，15（4）：l5 - 18.

［13］The Commercial Finance Association. Study Concerning a Possible Convention
on Inventory Financing［J］. The Secured Lender，2001，57（10）：
34 - 52.

[14] 方伟磊. 浅析我国物流金融业务运作模式及盈利模式 [J]. 物流工程与管理, 2016 (3).

[15] Barnett W. What's in a Name: A brief Overview of Asset – based Lending [J]. The Secured lender, 1997, 53 (6): 80 – 82.

[16] Barron, D P, A Model of the Demand for Investment Banking Advising and Distribution Services for New Issues [J]. The Journal of Finance 37, 955 – 976.

[17] 王业军, 陈利华, 李西杰. 基于转型升级视角的小微企业发展现状与对策研究: 以济南市为例 [J]. 商场现代化, 2015 (4): 92 – 93.

[18] Daniel M. Friedman. Field Warehousing [J]. Columbia Law Review, 1942, 42 (6): 991 – 1013.

[19] Siskin E. Risks and Rewards of Asset – based Lending to Retailers [J]. Commercial Lending Review, 1998, 13 (1): 10 – 15.

[20] 陈蔚. 试论 "互联网 + 时代" 背景下的物流金融创新 [J]. 中国市场, 2017 (19): 102 – 103.

[21] Diercks L A. Identifying and Managing Troubled Borrowers in Asset – based – lending Scenarios [J]. Commercial Lending Review, 2004, 19 (3): 38 – 41.

[22] Buzacott J A, R. Q. Zhang. Inventory Management with Asset – Based Financing [J]. Management Science, 2004, 24: 1274 – 1292.

[23] 石艳, 周方明. 存货质押融资策略下易变质物品的生产库存模型 [J]. 江西科学, 2014 (3).

[24] Comptroller of the Currency, Administrator of National Banks. Accounts Receivable and Inventory Financing [J]. Controller's Handbook, 2000: 1 – 75.

[25] 金银亮. 中小企业动产融资路径分析——对我国商业银行实践的观察 [J]. 金融理论与教学, 2015 (4): 13 – 16 + 23.

[26] 赵燕妮, 冯志勇. 基于风险角度对我国商业银行物流金融业务的分析 [J]. 中国市场, 2016 (6).

[27] 张金娜. 动产动态质押问题研究 [D]. 济南: 山东师范大学, 2018.

[28] 孙鹏, 邓达江. 动产动态质押的生成逻辑与立法表达: 以民法典物权编动产担保立法为中心 [J]. 社会科学研究, 2019 (5).

[29] 姜超峰. 动产质押融资是供应链金融的基础 [J]. 中国储运, 2018 (10).

[30] 汪晶. 动态质押问题研究 [D]. 重庆: 西南政法大学, 2018.

［31］ 梁远高. 动态质押的解释路径与法律效果 ［J］. 河南财经政法大学学报，2020，35 （3）.

［32］ Akerlof G. The market for Lemons：Qualitative Uncertainty and the Market Mechanism ［］. Quarterly Journal of Ecnomics. 1970 （84）：488 – 500.

［33］ Mirreless J. The Optimal Structure of Incentive and Authority within an Organization ［J］. Bell Journal of Economics，1976 （7）.

［34］ Stiglitz J E，Weiss A. Credit Rationing in the Markets with Imperfect Information ［J］. American Economic Review，1981 （3）.

［35］ 张维迎. 詹姆斯·莫里斯论文精选：非对称信息下的激励理论 ［M］. 北京：商务印书馆，1997：256 – 257.

［36］ 林毅夫，孙希芳. 信息、非正规金融与中小企业融资 ［J］. 经济研究，2005 （7）：35 – 44.

［37］ 吴敬琏. 国家信用管理体系：第 1 版 ［M］. 北京：社会科学文献出版社，2004：236 – 248.

［38］ Piotroski J D，Roulstone D T. The Influence of Analysis，Institutional Investors and Insiders on the Incorporation of Market，Industry and Firm Specific Information into Stock Prices ［J］. Accounting Review. 2004，79 （4）：1119 – 1151.

［39］ Myers S C，Majluf N S. Stock Issues and Investment Policy When Firms Have a Infromation That Investors Do Not Have ［J］. Working Paper，Sloan School Of Management，MIT，1978.

［40］ 林毅夫，李永军. 中小金融机构发展和中小企业融资 ［J］. 经济研究，2001 （1）：10 – 18.

［41］ 范飞龙. 非对称信息下中小企业融资信用信号传递模型研究 ［J］. 重庆大学学报（社会科学版），2002 （6）.

［42］ Flannery M J. Asymmetric Information and Risky Debt Maturity Choice ［J］. Journal of Finance，1986，41：19 – 37.

［43］ 张纯，吕伟. 机构投资者、终极产权与融资约束 ［J］. 管理世界，2007 （11）：119 – 126.

［44］ 俞林，许余洁. 供应链金融服务经济内循环 ［J］. 中国金融，2020 （17）.

［45］ Bester H. Screening vs. Rationing in Credit Markets with Imperfect Information ［J］. American Economic Review，1985，75：850 – 855.

[46] Chan Y S, Kanatas G. Asymmetric Valuations and the Role of Collateral in Loan Agreements [J]. Journal of Money, Credit, and Banking, 1985, 17: 85 – 95.

[47] Boot A W A, Thakor A V, Udell G F. Secured Lending and Default Risk: Equilibrium Analysis, Policy Implications and Empirical Results [J]. The Economic Journal, 1991, 101: 458 – 472.

[48] 郑金波, 梅姝娥, 仲伟俊. 服务于仓单质押的信息系统分析与实现 [J]. 物流科技, 2003, 26 (6): 53 – 55.

[49] 叶飞, 徐学军. 供应链伙伴关系间信任与关系承诺对信息共享与运营绩效的影响 [J]. 系统工程理论与实践, 2009, 29 (8).

[50] 林飞, 闫景民, 史运昌. 供应链融资模式下第三方物流消解信息不对称研究 [J]. 金融发展研究, 2010 (11).

[51] 于萍, 徐渝. 存货质押三方契约中银行对物流企业的激励 [J]. 运筹与管理, 2010, 19 (3): 94 – 99.

[52] 马中华, 朱道立. 物流企业在存货质押融资中的决策问题研究 [J]. 系统工程学报, 2011, 26 (3): 346 – 351.

[53] 卢旭, 刘名武, 赵丹, 等. 不同信息条件下的存货质押融资决策研究 [J]. 金融与经济, 2014 (1).

[54] 洪杰. 信息不对称条件下供应链金融保兑仓融资违约风险传染研究 [D]. 邯郸: 河北工程大学, 2020.

[55] Daniel M. Friedman. Field Warehousing [J]. Columbia Law Review, 1942, 42 (6): 991 – 1013.

[56] Raymand W. Burman. Practical Aspects of Inventory and Receivables Financing [J]. Law and Contemporary Problems, 1948, 13 (4): 555 – 565.

[57] Albert R. Koch. Economic Aspects of Inventory and Receivable Financing [J]. Law and Contemporary Problems, 1948, 13 (4): 566 – 578.

[58] Dunham A. Inventory and Accounts Receivable Financing [J]. Harvard Law Review, 1949, 62 (4): 588 – 615.

[59] Stulz R M, Johnson H. An Analysis of Secured Debt [J]. Journal of Financial Economics, 1985, 14: 501 – 522.

[60] Besanko D: Thakor A V. Competitive Equilibrium in the Credit Market under Asymmetric Information [J]. Journal of Economic Theory, 1987, 42: 167 – 182.

［61］ Chan Y S, Thakor A V. Collateral and Competitive Equilibria with Moral Hazard and Private Informatfon［J］. Journal of Finance, 1987, 42: 345 - 364.

［62］ Jokivuolle E, Peura S. Incorporating Collateral Value Uncertainty in Loss Given Default Estimates and Loan - to - value Ratios［J］. European Financial Management, 2003, 9 (3): 299 - 314.

［63］ Cossin D, Hricko T. A Structural Analysis of Credit Risk With Risky Collateral: A Methodology for Haircut Determination ［J］. Ecomomic Notes, 2003, 32 (2): 243 - 282.

［64］ 陈景同, 冉京. 供应链质押融资理论研究综述［J］. 中国商贸, 2013 (35): 82 - 84.

［65］ Cossin D, Huang Z J, Aunon - Nerin D. A Framework for Collateral Risk Control Determination ［R］. Working Paper, European Central Bank Working Paper Series, 2003 (1): 1 - 47.

［66］ Buzacott J A, Zhang R Q. Inventory Management with Asset - Based Financing ［J］. Management Science, 2004, 50 (9): 1274 - 1292.

［67］ 乔森. 风险价值 VAR［M］. 北京: 中信出版社, 2005.

［68］ 陈宝峰, 冯耕中, 李毅学. 存货质押融资业务的价值风险度量［J］. 系统工程, 2007, 25 (10): 21 - 26.

［69］ 张云丰, 王勇. 基于突变级数模型的存货质押融资风险诊断［J］. 工业技术经济, 2014, 33 (7).

［70］ 谢百帅, 张卫国. 非线性价格冲击下存货质押融资业务最优清算策略［J］. 河南科学, 2013, 31 (4).

［71］ Shearer AT, Diamond S K. Shortcomings of Risk Ratings Impede Success in Commercial Lending ［J］. Commercial Lending Review, 1999, 14 (1): 22 - 29.

［72］ Mark Laudeman. Risk - rating Systems Bring Consistency to Commercial Lending ［J］. Commercial Lending Review, 1993, (8): 28 - 38.

［73］ Barsky N P, Catanach A H. Evaluating Business Risks in the Commercial Iending Decision ［J］. Commercial Lending Review, 2005, 20 (3): 3 - 10.

［74］ 孙晓阳. 面向货物跟踪质押的开放式托盘共用系统设计与建模研究［D］. 成都: 西南交通大学, 2019 (33).

［75］ Dunham A. Inventory and Accounts Receivable Financing ［J］. Harvard Law

Review，1949，62（4）：588 – 615.

[76] 陈畴镛. 信息资源管理［M］. 杭州：浙江大学出版社，2004.

[77] 孔晓波. 物联网概念和演进路径［J］. 电信工程技术与标准化，2009，22（12）：12 – 14

[78] 朱晓荣，孙君，齐丽娜，等. 物联网［M］. 北京：人民邮电出版社，2010.

[79] Lockheed Martin Odetics Inteligent Transportation Systems Division. Executive Summaries［EB/OL］. US ITS Standards Website，http：//www. iteris. com/.

[80] Reinisch C，Kastner W，Neugschwandtner G，et al. Wireless Technologies in Home and Building Automation［C］//Proc of 2007 5th IEEE International Conference on Industrial Informa – ties.［s. l. ］：IEEE，2007：93 – 98.

[81] 杨宏伟，吴挺峰，张唯易，等. 基于物联网技术的太湖蓝藻水华预警平台［J］. 计算机应用，2011，31（10）：2841 – 2843.

[82] 白蛟，全春来，郭镇. 基于物联网的公共安全云计算平台［J］. 计算机工程与设计，2011，32（11）.

[83] 梁炜，曾鹏. 面向工业自动化的物联网技术与应用［J］. 仪器仪表标准化与计量，2010（1）：21 – 24.

[84] 张岗. 物联网在消防安全领域的应用研究［J］. 中国公共安全（学术版），2011（3）.

[85] Frederix I. Internet of Things and Radio Frequency Identification in care taking，Facts and Privacy Challenges［J］. WirelessVITAE，2009，7（24）：319 – 323.

[86] Rice J，Green D. Unerwater Acoustic Communications and Networks for the US Navy's Seaweb Program［C］. Piscataway，NJ：IEEE，Proc of the 2nd International Conference on Sensor Technologies and Applications，2008：715 – 722.

[87] Zhou Zengchan，Zhang Xiaowen，Wu Jianhong，et al. Development of Automated Grading System for Cucumbers［J］. Transactions of the C SAE，2003，19（5）：118 – 121.

[88] 周光清，吴书裕，薛冰冰，等. 基于物联网的社区健康管理平台设计与实现［J］. 医疗卫生装备，2014，35（8）：53 – 56.

[89] Jin J，Gubbi J，Marusic S，et al. An information Framework for Creating a Smart City Through Internet of Things［J］. IEEE Internet of Things Jour-

ney，2014，1（2）：112 – 121.

［90］ 徐群参，徐邦海，张小峰. 基于能量驱动的网络进化稳定性博弈分析［J］. 计算机工程，2009，35（23）：98 – 33.

［91］ AutoID Labs Homepage［EB/OL］. http：//www. autoidlabs. org/

［92］ Nitti M，Girau R，Atzori L. Trustworthiness Management in the Social Internet of Things［J］. IEEE Trans. on Knowledge and Data Engineering，2014，26（5）：1253 – 1266.

［93］ Medaglia C M，SERBANATIA. An Overview of Privacy and Security Issues in the Internet of Things［A］. Proceedings of TIWDC 2009［C］. Pula，Italy，2009：389 – 394.

［94］ Stankovic J A. Research Directions for the Internet of Things［J］. IEEE Internet of Things Journal，2014，1（1）：309.

［95］ Wu Q，Ding G，Xu Y，et al. Cognitive Internet of Things：A New Paradigm Beyond Conn ection［J］. IEEE Internet of Things Journal，2014，1（2）：129 – 143.

［96］ Foteinos V，Kelaidonis D，Poulios G，et al. Cognitive Management for the Internet of Things：A Framework for Enabling Autonomous Applications［J］. IEEE Vehicular Technology Magezine，2013，8（4）：90 – 99.

［97］ 沈苏彬，林闯. 物联网研究的机遇与挑战［J］. 软件学报，2014，25（8）：1621 – 1624.

［98］ Network Function Virtualization［R］. Introductory White Paper. SDN and OpenFlow World Congress，2012，39（11）：7 – 13.

［99］ Tsai C W，Lai C F，Chiang M C，et al. Data Mining for Internet of Things：A survey［J］. IEEE Communications Surveys and Tutorials，2014，16（1）：77 – 97.

［100］ Nirjon S M S，Stankovic J A，Whitehouse K. Heuristics for Scheduling Periodic Real – time Streams in Wireless Sensor Networks［C］//Conference on Embedded Networked Sensor Systems，2009：385 – 386.

［101］ Doherty L，Pister K S J. Convex Postion Estimation in Wireless Sensor Networks［C］//Proc of the IEEE INFOCOM，Anchorage：IEEE Computer and Communication Societies，2001，3：1655 – 1663.

［102］ Boccaletti S，Latora V，Moreno Y，et al. Complex Networks：Structure and Dynamics［J］. Physics Reports，2006，424（4）：175 – 308.

[103] Wang J P, Zhu Q L, Ma Y. A Service Optimization Model on Convergent Network – Based Service Delivery Platform [J], IEEE Network Operations and Management Symposium, NOMS, 2012: 823 – 837.

[104] （美）杰里米·里夫金. 零边际成本社会 [M]. 北京：中信出版社，2014.

[105] 郑平标，侯海永. RFID 技术在仓储管理系统中的应用 [J]. 铁道货运，2005（12）：18 – 21.

[106] 章必成，刘宣旺，陈远知，等. 基于 WSN 与 RFID 的智能仓库管理系统设计 [J]. 中国传媒大学学报（自然科学版），2009，16（3）：37 – 42.

[107] 张仁彬，李玉民. 基于物联网技术仓储管理系统研究 [J]. 物流科技，2011（6）：35 – 38.

[108] 李忠成. 智能仓储物联网的设计与实现 [J]. 计算机系统应用，2011（7）.

[109] 董景全. 基于物联网和 Multi – Agent 的智能仓储管理系统 [J]. 四川兵工学报，2013（10）.

[110] Welbourne E, Battle L, Cole G, et al. Building the Internet of Things Using RFID: The RFID Ecosystem Experience [J]. IEEE Internet Computing, 2009, 13（3）：48 – 55.

[111] Reiner Jedermann, Christian Behrens, Detmar Westphal, et al. Applying Autonomous Sensor Systems In Logistics Combining Sensor Networks, RFIDs and Software Agents [J]. Sensors and Actuators A – physical, 2006：370 – 375.

[112] 余雷. 基于 RFID 电子标签的物联网物流管理系统 [J]. 微计算机信息，2006（02）.

[113] 荆心. 基于物联网的物流信息系统体系结构研究 [J]. 科技信息，2010（20）.

[114] Thierry M C, Salomon M, Van Nunen J, et al. Strategic Issues in Product Recovery Management [J]. California Management Review, 1995（2）：114 – 135.

[115] Lutz Guenther Scheid, Zong S. An Approach to Achieve Reusability of Electronic Modules [C] //Proceedings of the IEEE International Symposium on Electronics and the Environment. Oak Brook, IL, 1998：331 – 336.

[116] 张艳娜. 论物联网在物流管理中的应用 [J]. 现代商业，2014（22）.

［117］ 王傅强. 基于物联网技术的供应链新型管理模式研究［D］. 长沙：中南大学，2012：45.

［118］ 杨永清，潘红. 基于物联网的物流管理信息系统再造策略探讨［J］. 计算机与现代化，2011（12）.

［119］ 王晓亮，宓奇，彭苏勉，等. 物联网在我国铁路运输领域的应用与发展探讨［J］. 铁道通信信号，2010（3）：47 – 49.

［120］ Antonio J，Trujillo，John A，et al. Race and Health Disparities Among Seniors in Urban Areas in Brazil（October 2005）［J］. Journal of Aging and Health，2009.

［121］ 王晶. 物联网环境下的工业园区企业动产质押评估方法研究［J］. 广东工业大学，2015.

［122］ 习军，任建军. 基于物联网的动产质押监管平台研究与设计［J］. 电脑编程技巧与维护，2020（12）.

［123］ 娄策群，桂学文. 信息经济学通论［M］. 北京：中国档案出版社，1998.

［124］ David S. Evans. The Antitrust Economics of Multi – sided Market and Price Competition with Multi – homing［W］. Working paper，Louvain – la – Neuve University，2003.

［125］ Bernard Caillaud，Bruno Jullion. Chicken and Egg：Competition Among Intermediation Service Prividers［J］. Rand Journal of Economics，2003.

［126］ Rochet，Tirole. Two – Sided Markets：An Overview［M］. IDEI University of Troulouse，2004.

［127］ Armstrong M，Wright J. Two – sided Markets with Multihoming Exclusive Dealing.［EB/OL］IDEI，Workingpaper 2004.

［128］ 王宣喻，储小平. 信息披露机制对私营企业融资决策的影响［J］. 经济研究，2002（10）：36.

［129］ 弯红地. 供应链金融的风险模型分析研究［J］. 经济问题，2008（11）：109 – 112.

［130］ 张云涛. 供应链信息共享问题研究［D］. 西安：西安电子科技大学，2002.

［131］ 鄢小平. 基于云架构的学分银行信息平台设计研究［J］. 中国远程教育，2014（5）.

［132］ 王涛. 档案信息资源共享云平台研究［J］. 创新科技，2014（5）.

[133] 孙玥, 齐清文, 党安荣, 等. 城市村庄规划管理信息平台设计和建设探讨 [J]. 测绘科学, 2014 (6).

[134] 张莉莉, 梁明君. 政务信息资源共享平台设计与研究 [J]. 青岛职业技术学院学报, 2014 (4).

[135] 董千里. 区域物流信息平台与资源整合 [J]. 交通运输工程学报, 2002 (4): 61 – 65.

[136] 蔡淑琴, 梁静, 刘志学, 等. 区域性物流信息平台结构的研究 [J]. 武汉理工大学学报 (信息与管理工程版), 2003 (3).

[137] 李力. 物流信息平台构建与应用研究 [D]. 武汉: 武汉理工大学, 2006.

[138] 黄凛希, 徐建闽, 胡郁葱, 等. 共用信息平台的信息发布方式与技术手段 [J]. 交通与计算机, 2003 (2).

[139] 章衡巍, 秦林园. 基于 EXTJS 技术的通用企业信息管理平台设计思路 [J]. 电子技术与软件工程, 2014 (4): 22 – 23.

[140] 卢冰原, 吴义生, 黄传峰. 物联网环境下的城市应急物流联合体信息平台 [J]. 中国安全科学学报, 2012, 22 (9): 160 – 165.

[141] 吴振宇. 基于 Web 的物联网应用体系架构和关键技术研究 [D]. 北京: 北京邮电大学, 2013.

[142] 胥斌. 基于物联网的信息共享平台设计 [D]. 北京: 北京邮电大学, 2010 (12).

[143] Schiff A. Open and Closed Systems of Two – sided Networks [J]. Information Economics and Policy, 2003, 15 (4): 425 – 442.

[144] Armstrong M, Wright J. Two – sided Markets, Competitive Bottlenecks and Exclusive Contracts [J]. Mineo, 2005, 32 (2): 353 – 380.

[145] 徐晋. 大数据经济学 [M]. 上海: 上海交通大学出版社, 2014.

[146] 周扬. 物联网环境下多维度协同物流管理研究 [D]. 长沙: 湖南大学, 2013 (4).

[147] 吴中岱, 叶明海, 李梅. 基于协同管理的金融物流管理平台研究 [J]. 中国管理信息化, 2014 (5).

[148] 岳中刚, 宋归月. 虚拟平台的商业模式创新与竞争策略研究 [J]. 南京邮电大学学报 (社会科学版), 2010, 12 (1): 39 – 45.

[149] 刘广启. 平台企业商业模式创新研究 [D]. 上海: 东华大学, 2014.

[150] 王冬春, 李毅学, 冯耕中. 我国物流金融业务信息系统发展现状分析

　　　　[J]．金融理论与实践，2009（12）．

[151] 徐洪军．基于物联网的动产质押监管研究［J］．现代商贸工业，2010
　　　　（24）．

[152] 许多顶．用物联网构筑"智慧金融"［J］．上海金融学院学报，2012
　　　　（1）．

[153] 黄光宇．基于 RFID 的仓储物流监控系统的设计与实现［D］．上海：
　　　　上海交通大学，2012．

[154] 郑平标，侯海永．RFID 技术在仓储管理系统中的应用［J］．铁道货
　　　　运，2005（12）：18－21．

[155] 章必成，刘宣旺，陈远知，等．基于 WSN 与 RFID 的智能仓库管理系统设
　　　　计［J］．中国传媒大学学报（自然科学版），2009，16（3）：37－42．

[156] 王晶，屈挺，王宗忠，等．工业园区金融物流高动态运作环境下的动
　　　　产评估研究［J］．物流科技，2015（7）．

[157] 焦芳敏．物联网技术在动产质押动态监管系统中的应用［J］．企业技
　　　　术开发，2010（10）：13－15．

[158] 戴定一．物联网与智能物流［J］．中国物流与采购，2010（8）：34－36．

[159] 杨宇，汤齐．基于网络服务的仓单质押的信息系统［J］．商场现代化，
　　　　2007（7）．

[160] 刘婷．云南物产集团物流金融业务管理信息系统的分析与设计［D］．
　　　　昆明：云南财经大学，2012．

[161] 杨鹍．基于语义的金融行业大数据整合及处理技术［J］．浙江大
　　　　学，2013．

[162] 林键，陈光．区块链在信贷风险控制中的应用［J］．中国金融，2020
　　　　（22）．

[163] 夏菊子．区块链视角下供应链金融平台的优化［J］．中国产经，2021
　　　　（9）．

[164] 张维迎．博弈论与信息经济学［M］．上海：上海三联书店，2001．

[165] 付旭东．金融物流［M］．北京：新世界出版社，2013．

[166] 何俊辉，黄俊．平台化盈利：餐饮企业的社会化涅槃［J］．管理案例
　　　　研究与评论，2013（12）．

[167] 王舰．智能化立体动态会计信息平台研究［D］．青岛：中国海洋大
　　　　学，2013．

[168] 谷虹．信息平台论［M］．北京：清华大学出版社，2012．

［169］ITU NGN – GSI Rapporteur Group. Requirements for Support of USN Applications and Services in NGN Environment ［M］. Geneva：International Telecommunication Union（ITU），2007.

［170］徐晋. 平台经济学：平台竞争的理论与实践 ［M］. 上海：上海交通大学出版社，2007.

［171］陈威如，余卓轩. 平台战略：正在席卷全球的商业模式革命 ［M］. 北京：中信出版社，2013.

［172］徐晋. 大数据经济学 ［M］. 上海：上海交通大学出版社，2014.

［173］Michael Spence. Job Market Signaling ［J］. Quarterly Journal of Economics，1973.

［174］杨文宇. 信息利益论 ［D］. 上海：复旦大学，2010.

［175］张才明. 信息技术经济学 ［M］. 北京：商务印书馆，2012.

［176］Afuah A，Christopher L T. Internet Business Models and Strategies：Text and Cases ［M］. NewYork：Irwin McGraw – Hill Higher Education，2000：80 – 103.

［177］Aphrodite Tsalgatidou，Evaggelia Pitoura. Business Modeles and Transaction in Mobile Electronic Commerce：Requirement and Proterties ［J］. Computer Networks，2001（37）：221 – 226.

［178］Chesbrough H，Rosenbloom R S. The Role of the Business Model in Capturing Value from Innovation：Evidence from Xerox Corporation's Technology Spin – off Companies ［J］. Industry and Corporate Change，2002，11（3）：529 – 555.

［179］Alt. R，Zimmerma H D. Introduction to Special Section – Business Models ［J］. Electronic Markets，2001，11（1）：3 – 9.

［180］Murata Y，Hasegawa M，Murakami H，Harada H，Kato S. The Architecture and A Business Model For The Open Heterogeneous Mobile Network ［J］ IEEE Communications Magazine，2009，47（2）：95 – 101.

［181］娄永海. 基于 TRIZ 理论的企业商业模式研究 ［D］. 吉林：吉林大学，2009.

［182］庄建武. 基于构成要素的企业商业模式重塑问题探讨 ［J］. 商业时代，2010（5）：60 – 61.

［183］Karunamurthy R，Khendek F，Glitho R H. A Business Model for Dynamic Composition of Telecommunication Web Services ［J］. IEEE Communications Magazine，2007，45（7）：36 – 43.

［184］ Varshney U. Business Models for Mobile Commerce Services：Require-ments，Design，and the Future ［J］. IT Professional，2008，10（6）：48 – 55.

［185］ Royon Y，Frenot S. Multiservice Home Gateways：Business Model，Exe-cution Environment，Management Infrastructure ［J］. IEEE Communica-tions Magazine，2007，45（10）：122 – 128.

［186］ 郑欣. 物联网商业模式发展研究 ［D］. 北京：北京邮电大学，2011.

［187］ Farmer R N，Richman B M. Comparative Management and Economic Pro-gress ［M］. Homewood：Richard D. Irwin，1965：401 – 405.

［188］ Sang X J，ZHAO M. Building of Chattel Mortgage Information Platform Based on Internet of Things ［J］. Basic & Clinical pharmacology & Toxicol-ogy，2015（12）.

［189］ 付旭东. 金融物流 ［M］. 北京：新世界出版社，2013.

［190］ 林沧海. 双重委托代理下物流金融服务创新及其激励机制研究 ［D］. 天津：南开大学，2012.

［191］ Girlich H – J. Transaction Costs in Finance and Inventory Research ［J］. In-ternational Journal of Production Economics，2003，81（4）：341 – 350.

［192］ 巴曙松. 金融监管与商业银行的发展空间 ［J］. 中国货币市场，2003（12）20 – 23.

［193］ 曾宝华，吴丁杰. 激励相容的金融监管体系的主要架构 ［J］. 广州市经济管理干部学院学报，2007，9（1）.

［194］ 李林鸾. 上海银保监局打造 "大都市普惠金融的上海模式" ［N］. 农村金融时报，2017 – 10 – 16（A01）.

［195］ 萨缪尔森，诺德豪斯. 经济学 ［M］. 北京：中国发展出版社，1992.

［196］ 张才明. 信息技术的概念和分类问题研究 ［J］. 北京交通大学学报（社会科学版），2008，7（3）.

［197］ 何璨，黄璐. 基于 RFID 技术的营销变革与前景探析 ［J］. 中国市场，2011（1）.

［198］ 平安银行创新物联网金融 ［J］. 经理人，2015（8）.

［199］ "中国银行家论坛" 在渝举办平安银行荣获双料大奖 ［EB/OL］. ht-tp：//bank. hexun. com/，2015 – 09 – 16/179160311. html.

［200］ 平安银行：物联网金融开启大宗商品动产融资业务新时代 ［EB/OL］.

（2015 – 06 – 30） ［2021 – 04 – 05］. http://finance. qq. com/a/ 20150630/039840. htm.

［201］张华，杨博雄. 物联网的发展趋势及其对产业链群的影响 ［J］. 科技 创业月刊，2011（16）.

［202］Peter Mell，Timothy Grance. The NIST Definition of Cloud Computing ［EB/ OL］.（2012 – 05 – 10）［2021 – 04 – 05］. http://csrc. nist. gov/publica- tions/nistpubs/800 – 145/SP800 – 145. pdf.

［203］朝洛门. 投资人从哪些点投智能硬件项目？ ［EB/OL］. http://blog. 163. com/wsn_vip/blog/static/2274770382015511002446620/

［204］郑欣. 物联网商业模式发展研究 ［D］. 北京：北京邮电大学，2011.

［205］王逊. 战胜黑客改善安防系统信息安全脆弱性 ［EB/OL］.（2016 – 03 – 02） ［2021 – 04 – 05］. http://info. secu. hc360. com/2014/08/ 121015787402. shtml.

［206］Mealling M. Auto – ID Object Name Service（ONS）1. 0 ［S］. Auto – ID Center Working Draft，2003.

［207］周洪波. 物联网三大应用架构 ［J］. 中国数字电视，2010（6）.

［208］Sung J，Lopez T S，Kim D. The EPC Sensor Network for RFID and WSN Integration Infrastructure ［A］. Proceedings of IEEE Per – Com W'07 ［C］. White Plains，NY，USA，2007：618 – 621.

［209］徐涛. 国内外物联网发展现状及存在问题 ［EB/OL］. http:// www. 21ic. com/news/control/201109/94242. htm.

［210］刘金明. 仓单质押风险管理研究 ［D］. 北京：北京交通大学，2007.

［211］杨娟. 基于仓单质押业务的风险管理研究 ［D］. 成都：西南交通大 学，2009.

［212］张忠辉. 基于仓单质押的物流金融风险管理与控制研究 ［D］. 长沙： 中南大学，2011.

［213］Ji Yingdong，Yang Xiaojie. Research on the Construction of Comprehensive Evaluation Index System for Credit Risk of Enterprises ［J］. Logistics Engi- neering and Management，2011（11）：102 – 105.

［214］常润岭. 改善河北省投融资体系对策研究 ［J］. 特区经济，2011（2）.

［215］Johnson M E. Managing Information Risk and the Economics of Security ［M］. Springer，2009.

［216］姚玉洁. "钢贸危机" 促管理升级上海首创建立动产质押信息平台

［EB/OL］.（2014－03－25）　［2021－04－05］. http://guba. east-money. com/news,cjpl,150886569. html.

［217］焉靖文. 宝瑞通：做中小微企业的融资120［EB/OL］.（2014－03－25）［2021－04－05］. http://bond. stockstar. com/jl2008111700000770. sht-ml.

［218］张璟，朱金福. 物流金融与供应链金融的比较［J］. 金融理论与实践研究，2009（10）.

［219］何伟，刘敏. 物联网技术在锂电池行业的应用［J］. 物联网技术，2013（5）.

［220］WangZhong. The research based－XML data exchange and access technology Computer Engineering and Application，2001，24（7）108－11.

［221］Nilssen A. Security and Privacy Standardization in Internet of Things［A］. e Match'09－Future Internet Workshop，Oslo：Norway，2009.

［222］郑欣. 物联网未来十类商业模式探析.［EB/OL］.（2012－12－06）［2021－04－05］. https://www. cnki. com. cn/Article/CJFDTotal－YDTX201107016. html.

［223］管理阅读第25期. 百度文库. 互联网文档资源.［EB/OL］. http://wenku. baidu. com，2012－11－25.

［224］白雪. 我国物流信息平台商业模式分析［J］. 企业导报，2011（5）.

［225］周洋洋. 寻求IPV6杀手级的商业模式：访中关村下一代物联网产业联盟秘书长张建宁［J］. 科技创业家，2012（4）.

［226］程元栋，陈巧莲. 我国物联网发展中的瓶颈及应对策略分析［J］. 改革与战略，2012，28（3）：64－66.

［227］高更君，江凯帆. 物流园区动产质押联盟发展模式探析［J］. 铁道运输与经济. 2018，40（1）.

［228］安德森. 长尾理论［M］. 北京：中信出版社，2006；蒙德·威廉斯. 文化与社会［M］. 高晓玲，译. 北京：商务印书馆. 2018

［229］刘峰. 浅议"轻公司"的激励管理［J］. 中国市场，2013（29）.

［230］徐亚华，谢家举，谭小平. 美国卡车货运及甩挂运输发展的经验与启示［J］. 交通建设与管理，2011（3）.

［231］周洁. 第四方物流主导的物流金融模式创新及应用研究：以A物流仓储集团为例［D］. 南京：东南大学，2017.

［232］章伟飞. ROF系统60GHz毫米波产生方法的研究［J］. 现代企业教

育，2010（10）.

[233] 司马韦伟，卢剑炜. 我国第四方物流的发展分析 ［J］. 网友世界，2012（8）：16 – 17.

[234] 赵双双. 基于梯度效应的第四方物流外包激励契约研究 ［D］. 秦皇岛：燕山大学，2015.

[235] 杨亚柳，木薇. 科技型创业企业集群的生成方式研究 ［J］. 宿州学院学报，2014，29（7）：31 – 36.

[236] 月光博客. 百度出卖血友病吧事件 ［EB/OL］.（2016 – 01 – 12）［2021 – 04 – 05］. http://comments. caijing. com. cn/20160114/4053832. shtml.

[237] 安瑞娟. 国有企业经营效率低下原因探析 ［J］. 北方经贸，2001（4）：49 – 50.

[238] 谢国忠. 中国经济最大负担是政府和国企效率低下 ［J］. 环球企业家，2012.

[239] 于斌. 即刻搜索败于企业综合实力 ［EB/OL］.（2013 – 11 – 05）［2021 – 04 – 05］. http://www. sootoo. com/content/459838. shtml.

[240] 孙连才. 优酷网和土豆网的合并效应 ［J］. 中国连锁，2012（7）：86 – 87.

[241] 王健. 信息经济学的产生与发展 ［J］. 中国科教创新导刊，2008（30）.

[242] MICHALE P, Romer. Dynamic Competitive Equilibria with Externalities, Increasing Returns and Unbounded Growth. Dissertation ［J］. University of Chicago, 1983. Increasing Returns and Long – Run Growth ［J］. The Journal of Political Economy, 1986, 94（5）.

[243] Robert J, Barro. Economic Growth in a Cross Section of Countries ［J］. The Quarterly Journal of Economics, 1991, 106（2）：407 – 443.

[244] Scott M. A New View of Economic Growth ［J］. Oxford Journals. 1991, 43：4 – 36.

[245] 许晖，邹慧敏. 试论滨海新区制造业与生产性服务业互动发展 ［J］. 港口经济，2008.

[246] Du, W—H. The Application Norm Research to the Digital Signature Technology of the Hospital ［J］. Information system ICTE 2007：3294 – 3298.

[247] 丁艺，王益民. 建设智慧城市推进经济转型 ［J］. 中国经济时报，2014.

［248］王华安．物联网产业链所引发的商业模式创新［J］．中国公共安全（综合版），2013（20）．

［249］张云霞．物联网商业模式探讨［J］．电信科学，2010，26（4）：6－11.

［250］郑欣．物联网未来商业模式探析［J］．移动通信，2011（21）：82－85.

［251］胡保亮．物联网商业模式：研究进展与展望［J］．科技管理研究，2013（6）．

［252］郑淑蓉，吕庆华．物联网产业商业模式的本质与分析框架［J］．商业经济与管理，2012（12）．

［253］黄怡，邓少灵．云聚合：创新物联网商业模式探索［J］．信息系统工程，2012（2）．

［254］汪思思．互联网金融中平台企业的运营与可持续性分析：从盈利模式的视角［J］．经营管理者，2014（5）．